조선유학의 교육철학사상 변주 Ⅱ

― 성리학의 비판적 성찰 ―

연찬의 시공간을 감내해 준
두 딸 수진·서진에게

# 조선유학의 교육철학사상 변주 Ⅱ
## － 성리학의 비판적 성찰 －

신창호 지음

경인문화사

## 머리말

이 책은 '『조선유학의 교육철학사상 변주』Ⅰ—성리학의 확장과 심화—'
에 이어 17세기 중·후반 이후 20세기 초반까지 조선유학이 지닌 교육철학
사상의 몇몇 특징을 조명한 것이다.

Ⅰ권의 경우, 17세기 초반까지 '주자학을 계승하고 부분적으로 확대 해
석'하여 독창성을 드러낸 학자들의 교육철학사상을 중심으로 고찰하였다.
조선사회의 교육은 성리학 도입 이후 임진왜란 직후까지 주자학의 영향이
막강하였다. 주자학에서 결코 벗어나서는 안 되는, '성리학의 계승적 확
장·심화'를 추구하던 시기였다.

Ⅱ권은 이와 다른 방향의 유학교육이 제기되던 시기의 교육철학사상이
다. Ⅰ권의 '연속'이자 '자매'편이기도 하다. 임진왜란 이후 18세기 무렵부
터 조선의 지성들은 '주자학에 대한 반성과 회의'를 갖기 시작하였다. 특
히, 중국에 청(淸)나라가 건국되고, 그 문명이 유입되면서 시대정신에 대한
고민도 커져갔다. 이 책은 그런 문제의식이 반영되어 있다. 정돈 방식은
Ⅰ권과 유사하다.

여기에서도 교육철학사상에 의미를 부여할 만한 유학자 9명을 선정하
여, 사유의 변주를 들어 보았다. 사문난적(斯文亂賊)으로 고초를 겪었던 백
호 윤휴(白湖 尹鑴, 1617~1680)를 비롯하여, 서계 박세당(西溪 朴世堂,
1629~1703), 농암 김창협(農巖 金昌協, 1651~1708), 초정 박제가(楚亭 朴
齊家, 1750~1805), 정조 이산(正祖 李祘, 1752~1800)과 다산 정약용(茶山
丁若鏞, 1762~1836), 추사 김정희(秋史 金正喜, 1786~1856), 호산 박문호
(壺山 朴文鎬, 1846~1918), 백암 박은식(白巖 朴殷植, 1859~1925) 등이다.

이들 대부분은 한국교육사상사에서 크게 다루어지지 않은 유학자이다.
백호의 경우, 그의 『대학』 해석에 기초하여 교육철학을 검토하였고, 서계

는『사변록(思辨錄)』가운데『중용』을 이해하는 방식을 통해 교육사상을 점검하였다. 농암은 학문의 독특한 수용 방식과 지각(知覺)에 대한 견해를 살펴보았고, 초정에게서는 인간의 지향과 교육정신을 살펴보았다. 정조와 다산은 인간의 본분과 연관하여 효(孝)의 교육철학을 조명하였다. 추사의 경우에는 서예나 고증학에서 벗어나 유학자로서의 교육철학사상을 구명하였는데, 교육의 과정과 인재의 문제, 실사구시의 교육관 등을 검토하였다. 호산은 조선 후기에서 20세기 초반까지 주자학의 주석에 충실한 학자였기에 그에 담긴 교육철학을 구명했고, 백암은 개화기 유학의 교육적 변모를 엿볼 수 있는 사유를 전개하였기에, 이를 분석하며 교육철학사상을 확인하였다.

Ⅰ권에 대비해 볼 때, 성리학적 교육철학사상이 지닌 연속성과 단절성을 확인하면서, 여러 유학자가 강조한 교육적 특징을 검토하면, 조선유학의 교육철학사상 변주가 다양한 양상이었음을 확인할 수 있으리라. 여기에서 다루지 못한 조선 후기의 유학자들도 많이 있다. 하지만, 그동안 교육학계에서 상대적으로 적게 다룬 사상가들의 사유를 통해 조선유학을 새롭게 이해하고, 교육철학사상의 인식이 이어지기를 희구한다.

2020. 11. 입동(立冬) 무렵.
신창호

# 목 차

머리말

## 1장 지도자 교육의 지평 확장
### ─ 백호 윤휴의 『대학』 재해석 ─

## 4장 인간 이해와 교육정신의 쇄신
### ― 초정 박제가의 『북학의』 ―

## 5장 효의 교육철학과 현대성
### ― 정조 이산과 여유당 정약용의 효 사상 ―

# 조선 후기 유학교육의 실제성과 현실성

조선 후기의 유학을 흔히, '실학(實學)'이라 명명한다. 그런 만큼 실학은 많은 관심과 연구의 대상이 되어 왔다. 일반적으로 조선 후기의 '실학(實學)'은 '이용후생(利用厚生)', '경세치용(經世致用)', '실사구시(實事求是)'의 3대 학파로 분류되어 있다. 그런데 나는 이러한 학파의 분류에 의문에 휩싸인다. 보통 "학파"라고 하면, 훌륭한 선생의 문하에서 함께 배우거나, 그 선생의 유지를 받드는 동학들이 모이거나, 특정한 지역이나 배움터를 중심으로 학자들이 모여 학맥(學脈)을 형성해야 하는데, 그런 모습이 구체적으로 드러나 보이지 않기 때문이다.

조선 중기의 퇴계 이황(退溪 李滉, 1501~1570)이나 남명 조식(南冥 曹植, 1501~1572), 율곡 이이(栗谷 李珥, 1536~1584)를 태두로 하는 영남학파나 남명학파, 기호학파처럼 학맥을 형성하였는가? 학파를 이어갔던가? 예를 들어, 추사 김정희(秋史 金正喜, 1786~1856)는 당시 북학(北學)에 관심을 보였던 초정 박제가(楚亭 朴齊家, 1750~1805)의 문하에서 배웠다. 박제가는 추사처럼 고증학(考證學)이나 '실사구시(實事求是)'학파로 분류되기보다는 '북학파(北學派)'로 규정되고, '이용후생(利用厚生)'을 주장하는 인물로 정돈되어 있다. 김정희가 박제가를 스승으로 모시기는 했으나, 학맥을 통해 인연을 맺고 사상적으로 영향을 미칠 만한 학파를 형성했던 것은 결코 아니었다. 이런 점에서 조선 후기 유학은 어떤 맥락에서 지속성을 담보하고 있으며, 그 사상의 정체성은 어디에 존재하는가?

조선 후기의 유학교육을 고민하면서, 나는 회의(懷疑)한다. 무엇을 근거로 조선 후기의 유학을 '실학(實學)'으로 규정하는가? 때로는 더욱 나아가

'서구'의 '근대' 개념을 끌어들여 근대성(近代性; modernity)과 연관 짓는 걸까? 그렇다면 조선 후기 유학교육은 '실학교육' 또는 '근대교육'과 맞닿게 되어 버린다. 아무리 보아도 그 교육의 주류는 성리학(性理學)의 기초하여 그 연속선상을 강조하고 있다. 물론, 주자학에 대한 반성과 회의가 보이는 학자도 상당히 있다. 특히, 중국 청나라의 문명에 영향 받은 일부 학자들을 중심으로 성리학이 비판을 받기는 하지만, 이 또한 유학의 사유를 완전히 벗어난 것은 아니다.

조선 후기의 부분적 학문 경향인 '실학'은 조선 전기나 중기의 '성리학'과 상반되는 사상적 분위기로 이해된다. 심한 경우, '실학(實學)=반주자학(反朱子學)'이라는 공식이 진리처럼 굳어 버렸다. 다시 말하면, '성리학=공리공담(空理空談)=허례허식(虛禮虛飾)=비현실성(非現實性)=봉건적(封建的)'인 양상으로 인식하고, '실학=실용적(實用的)=실제적(實際的)=현실성(現實性)=근대지향(近代指向)'으로 도식되어 있다. 때문에 조선 후기 유학은 실학으로서 당시의 학문 주류인 주자학[성리학]과 상반되는 완전히 다른 학문으로 오해하게 만든다. 더구나 그것은 반봉건, 근대 지향성 등 외국의 학문적 개념들이 섞여 들어오면서, 혼란을 거듭한다. 더 큰 문제는 '봉건적 사유체제=나쁜 것=청산의 대상,' '근대적 사유체계=좋은 것=긍정적 확산'이라는 인식을 암암리에 유포하며, 시대의 추세에 따라 형성된 조선 사상사의 간파를 방해한다.

한국의 역사에서 '봉건제도', 또는 '봉건체제'가 언제 존재했던가? 나는 역사에 대해 깊이 알지는 못한다. 짧고 무지한 지식에도 불구하고, 봉건제도는 동양에서는 고대 중국의 '주(周)'나라와 근대 이전 일본의 역사에서 부분적으로 행해졌고, 유럽의 중세 때 봉건 영주의 지배 아래에 존속된 그런 제도로 이해하고 있다. 우리 역사에서는, 봉건제가 아니라, 적어도 나의 머리 속에는 한(漢)나라 이후 당(唐)나라를 비롯한 중국의 제도를 받아들여, '군현제(郡縣制)'를 실시한 것으로 각인되어 있다. 그 흔적이, 지금도 사용하고 있는, 도시가 발달하기 이전의 행정단위 명칭인, 군(郡), 읍(邑), 면(面) 등이 아닌가!

조선후기유학을 '실학'으로 이해하며 '근대성(近代性)'을 내세우는 경우도 마찬가지이다. 17~18세기 유럽의 근대 시민사회가 성립될 때, 조선사회에 그런 맹아(萌芽)조차 쉽게 발견되지 않는다. 당시 조선의 사회구조는 유럽의 그것과 견줄 수 있는 체제가 절대 아니었다. 한국사회에서 '근대, 시민, 민족, 민주, 자유, 평등, 계몽, 해방, 자본, 상공업' 등등, 근대성과 연관되는 다양한 의미의 말들을 보편적으로 인지하기 시작한 것은 대한민국 정부수립 이후, 20세기 중·후반을 지나서이다. 그것도 대한민국의 국민이 서구의 근대 시민성을 체득한 양상이라기보다는 지식인을 중심으로 서구의 여러 저술에서 논의하는 대로 이념이나 개념, 용어를 파악하는 정도였다.

그런데 공부를 하면 할수록, 많은 연구자들이 '한국 사회에서 근대의 기점을 언제로 보느냐?' '봉건체제와 근대지향성', '근대적 사고의 맹아' 등, 우리 사회의 근대성에 주목하려는 모습을 목격할 때가 많다. 나는 그런 연구 경향에 적지 않게 충격을 받았다. 봉건체제나 근대성이 조선시대까지, 아니 1945년 해방 이후, 1960, 70년대의 최근세사에 이르기까지, 분명하게 개념이 잡히지 않는데, 어떻게 함부로 한국사회를 그런 사회구성체의 중심에 자리매김 할 수 있는가? 나는 아직도 연구가 미진하여 그런 개념이나 용어를 쓰는데 주저한다.

봉건체제와 근대성의 연결고리에서, 그 맹아적 성격을 조선 후기의 유학이라 말하는 실학에서 찾는 경우가 많다. 여기에 함정이 도사리고 있다. 미리 말하면, 조선 후기의 '부분적' 학문 경향인 실학은, 당시의 주류 사상인 '성리학[주자학]'에 터하여 이해해야 한다. 왜냐하면 사상(思想)은 아무리 비판하고 단절하려는 경향성을 지닌다고 해도, 칼로 두부 자르듯이, 일거에 뒤집어지는 성질의 것이 아니기 때문이다. 사상은 그 영향력이 큰 만큼 깊은 흔적을 남기며, 새로운 사조(思潮)에 개입한다. 조선 후기의 학문적 경향이나 교육철학도 마찬가지이다.

조선 후기의 주류 사상은 여전히 주자학[성리학]이다. 많은 연구자들이 '실학자'라고 명명한 학자들과 그들의 사상을 지나치게 강조하다보니, 주류학자들의 연구가 미진하고, 가려져 있을 뿐이다. 우리가 실학이라고 명명하는 학문 경향은 최고위층 관료 정치 집단의 사상적 경향이 아니라, 실무자급 관료의 현실적 고민에서 비롯되었다. 그들은 왕실이나 양반 가문의 서얼(庶孽) 출신이건, 중인(中人)이건, 기본적으로 유학적 사유를 익힌 집단이다. 따라서 공자(孔子)에서 주자(朱子)로 집대성되어 온, 유학의 범주를 쉽게 벗어나기 어렵다.

대신, 당시 중국[청나라]을 왕래하고 서구의 과학문명을 접하면서 선진 문물의 새로운 점을 발견하였고, 그 사회적 유용성을 고민한 것은 사실이다. 그렇다고 유학의 사유 시스템을 버리거나 완전히 벗어난 것은 결코 아니다. 때문에 '실학'이라고 명명하고 있는 학문은 '주자학'과의 단절이 아니라 연속선에서 파악되어야 한다. '실학'은 '실학'이 아닌 것이 아니라 실학임에 분명하다. 중요한 것은 당시 유학의 범주에서 그 비판의 정도 차이를 드러내는 학문으로서 실학이다. 즉 조선 유학[주자학]에 반대하기만 하는 실학이 아니라, 그 유용성과 실용성, 삶의 실천성에 기반하여, 주자학의 특정한 사고에 대한 이해의 차원을 달리할 뿐이다.

조선후기 유학교육의 변주와 그 비판적 고찰을 위해, 본격적으로 실학을 조명하며 규정했던 연구자들의 견해를 간략히 검토할 필요가 있다.

이우성은 조선 후기의 실학을 다음과 같이 분류했다.[1] 첫째, 성호 이익(星湖 李瀷, 1681~1763)을 대종(大宗)으로 하여 토지 정책 및 행정 기구, 기타 제도상의 개혁에 주력하는 '경세치용학파(經世致用學派)'이다. 둘째, 연암 박지원(燕巖 朴趾源, 1737~1805)을 필두로 상공업의 유통 및 생산기구, 일반 기술면의 발전을 지표로 했던 '이용후생학파(利用厚生學派)'이다.

---

1) 이우성, 「18세기 서울의 도시적 양상」, 『鄕土서울』 17호, 1963, 참조.

셋째, 추사 김정희(秋史 金正喜, 1786~1856)에 이르러 일가(一家)를 이룬 경서(經書), 전고(典故), 금석(金石) 등 고증학에 주력했던 '실사구시학파(實事求是學派)'이다.

이을호는 여러 학자의 견해를 빌려 실학의 개념을 다차원적으로 설명한다.[2] 천관우는 양계초의 '귀창(貴創)·박증(博證)·치용(致用)'의 설을 채용하여, "실정實正·실증實證·실용實用"으로 풀어 실학의 개념을 제시하였고, 한우근은 '경세치용의 학'으로 집약시켜 보았다. 김양선은 실학(實學)을 '실사구시의 학[實事求是之學]'을 요약한 것으로 이해하였고, 박종홍의 경우, '성실은 마음으로 생각만 하는데 있지 않고 실천 역행함으로써 실현되는 것이 사실이다. '무실사상(務實思想)'은 바로 이 '역행(力行)'을 강조한 것이다. 그것을 우리 선인들은 실학이라는 이름으로 불러 온 것이다'라고 하여 무실역행의 실학을 말하였다. 그리고 전해종은 중국에서 실학이 어떤 의미로 사용되어 왔는가를 구명하면서, '수기치인(修己治人)'의 실학을 주장하였다.

천관우·한우근·김양선의 경우, 실학의 개념은 '경세치용'의 실용과 '실사구시'의 고증학으로 분류해 볼 수 있다. 전자는 실용(實用)의 학이고 후자는 실증(實證)의 학이다. 그런데 박종홍과 전해종은 약간 다른 뉘앙스를 보인다. '성실(誠實)'과 '수기치인(修己治人)'이라는 전통 유학의 실천 개념들이 개입되어 있다. 전자의 이해는 전통 유학에 비판적 경향을 보이며 새로운 학풍을 고민하는 듯하고, 후자의 이해는 전통 유학의 특성을 긍정적으로 강화하려는 태도가 엿보인다. 즉 전자는 전통 유학과의 단절적 측면이 조금씩 드러나는 형국이고, 후자는 전통 유학을 지속하거나 연속선상에서 논의하려는 학문 특성을 보인다.

금장태의 경우, 실학사상의 학문적 배경을 다음과 같이 몇 가지로 나누

---

2) 이을호, 「茶山 實學의 洙泗學的 構造」, 아세아문제연구소 편, 『實學思想의 探究』, 서울: 현암사, 1974, 278~282쪽.

어 이해한다.3)

> 첫째, 정통 주자학(朱子學) 계통의 도학파(道學派)와의 관계에서 볼
> 때, 도학의 정통성을 긍정하면서 그것을 바탕에 두되, 도학파
> 와는 다른 학문적 관심을 갖거나 도학파의 태도에 현실적 한계
> 가 있음을 자각하면서 실학적 문제의식을 제기하는 경향이다.
> 둘째, 양명학(陽明學)과의 관계에서 볼 때, 주자학의 규범적 형식성
> 을 비판하는 태도에서 자극받아 양명학을 보다 개방적으로 이
> 해하는 경향이다.
> 셋째, 서학(西學)과의 관계에서 볼 때, 17세기부터 중국을 통해 서구
> 의 과학기술과 천주교 신앙에 관한 지식이 연속적으로 유입되
> 면서 민감한 반응을 보인 학문 유파이다.
> 넷째, 고증학(考證學)과의 관계에서 볼 때, 중국 청(淸)나라 실학이
> 경학(經學)과 사학(史學)의 고증적 연구를 중심으로 발전한 것
> 에 영향을 받아 경전에 대한 객관적·실증적 연구태도를 보인
> 학문 경향이다.

첫째와 둘째의 경우, 주자학과 양명학에 기초하므로, 실학은 근원적으로
유학을 전제하고 있다. 셋째와 넷째의 경우, 서양의 학문과 청대 고증학이
라는 새로운 학문 경향과 만나면서 유학을 인식하는 시선의 변화가 생기
므로, 자연스럽게 비판적 색채를 띠게 되었다. 예를 들면, 추사 김정희의
경우, 고증학에 능통하다는 이유로 네 번째의 경향으로 분류한다. 이와 같
이 그 사실 여부와 관계없이, 실학을 규정하는 방식이나 내용은 상당히 다
양하다. 뉘앙스에 따라서는 정반대의 의미를 담고 있으나, 동일한 '실학'이
라는 명칭을 쓰고 있다.

이러한 조선 후기의 학문 경향성인 실학에 대해, 우리는 근본적인 성찰
을 한 필요가 있다. 그런 점에서 김용옥의 비판적 견해는 의미 있는 시사

---

3) 금장태, 『韓國實學思想研究』, 서울: 집문당, 1987, 16~19쪽.

점을 제공한다.

　　실학(實學)은 사실(事實)이 아니다. 그것은 개념(概念)일 뿐이다. 여기서 '사실'은 '역사적 실체'를 말하고, '개념'은 '후대에 조작(造作)된 허구'를 뜻한다. 실학은 지금 우리가 실학자라고 부르는 사람들의 뇌리 속에서, 우리가 생각하는 방식으로 조금도 그들의 의식행위를 지배했던 그러한 역사적 실체가 아니다. 그들의 의식행위가 실학이라는 고유명사에 의하여 결집되고 있는 어떤 이데올로기를 변증법적으로 구성해가는 연계구조에 의하여 지배당하는 역사적 현상은 전혀 사실무근이다. 실학이라는 거대한 이름으로 현대의 역사 속에서 인식하고 있는 개념구조는 조선사상사에 내재하는 사유가 아니다. 즉 어떠한 존재론적 근거도 발견할 수 없는 허구이다. 그것은 후대의 날조일 뿐이다. '실학'이라는 개념이 역사적으로 현대어의 개념으로 등장한 것은 기껏해야 1930년대 일제 치하에서 서구문물에 노출되고 민족주의를 자각한 소수 엘리트의 몽상적 논문에서이다. 이렇게 해서 정착된 '실학'이라는 개념은 1950년대 60년대를 거치면서, 앞에서 예시한 천관우·한우근·이우성 등의 선구적 작업을 통해 보다 구체화되는 명맥을 이어왔다. 1970년대에 고전학 연구 붐이 일어나면서 1980년대는 폭발적으로 연구자 공동체를 형성하기에 이른 것이다. 박정희─전두환으로 이어지는 군사독재의 암울한 정황 속에서 자라난 경제적 여건의 성숙과 언론의 억압이라는 배치곡선이 고전학 부활, 전통과의 연계성 회복으로 승화된 것은 마치 30년대의 정황과 부분적 상응성이 있다고 할 것이다. 그리하여 실학은 조선사상사의 가장 거대한 주류를 이루는 역사적 실체로서의 운동인 것처럼, 그 개념 형성과정에 대한 인식론적 반성이 전무한 상태에서 그 존재론적 가설이 무분별하게 전개되고, 그로부터 모든 연구의 논리가 연역되는 거대한 오류를 낳게 된 것이다.[4]

나는 이러한 견해에 적극적으로 동의한다. 그래야만 조선 후기 유학의

---

4) 김용옥, 『讀氣學說』, 서울: 통나무, 1990, 18~25쪽.

교육사상을 구명하는데 보다 진지하게 접근할 수 있다고 판단하기 때문
이다.

엄밀하게 말하면, 정통 유학자들은 '유학'을 '실학'으로 규정한다. 특히
성리학자(性理學者)들은 노장(老莊)과 불교(佛敎)를 허학(虛學)으로 비판하
며, 자기들의 학문인 유학에 대해서는 진실성과 현실성을 강조하는 실학
(實學)으로 자처한다. 유학의 핵심 경전인 『중용장구(中庸章句)』에서도 유
학이 "실학[진실한 학문]"임을 천명하고 있다.5)

중국과 한국, 일본 등 동아시아사상사에서 '실학'은 시대와 상황에 따라
다양한 의미로 표출되지만, 공통적인 성격은 학문이 지닌 '허위성(虛僞
性)·공허성(空虛性)'의 비판이다. 실학이라고 명명하는 조선 후기의 학문
경향도 마찬가지이다. 실학(實學)은 '성리학(性理學)·도학(道學)'의 관념성
에 대해 비판적이다. 공리공담, 또는 형이상학적으로 흐르는 학문에 반대
하고, 시대정신에 부합하는 학문의 흐름을 흡수하면서, 당대 사회의 현실
문제를 해결하기 위한 지속적 관심과 개방적 섭취 태도에서 형성되고 전
개된다. 특히, 현실 의식과 실용적 요구를 반영하여 지속적으로 반성하고
실천하는, 경험적이고 구체적인 현실을 파악하려는 학문이다.6) 그럼에도
불구하고 조선 후기의 학문 경향은 조선 초·중기에 형성된 학문 체계를 상
당부분 지속하고 있으며, 교육철학사상 또한 그에 근거하여 혁신을 꾀하고
있다.

---

5) 『中庸章句』「序」: 始言一理, 中散爲萬事, 末復合爲一理, 放之則彌六合, 卷之則
退藏於密, 其味無窮, 皆實學.
6) 금장태, 앞의 책, 19쪽.

# 1장 지도자 교육의 지평 확장

## – 백호 윤휴의 『대학』 재해석 –

## 1. 여는 글

백호 윤휴(白湖 尹鑴, 1617～1680)는 17세기 조선 성리학에서 독특한 존재로 판단된다. 왜냐하면, 당시『대학(大學)』의 정본으로 인정되던 주자(朱子)의 『대학장구(大學章句)』에 기초하여『대학』을 이해한 것이 아니라,『고본대학(古本大學)』을 중심으로 자신의 사유를 드러냈기 때문이다. 뿐만 아니라, 그는 당시 학자들이 크게 관심 갖지 않았던『효경(孝經)』「내칙(內則)」에 주목하고,『중용』과『대학』을 표리관계로 이해하며, 유학의 핵심을 논의하였다. 이는 당시의 '사서(四書;『大學章句』·『論語集註』·『孟子集註』·『中庸章句』)' 중심의 유학과는 다른 길이었다. 백호는 왜 당대의 주류 학문을 비판했을까? 그것은 그가 느낀 현실과 연관된다.

백호는 당대의 학풍이 '리기심성(理氣心性)'에 대한 이론적 논쟁에 치우치고, 실천 행위의 차원이 부족하다고 생각하였다. 즉, 학문에 종사하는 존재들이 내면(內面)을 채우는 '근본공부(根本工夫)'는 도외시하고, 언어나 문장과 같은 말단(末端)에 치중하고 있다고 보았다. 또한 학문의 과정에서 묻고 답하는 경우에도, 실천하기 위해 묻는 것이 아니라 단순히 지식을 알기위해 묻는 행태를 보면서, 유학의 근본목적에 맞지 않다고 인식하였다. 이에 백호는 '지행합일(知行合一)'의 차원에서 유학의 본령(本領)과 본지(本旨)를 회복하기 위해 새로운 교육철학을 모색했다고 볼 수 있다.

이를 구현할 수 있는 핵심 경전이 바로『효경』을 필두로 하는『대학』과『중용』이었다. 특히,『대학고본별록(大學古本別錄)』과『대학전편대지안설

(大學全篇大旨按說)』, 『대학후설(大學後說)』은 백호가 유학의 근본목적을 실현하는 교육철학과 사상을 잘 드러낸다. 백호는 자신이 『고본대학』에 충실한 이유를 『대학고본별록』에서 분명하게 밝힌다. 공자(孔子)는 '사관 (史官)이 의심나는 부분은 빼버리고 쓰지 않았다'라고 하였다. 『춘추(春秋)』에도 미심쩍은 부분은 미심쩍은 대로 전하고, 신빙성 있는 부분은 신빙성 있는 대로 전하는 데, 성인(聖人)의 도(道)가 존재한다고 하였다. 공자가 필삭(筆削)을 가한 취지도 바로 거기에 있었다.

『대학』도 전편(前編)의 고문(古文)을 고려해야 한다. 그런데 지금 선유(先儒)들이 토론을 거쳐 서차(序次)를 정해놓아 그 본래의 뜻을 엿볼 수 없는 경우가 있다. 지금 학자들에게 그 원형을 보여주기 위해 고본(古本) 그대로를 다음과 같이 적고, 거기에 약간의 구두와 해석을 보탰다. 한두 군데는 주석을 붙이기도 하여, 되도록 옛것을 그대로 존속시키면서 색다른 것은 색다른 것대로 적어두어, 보는 이들에게 참고가 되도록 하였다.[1] 이런 점에서 백호는 오로지 주자를 비롯한 선유들을 비판하기 위한 목적의식을 가지고 글을 읽은 것이 절대 아니다. 그는 유학이 지향하는 본래의 목적을 찾으려고 노력했을 뿐이다. 이전 유학자들의 사유에 터하여 그것을 연속적 차원으로 인식하기 위한 고민이 앞섰다. 그것이 새로운 교육철학을 예비하는 계기가 되었다.

그런 의지는 『대학전편대지안설』에서 드러난다. 성인(聖人)이 도리를 전한 글이면, 익숙하게 강론하고 공평하게 논의하여, 천 년을 두고 다 함께 공유해야 한다. 지금 내가 고본(古本)을 기준으로 그것을 「경(經)」과 「전(傳)」으로 분류하고 전문의 뜻을 살펴본 결과, 글의 행간에 은미한 뜻과 진지한 맛이 제대로 드러나고 있어 그것을 없앨 수 없었다. 그 말이 엉성한

---

1) 『白湖全書』卷37, 「大學古本別錄」: 孔子稱史之有闕文也. 春秋之義, 疑以傳疑, 信以傳信, 聖人之道存. 以考夫子筆削之旨. 則是篇者, 非有古文前編, 亦何以窺先儒討論序第之意哉. 今故第錄因舊本如左, 以視學者, 略又依文句釋, 附註一二餘義, 以存古昔述異聞, 使覽者得考焉.; 이하 「別錄」으로 표기함.

듯하지만 그윽하고, 서차가 문란한 것 같지만 정연하며, 말하지 않은 것도 따지고 보면 아주 깊은 말을 하고 있다. 따라서 갑자기 이리저리 바꾸거나 손질을 가하여 옛날 학자들이 전수한 본래의 뜻을 잊어서는 안 된다.2) 이 런 그의 심경은 유학 본래의 뜻을 밝히려는데 온힘을 쏟는 학자다운 태도 이다. 이는 고본을 통한 유학의 본지(本旨) 탐구이다.3)

어떤 연구자들은 백호가 『대학고본』을 다루다보니, 주자의 『대학장구』 를 비판했다거나, 왕수인이 『대학고본』을 옹호한 것에 터하여 양명학적 견해나 특성을 지녔다고도 한다.4) 그러나 나의 견해는 약간 다르다. 백호

---

2) 『白湖全書』卷37. 「大學全篇大旨按說」: 聖人傳道之書, 固不厭熱講而公議, 與 千歲共之也. 今纘以古本, 分經傳, 考傳義, 則其反復抑揚之際, 淖有微意弘旨, 而不可泯沒焉. 其言似疎而實密, 其序似亂而實整, 其所不言者, 乃所以深言之 也. 恐不可遽有所移易損益, 以失前人傳受之意也.; 이하 「按說」로 표기함.

3) 최석기, 「白湖 尹鑴의 經學觀」, 『남명학연구』 8-1, 1998, 참조.

4) 양명학적 견해를 드러내고 있다고 주장하는 대표적인 연구로 다음과 같은 것이 있 다. 유명종, 「尹白湖와 丁茶山」, 『철학연구』 27, 1979; 안병걸, 「大學古本을 통해 본 白湖의 經學思想 硏究」, 『민족문화』 11, 1985; 유영희, 「白湖 尹鑴 思想 硏究」, 고려대학교 박사학위논문, 1993; 송석준, 「白湖 尹鑴의 經學思想에 나타난 陽明 學的 見解-『大學』의 해석을 중심으로-」, 『인문사회과학연구』 11, 1996; 송석 준, 「한국 양명학의 초기 전개양상-윤휴와 박세당의 『대학』 해석을 중심으로-」 『동서철학연구』 13, 1996; 금장태, 「白湖 尹鑴의 性理說과 經學」, 『인문논총』 39, 1998; 이영호, 「『讀書記·大學』을 통해 본 白湖 尹鑴의 經學思想」, 『한국한문학 연구』 25, 2000; 강명희, 「백호 윤휴의 격물치지설에 관한 연구」, 성균관대 석사학 위논문, 2003; 이외에도 몇몇 연구들은 윤휴의 학문을 反朱子學, 혹은 脫朱子學적 경향을 띠고 있다고 주장하기도 하는데, 이 또한 "親民"이나 "格物致知"의 해석 과 같은 부분적 측면을 보고 그렇게 주장하는 것으로 판단된다. 이영호의 경우, 윤 휴의 『대학』에 주자학적 요소와 양명학적 요소가 동시에 존재하면서도 이를 지양 하거나 지향하는 상상적 요소가 있다고 지적한다. 이선아는 송시열에 의해 斯文 亂賊으로 지목된 윤휴의 사유를, 송시열계를 朱子·'絶對主義'로 보고 윤휴를 朱子 '相對主義'의 입장에서 이해한다. 이선아, 『윤휴의 학문세계와 정치사상』, 한국학 술정보, 2008, 69~74쪽 참조. 그것은 윤휴가 주자의 학문 체계를 벗어났다기보 는, 당시 대부분의 학자들이 주자에 절대적으로 경도되어 있던 데 비해, 윤휴의 사고는 주자를 옹호하면서도 상대적으로 자유로운 학풍임을 의미한다.

는『대학전편대지안설』에서『대학고본』에 충실한 이유를 다음과 같이 밝힌다.

> 이 책 장구(章句)는 두 정자(程子)와 주자(朱子), 그리고 후대의 현인들까지 다 제각기 고친 부분이 있는데, 그 가운데 주자가 정해 놓은 경전(經傳)이 제대로 되었고 맥락(脈絡)도 분명하여 영구히 고칠 수 없는 세상의 양서이다.5)

백호는 여기에서 분명이『대학장구』의 장점을 인정한다. 뿐만 아니라, 양명학적 영향을 거부하는 태도는 그의『대학전편대지안설』의 자문자답에서 명확하게 드러난다. 백호는 스스로 묻는다. "그렇다면 전문을 쓴 이가 격물치지에 관해 언급하지 않은 것은 너무 한쪽으로만 치우쳐 근대 육자정(陸子靜) 또는 양명씨(陽明氏)가 덕성을 높일 것만 주장한 설과 같지 않은가?" 아니다. "'성의(誠意)·정심(正心)을 하려면 격물치지(格物致知)부터 먼저 해야 한다'라고 성경(聖經)에 더없이 분명하게 말해 놓았다."6)

이런 점에서 백호가『대학』을 독해하는 방식은 철저히 유학의 본질에 충실하려고 했으며, 육왕학(陸王學)과 유사한 측면이 보이더라도 정주(程朱)의 견해를 자연스럽게 계승했다고 판단된다. 여기에서는 이러한 그의 『대학』이해를 3강령(三綱領)과 격물치지(格物致知)를 중심으로 주자의 주석과 비교 검토하고, 특히, 격물치지를 이해하는 독특한 교육철학사상을 논의한다.

---

5) 「按說」: 按此篇章句, 兩程子朱子以及後賢, 皆各有更定, 唯朱子所定經傳得所, 而脉絡分明, 足爲天下不刊之書.
6) 「按說」: 然則傳者不言格致, 其無乃偏於一邊, 而若近世陸子靜陽明氏尊德性之說乎. 曰欲誠正者先格致, 聖經之言, 不趐明白矣.

## 2. 교육 실천과 핵심 철학

### 1) 배움의 양식

백호의 '대학(大學)' 이해는 조선 후기 교육철학사상의 기준을 설정해 나가는 단계에서 상당히 중요한 결절점이다. 그는 '대학(大學)'을 주자의 인식과 다른 차원에서 접근한다. 주자는 『대학』을 "옛날 태학(太學)에서 사람을 가르치던 법이다."[7]라고 명시했다. '대학지도(大學之道)'를 '대학(大學)'의[之] '도[道]'로 이해한 것이다. 이는 태학(太學)이라는 교육기관에서 성인(成人)을 대상으로 교육하던 내용을 포괄적으로 담고 있으며, '어른들의 학문'으로 규정된다.[8] 백호도 그것을 부정하지 않는다. 그러나 『고본대학』에서 말하는 '대학'의 의미는 그것과 다른 차원임을 지적한다.

> 대학은 옛날 소학(小學)과 대학(大學)으로 나누어 부르던 '학궁(學宮)'의 이름이다. 즉 학교를 말한다. 이는 배우는 사람이 아동인지 성인인지, 또는 익히는 학업이 굵직굵직한 것인지 자질구레한 것인지를 기준으로 한다. 그러나 여기(『고본대학』)에서 말한 대학은 대도(大道)나 대덕(大德)과 같은 말로, 그 도의 큼과 쓰임의 광대함이 소도(小道)나 곡예(曲藝)와 같지 않다는 말이다.[9]

그것은 '소학(小學)―대학(大學)'이라는 '정교(政敎)'의 교육철학을 구상했던 주자와 달리, 유학의 원초적 모습을 찾으려는 백호의 교육철학적 시각이 담겨 있다. 성인(聖人)의 도리를 직접 밝혀보기 위해 『고본대학』 자체의 텍스트 분석에 치중했던 그로서는 이런 이해가 자연스런 작업이었다

---

7) 『大學章句』「序」: 大學之書, 古之大學, 所以教人之法也.
8) 『大學章句』 經1章 註: 大學者, 大人之學也.
9) 「別錄」: 大學, 古者有小學大學學宮之名. 蓋以人之大少, 又以業之鉅細言爾. 此言大學, 猶言大道大德, 言其道之大用之宏, 非若小道曲藝也.

고 판단된다. '소학―대학'의 교육단계를 염두에 두지 않고, 원래 『예기』
에 있던 「대학」을 검토했으므로, 백호는 '대학지도(大學之道)'를 '대(大)'와
'학의 도[學之道]', 즉 '배움의 도가 크다'는 말로 독해하였다. 이때 배움은
'본성을 밝히는 사업'에서 출발한다.[10] 그것은 3강령(三綱領)의 인식에서
분명하게 적시된다.

> 대학이란 책은 본성을 밝히는 길을 적은 저작이다. 그러므로 '명명덕
> (明明德)'은 자기의 본성을 다하는 일이고, '신민(新民)'은 타인의 본성
> 을 다하는 일이며, '지어지선(止於至善)'은 자기를 완수하고 타자를 완
> 성하는 궁극적 경지이다.[11]

이는 『예기』「학기(學記)」에서 말하는 '대학지법(大學之法)'이다. '배움의
양식이 크다'는 말과 동일한 차원이다.[12] 이런 차원에서 『대학』은 지식을
습득하기 위한 단순한 이론서가 아니다. 실천 주체의 덕성(德性)을 자각하
고, 이를 확산하여 천하국가에서의 실현을 위한 실천서가 된다.[13] 이론적
형이상학을 담은 교육철학의 사상을 기록한 것이 아니라 실천적 행위의 지
침을 담은 교육철학이다. 『예기』「학기」에서는 그 배움의 양식을 크게 네
가지로 구분했다. 그것은 '예(豫)'와 '시(時)'와 '손(孫)'과 '마(摩)'이다.

> 아직 펼쳐지지 않았을 때 금하는 것을 '예(豫)'라고 한다. 스스로 배
> 움을 구할 때 알려주고 가르쳐 주는 것을 '시(時)'라고 한다. 절도를 넘
> 지 않고 베푸는 것을 '손(孫)'이라 한다. 학우의 언행을 서로 관찰하게

---

10) 「別錄」: 學者, 所以明性也.
11) 「別錄」: 大學之書, 明性之道也. 故其曰, 明明德, 盡己之性也. 新民, 盡人之性
　　也. 止至善, 成己成物之極也.
12) 「別錄」: 大學之道, 言學之道大也. 如學記所謂大學之法, 是也.
13) 안병걸, 「白湖 尹鑴의 經學과 社會政治觀」, 성균관대 대동문화연구원, 『제5회 동
　　양학국제학술회의논문집』, 1995, 246쪽.

만들고 그 선을 따르며 악을 물리치게 하는 것을 '마(摩)'라고 한다. 이
네 가지가 교육을 일으키고 풍성하게 만드는 근본이다.14)

'예(豫)'는 배우는 사람에게 나쁜 습관이 발생하지 않도록 미리 예방하
기 위해 금지하는 작업이다. '시(時)'는 배우는 사람이 스스로 분발하여 깨
우치려고 할 때 그에 맞게 알려주고 가르쳐주는 시의적절함을 의미한다.
'손(孫)'은 배우는 사람의 자질과 능력에 맞게 그 정도를 넘지 않도록 가르
치는 일이다. '마(摩)'는 배우는 사람들 상호 간에 말과 행실을 관찰하여
착한 부분은 모범으로 삼고 나쁜 측면은 물리치는 배움의 양식이다. 이는
배움에서 '예방'과 '시의적절함', '인재시교(因才施敎)'와 '상호작용'을 통
해 성인(聖人)으로 나아가는 작업이다. 백호는 그 배움의 길이 크다는 것을
다음과 같이 제시한다.

　　배움은 옛것을 상고하고 남에게서 배우며 참으로 알고 알차게 걸어
　　가서 성현(聖賢)의 경지에 도달하여 자기 성품을 되찾기를 기약하는 일
　　이다. 그것은 큰 덕을 밝혀 그 빛이 사방으로 퍼지고 하늘과 땅에도 이
　　르게 하는 작업이다. 그러므로 '큰일'이라고 한다.15)

여기에서 배움의 내용과 방법, 과정과 목적이 지시된다. 배움의 내용은
옛것을 상고하는 '계고(稽古)'이고, 그 방법은 타자에게서 배우는 '취인(取
人)'이며, 과정은 진정한 지식과 지혜의 터득, 그리고 그것을 일상에서 알
차게 채우며 밟아 나가는 실천이다. 그 궁극 목적이 성인이나 현인의 경지
에 올라 자신의 착한 성품을 밝히는 '복기성(復其性)'이자 '복기초(復其初)'
이다. 인성을 확인하는 자기성찰의 교육철학을 제기한다. 이는 유학의 학

---

14) 『禮記』「學記」: 大學之法, 禁於未發之謂豫, 當其可之謂時, 不陵節而施之謂孫,
　　相觀而善之謂摩, 此四者, 敎之所由興也.
15) 「別錄」: 學者, 稽古取人, 眞知實踐, 期至乎聖賢之域, 以復其天性者也. 明其峻
　　德, 至于光被四表, 格于上下, 故謂之大也.

문 전통에 매우 충실한 지적 면모를 확인해 주는 장면이다.

## 2) 실천적 주체의식

백호는 유학의 본령에 충실하게 『예기』의 『고본대학』을 통해 '대학'을 교육적으로 이해하였다. 그런데 주자는 『고본대학』을 『대학장구』로 재해석하였다. 주자는 『고본대학』의 교조적 지속이 아니라, 남송(南宋)이라는 당대의 시선으로 이른바 『대학장구』라 통칭하는 '『금본대학(今本大學)』'을 창출한 것이다. 그렇다고 유학의 본래 취지가 사라진 전혀 다른 텍스트를 창조한 것은 결코 아니다. 공자(孔子)·맹자(孟子)를 중심으로 하는, 유학의 근본에 가깝게 다가서기 위한 교육철학적 노력으로 『대학장구』를 제기한 것이었다.

백호가 『고본대학』을 통해 있는 그대로의 경전(經典)을 고찰하겠다는 의도도 주자의 이런 태도와 다를 바 없다. 그것은 『대학』의 3강령(三綱領)인 '명명덕(明明德)－친민(親民)－지어지선(止於至善)'을 이해하는 부분에서 확인된다. 주자는 명명덕을 다음과 같이 주석했다.

> 명덕은 사람이 하늘에서 얻은 것으로, 허령불매(虛靈不昧)하여, 온갖 이치를 갖추고 모든 사물에 응한다. 다만 기품(氣稟)에 따라 구애받고 사람의 욕심에 가려지면, 때로는 어두운 적이 있으나 그 본체는 늘 밝음을 지속했다. 그러므로 배우는 사람은 펼치는 바를 따라 밝혀서 그 처음의 본래 마음을 회복하여야 한다.16)

'명덕(明德)'은 '사람의 본성이자 마음'이다. 그 본래의 상태는 '텅 비고

---

16) 『大學章句』 經1章 註: 明德者, 人之所得乎天而虛靈不昧, 以具衆理而應萬事者也. 但爲氣稟所拘, 人欲所蔽, 則有時而昏, 然其本體之明, 則有未嘗息者. 故學者當因其所發而遂明之, 以復其初也.

어둡지 않다.' 절대적으로 밝은 속성을 지닌다. 밝은 만큼 모든 것을 갖추고 있기에 모든 일에 응할 수 있다. 그러나 사람에 따라 제각기 다른 욕심으로 인해, 어두움으로 추락하기 마련이다. 여기에서 중요한 것은 마음의 본체 자체가 '늘 밝은 것'이라는 점이다. 그러므로 '밝은 것이 선천적으로 갖춰져 있다'라는 의미의 '명덕(明德)'이라는 표현을 썼다. 백호의 주석은 주자의 사유를 보다 구체적으로 보완한다.

> 하늘이 부여하는 것은 명(命)이고 그것을 사람이 받으면 성(性)이 된다. 속에 보존되어 있는 것은 심(心)이고 성에 펼쳐 진 것은 정(情)이다. 사람이 하늘에서 얻어 광명정대한 것을 명덕이라 한다. 그것은 사람의 마음이 신령하고 밝고 꿰뚫리어 맑아서, 모든 사물의 이치를 훤히 알 수 있음을 말한다. 그것을 밝히는 작업은 본래 밝았던 상태에 근거하여, 기품에 의해 치우친 부분과 물욕에 의해 가려진 부분을 없애는 일이다.[17]

여기에서 백호는 '명(命)'과 '성(性)', '성(性)'과 '심(心)', '성(性)'과 '정(情)'의 관계를 자세하게 설명하면서 '명명덕(明明德)'을 정돈한다. '명'과 '성'의 관계는 주자가 주석한 내용과 의미상 다르지 않다. 오히려 그것을 계승하여 풍부하게 하고 있다. "하늘이 사람과 물건에게 부여한 것은 '명'이고 사람과 물건이 받은 것은 '성'이다."[18] 이는 『중용』에서 말하는 "하늘이 명령한 것을 '성'이라고 한다"[19]라는 구조와 동일하다. 유학 형이상학의 기본 언표이다. 형식적으로는 하늘이 인간을 비롯한 만물에게 명령을 내려 본성을 부여한 듯하다. 그러나 상호 주체의 측면에서 '대대(待對)'적

---

17) 「別錄」: 在天曰命, 在人曰性. 存乎中者謂之心, 發乎性者謂之情. 其得於天而光明正大者謂之明德. 蓋指人心之靈, 明同澈, 管乎萬理者而言之. 明之者, 因其本明之天, 而去其氣稟之偏, 物欲之蔽也.

18) 『大學章句大全』首章: 天之賦於人物者謂之命, 人與物受之者謂之性.

19) 『中庸章句』1章: 天命之謂性.

이다. "명(命)은 하늘이 준 것이고 성(性)은 만물이 받은 것이다. 즉 명(命)과 성(性)은 주고받은 차원에서 하나의 이치이다. 하늘이 만물에게 주는 측면에서는 명령이고 사람과 물건이 받는 측면에서는 본성이다."20) 이처럼 주체의 전이를 통해 명(命)과 성(性)은 준 자와 받은 자 사이의 관계망을 형성한다.21)

백호는 성(性)과 심(心)의 관계에서 성 가운데 보존되어 있는 것을 심으로 보았다. 성에 펼쳐진 것은 정(情)이다. 따라서 성과 심, 정의 문제는 보존된 것과 펼쳐진 것의 차이일 뿐, 동일한 성의 다른 양상이다. 여기에서 '명덕은 하늘에서 얻어 광명정대한 것'으로 표현된다. '명덕의 광명정대성(光明正大性)'이라는 점에서 백호의 사유는 주자를 그대로 이었다. 주자는 말했다. "한 몸의 주인이 된 것을 심이라 하고, 하늘에서 얻어서 광명정대한 것을 명덕(明德)이라고 한다."22) '심(心)－성(性)－정(情)'의 관계에서 주자는 '심'을 한 몸의 주인이라고 분명하게 밝혔다. 따라서 그것이 '명덕'을 대표할 수 있다. 그러나 백호의 경우, '명덕'이 '성'인지 '심'인지 분명하게 밝히지는 않았다. 어떻게 보면 '심'과 '성'을 명확하게 나눌 수 없는 상황에서 '심'이기도 하고 '성'이기도 하다. 분명한 것은 기품(氣稟)에 의해 치우치고 물욕(物欲)에 의해 가린 사안을 없애고, 본래 밝았던 '자연적 심성'을 밝히는 작업이다. 그것이 '명명덕'이다.

다음은 '친민(親民)'의 해석이다. 주자는 정자(程子)가 '친(親)'을 '신(新)'으로 써야 한다는 견해를 적극적으로 받아들였다. 이는 주자가 『대학장구』를 편집하면서, 전(傳) 2장에 등장하는 '일신우일신(日新又日新)'이나 '기명유신(其命維新)'의 '신(新)'과 논리적 맥락을 갖추기 위한 장치였을 것으

---

20) 『中庸章句大全』1章 註: 天所賦爲命, 物所受爲性, 理一也, 自天所賦予萬物言之謂之命, 以人物所稟受於天言之謂之性.
21) 신창호, 「『중용』수장(首章)의 교육학적 해석－성(性)·도(道)·교(敎)의 인간학적 관점－」, 한국교육철학회, 『교육철학』34, 2008 참조.
22) 『大學集註大全』首章: 主於一身者謂之心, 有得於天而光明正大者謂之明德.

로 판단된다. 주자는 '신민'을 '명명덕'과 연관하여 다음과 같이 독해한다.

신(新)은 옛날의 잘못된 점을 고친다는 것이다. 이미 스스로 그 밝은 마음을 밝혔으면, 또 마땅히 미루어 남에게까지 미쳐서, 그도 또한 옛날에 물든 더러움을 제거함이 있음을 말한 것이다.[23]

주자는 '신(新)'을 언급하면서, 옛날의 오류를 고친다는 차원에서 '혁신'과 '개혁'을 고려한다. 그것은 '나로부터 타인에게로, 옛날에서 지금으로' 점진적 진보를 기준으로 새로움을 추구하는 사업이다. 그 전제 조건은 늘 '자신이 새롭게 되어야 하는 것,' 자기수양과 자아성찰, 그리고 반성이 우선 된다. 다시 말하면, '수기(修己)'라는 철저한 내면의 성찰을 거친 후, 타인을 새롭게 하는 '치인(治人)'이다. 이 내면적 성찰이자 자기수양이 앞에서 등장했던 '명명덕'이다.[24]

주자는 자신의 마음을 밝힘으로써 자신을 새롭게 하고, 타인도 새롭게 동기부여 한다는 의미로 '신민'을 상정하였다. 그것은 새로움의 끊임없는 활동을 강조한다.

진실로 하루에 그 옛날에 물든 더러움을 씻어서 스스로 새로워짐이 있으면, 이미 새로워진 것을 바탕으로 나날이 새롭게 하고, 또 나날이 새롭게 하여, 조금이라도 새롭게 하는 활동이 끊어져서는 안 된다.[25]

이처럼 주자는 끊임없는 '자기로부터의 혁명'을 제기한다.

---

23) 『大學章句』經1章 註: 新者, 革其舊之謂也, 言旣自明其明德, 又當推以及人, 使之亦有以去其舊染之汚也.
24) 신창호, 『『대학』, 유교의 지도자 교육철학』, 서울: 교육과학사, 2010, 115~122쪽 참조.
25) 『大學章句』傳二章 註: 誠能一日, 有以滌其舊染之汚而自新, 則當因其已新者, 而日日新之, 又日新之, 不可略有間斷也.

백호 또한 이를 부정하지 않는 듯하다. 왜냐하면 주석을 통해 정자가 '신(新)'으로 써야 한다는 데 찬동하고[26] 동시에 자기개혁과 추기급인(推己及人)에 해당하는 타자혁신의 의미를 구체적 사례를 통해 내비치고 있기 때문이다.

> 새로워진다는 것은 옛날의 잘못된 습관을 고치고 함께 선한 곳으로 들어가게 하여 그들이 제각기 명덕을 밝히도록 하는 일이다. 그것은 공자가 말한 '자기 몸을 닦고 백성을 편안하게 한다,'거나 맹자가 말한 '사람들이 제각기 어버이를 어버이로 모시고 어른을 어른으로 대우하면 세상이 태평할 것이다'라는 언급과 같다.[27]

백호의 주석이 주자의『대학장구』에 비해 보다 친절한 부분이 여기에서 드러난다. 주자는 자신의 잘못을 고치고 다른 사람에게 영향을 미쳐 다른 사람도 스스로 잘못을 고치는 차원에서 '신민'의 주석을 멈추었다.

그러나 백호는 잘못된 습관을 고치는 동시에 선한 곳으로 나아가도록 유도하고 있다. 그 구체적 사례를 공자와 맹자의 사례에서 들고, 타자를 지향하는 마음을 실제적으로 보여 주었다. 나아가 '신(新)'과 '친(親)'이 민(民)을 대하는 태도에서 동일한 사안임을 넌지시 제기한다. "민(民)은 자신에게서 시작하여 바깥으로 미루어 세상 사람들에게 나간 것을 말한다. 어진 사람의 마음은 자기가 서고 싶으면 남도 세워주고 자기가 도달하고 싶으면 남도 도달하게 해주려고 한다. 어떤 사람은 이렇게 말하였다. '대인

---

26) 「別錄」: 親, 程子曰當作新.
27) 「別錄」: 新者, 與之革其舊染, 同入於善, 使之各明其明德也. 孔子所謂修己而安百姓, 孟子所謂人各親其親長其長而天下平, 是也.; 윤휴가 인용한 孔子와 孟子의 말의 출처는 다음과 같다.『論語』「憲問」: 子路問君子, 子曰, 修己以敬. 曰如斯而已乎. 曰修己以安人. 曰如斯而已乎. 曰修己以安百姓. 修己以安百姓, 堯舜其猶病諸.;『孟子集注』「離婁」上: 孟子曰, 道在爾而求諸遠, 事在易而求之難. 人人親其親 長其長而天下平.

(大人)의 길은 가까운 사람을 가까이 하고 백성을 사랑하여, 나라 전체를
한 사람으로 보고, 세상 전체를 한 가정으로 본다. 그러므로 친(親)이라고
한 것이다."28)

　'민(民)'이라는 존재는 나 이외의 모든 사람이다. 그들은 나와 함께 세상
을 살아가며 공동체를 발전시키는데 기여하는 수많은 '나'이다. 그러므로
사랑으로 대변되는 인(仁)을 개입하여, 사람 사랑과 백성 사랑이라는 인인
(仁人)과 인민(仁民)의 문제를 친(親)으로 연결시켰다. "어떤 사람은 이렇
게 말하였다. '대인(大人)의 길은 가까운 사람을 가까이 하고 백성을 사랑
하여, 나라 전체를 한 사람으로 보고, 세상 전체를 한 가정으로 본다. 그러
므로 친(親)이라고 한 것이다.'" ['或曰'이하]의 경우, 왕양명의 『대학문(大
學問)』이나 『친민당기(親民堂記)』와도 내용상 유사한 측면이 있다.29) 그렇
다고 백호가 '신민(新民)'을 부정하며 '친민(親民)'만을 옹호한 것은 아니
다. 더구나 양명학의 영향을 받았다거나 양명학적 경향이 있다고 오해되어
서는 곤란하다. 왜냐하면 서언에서 언급한 것처럼, 백호는 주자의 『대학장
구』를 최고의 책으로 칭송하며 곳곳에서 정자를 비롯한 선현들의 견해를
반영하고 있기 때문이다.

　세 번째는 '지어지선(止於至善)'의 독해이다. 주자에 의하면 "지(止)는

---

28) 『別錄』: 民者, 自一身以外推之天下也. 仁人之心, 己欲立而立人, 己欲達而達人.
　…… 或曰, 大人之道, 親親而仁民, 以中國爲一人, 以四海爲一家, 故謂之親.;
　仁에 관한 윤휴의 인용은 다음과 같다. 『論語』 「雍也」: 子貢曰, 如有博施於民而
　能濟衆, 何如, 可謂仁乎. 子曰, 何事於仁, 必也聖乎. 堯舜, 其猶病諸. 夫仁者,
　己欲立而立人, 己欲達而達人. 能近取譬, 可謂仁之方也已
29) 송석준의 경우, "或曰"을 왕양명의 만물일체사상에 관한 구절, 즉 「大學問」에 나
　오는 "大人者, 以天地萬物爲一體者也. 其視天下猶一家, 中國猶一人焉"을 인용
　한 것으로 보고, 윤휴의 『대학』 이해를 양명학적 견해가 담겨 있다고 주장한다.
　그러나 그것은 윤휴가 『고본대학』을 이해하는 전체 맥락에서 볼 때, 구체적 근거
　를 제시하여 논의한 것이라기보다는 논자의 추측에 의한 주장이 강하다고 판단된
　다. 송석준, 「白湖 尹鑴의 經學思想에 나타난 陽明學的 見解―『大學』의 해석을
　중심으로―」, 『인문사회과학연구』 11(1996) 195〜197쪽 참조.

반드시 여기에 이르러 옮기지 않는다"는 뜻이고, 지선(至善)은 "사리의 당연한 기준이나 표준"이라고 했다.[30] 그리고 부연 설명하기를 "명명덕(明明德)과 신민(新民), 모두를 마땅히 지선(至善)의 경지에 멈추어 옮기지 않는 일"[31]이라고 했다. 주자의 언명을 자세히 보면, 명명덕의 지어지선도 있고 신민의 지어지선도 있는 것처럼 보인다. 이런 점에서, 명명덕과 신민의 온전한 실천은 지선의 기본 전제이다. 그것은 천리 자연의 법칙과 기준을 온전히 하는 데 있고, 아무리 사소할지라도 개인적 욕심이나 욕망이 없어야 한다.[32] 명명덕을 지속하는 동시에 신민을 지속하여 자기의 개혁과 타인의 혁신에 최선을 다하는 상황이다.

백호는 이런 해석에 동의하면서도, '명덕(明德)'을 지선(至善)의 최고 상황으로 지목한다. 아울러 성현들이 이룬 지선의 사례를 적시한다.

> 지(止)는 '이르다' '서다'와 같다. 지선에서는 명덕이 지선의 극치이다. 이른 바, 인(仁)은 요임금과 같고, 지(知)는 순임금과 같으며, 학(學)은 공자와 같아야 한다는 것이 이를 가리킨다. '지어지선'의 경우, 그 가운데, 중심을 잡으라, 너의 그칠 자리를 편안히 하라. 황극을 세우라는 말들과 같다. 이는 학문으로서 최고의 경지이고, 본성이 지닌 기능을 다하는 일이며, 자기를 온전하게 만들고 타자를 완성시키는 길이다.[33]

주자는 '지(止)'를 '여기에 이르러 옮기지 않는' 불천(不遷)을 강조한다. 백호의 경우, '이르다', '서다'라는 과정에서 자기가 실천해야 하는 당위의 노력을 중시한다. 주자가 '명명덕'과 '신민'에 머물러 지속하는 일관성을

---

30) 『大學章句』 經一章 註: 止者, 必至於是而不遷之意. 至善, 則事理當然之極也.
31) 『大學章句』 經一章 註: 明明德, 新民, 皆當止於至善之地而不遷.
32) 『大學章句』 經一章 註: 必其有以盡夫天理之極, 而無一毫人欲之私也.
33) 「按說」: 止猶至也立也. 至善者, 明德至善之極也. 所謂仁必如堯, 知必如舜, 學必如孔子, 是也. 止於至善, 猶曰執厥中, 安汝止, 建皇極. 此學問之極功, 盡性之事, 成己成物之道也.

강조한다면, 백호는 '명명덕'과 '친민'에 이르거나 설 수 있는 과정적 노력과 목표도달 자체를 중시하는 듯하다. 때문에 백호는 지선의 극치를 '명덕'에 두었다. '친민'에 둔 것이 아니다. 여기에서 자기수양의 극치로서 요임금과 순임금, 공자의 어짊과 지혜, 학문을 예로 들었다. 교육적 인간상을 요순과 공자에서 찾은 것이다.

뿐만 아니라, 백호가 지목한 '지어지선'을 상징하는 『서경』의 언표들은, 하나 같이 자신을 다스리는 '명명덕'의 사례이다. "그 가운데, 중심을 잡으라!"는 언표는 "인심은 오직 위태롭고 도심은 오직 미미하니 오직 정밀하고 오직 한 결 같이 해야 진실로 그 중용의 도를 붙잡을 것이다"[34]라는 16자 심법(心法)을 말한 것이다. "너의 그칠 자리를 편안히 하라"는 우임금이 순임금에 "자리에 계실 때 조심하십시오." "임금님께서 가만히 계실 때 마음을 편안하게 가지십시오. 오직 조짐을 살펴 대처하시며 건강하십시오"[35]라는 정사(政事)의 핵심을 고려하면서 나온 말이다. "황극을 세우라."는 구절은 "황극은 임금이 그 기준으로 삼을 진리의 삶을 확립하는 것이니 이 다섯 복을 수렴하여 여러 백성에게 펼쳐주면 이 백성이 그대가 세운 진리의 삶을 따르고 그대와 하나가 되어 그 진리의 삶을 보존할 것이다."[36]에서 나온 정사(政事)와 삶의 표본 제시이다. 이는 '명덕(明德)'을 지닌 자신의 주체의식을 기반으로 전개된다.[37] 즉 '명덕-신민'의 실천자로서 수신(修身)이 근본임을 인지하고, '지어지선'인 '성기성물(成己成物)'의 궁극처에 이른다는 실천지향의 자세이다.

---

34) 『書經』「大禹謨」: 人心惟危, 道心惟微, 惟精惟一, 允執厥中, 無稽之言勿聽, 弗詢之謀勿庸.

35) 『書經』「益稷」: 禹曰, 都, 帝, 愼乃在位. 帝曰, 兪. 禹曰, 安汝止. 惟幾, 惟康.

36) 『書經』「洪範」: 皇極, 皇建其有極, 斂時五福, 用敷錫厥庶民, 惟時厥庶民, 于汝極, 錫汝保極.

37) 안병걸, 앞의 논문, 1985, 79~80쪽 참조.

## 3. '격물치지' 이해의 독특성

### 1) 격물; 사물의 이치를 감통하는 도

『대학고본』에 의거한 백호의 대학 이해는 격물치지(格物致知)의 해석에서 주자와 다른 독특성을 드러낸다. 격물치지는 교육과정에서 '지식의 문제'나 '세계를 인식하는 양식'과 직접적으로 결부된다. 주자는 '격물(格物)－치지(致知)－성의(誠意)－정심(正心)－수신(修身)－제가(齊家)－치국(治國)－평천하(平天下)'의 교육과정을 설정하고 '격물'을 선행 단계로 자리매김한다. 특히, 격물치지(格物致知)에 대한 주자의 구체적인 훈고(訓詁)는 "치지재격물(致知在格物)"의 주석에서 확인된다.

주자는 '격(格)'을 '이르다[至]로 풀이하였다. 그리고 물(物)은 사(事)와 같다고 했다.[38] 여기서 '이르다[至]'는 의미는 단순하게 물리적으로 어떤 지점에 미치거나 닿는다는 의미를 넘어서 있다. 또한 물(物)은 명사적 의미의 단순한 '물건[things]'은 물론 '행위'의 차원까지 포괄하고 있다. 이런 점에서 격물(格物)은 문자적으로 '사물(事物)에 이른다'는 의미로 해석된다. 치(致)의 경우, '미루어서 지극히 하는 일'이고 지(知)는 '인식하는 작업'으로 해석하였다.[39] 이는 치(致)를 끝까지 파고 들거나 탐구하는 자세로 이해한 것이고, 지(知)는 일반적인 의미에서 '마음이나 인지적으로 이해하는 지식' 정도로 볼 수 있다. 그러므로 치지(致知)는 '지식을 끝까지 미루어서 밝혀내다'라는 의미로 설명할 수 있다. 이는 주자 교육철학의 분수령을 이루는 「격물보전(格物補傳)」에서 다음과 같이 구체화 과정을 거친다.

이른바 '앎을 지극하게 이룸이 사물의 이치에 이르는 데 있다'고 하는 것은 나의 앎을 지극하게 이루려고 한다면 사물에 나아가 그 이치를

---

38) 『大學章句』經一章 註: 格, 至也. 物, 猶事也.
39) 『大學章句』經一章 註: 致, 推極. 知, 猶識也.

끝까지 캐물어 들어가는 데 있다는 말이다. 대개 인간 마음의 신령함은 모두 앎을 지니고 있고, 세상 사물은 모두 이치가 있다. 하지만 오직 이 치를 끝까지 모두 캐물어 들어가지 못한 곳이 있기 때문에, 그 앎이 다하지 못함이 있는 것이다. 이 때문에 대학을 처음 가르칠 때 반드시 배우는 사람들에게 세상의 여러 가지 사물에 나아가 그가 이미 아는 이치를 따라서 끝까지 캐물어 들어가서 모두 이르도록 하는 것이다. 그와 같이 공부에 힘을 씀이 오래 되어서 하루아침에 훤하게 꿰뚫어 보게 되는 데까지 이르게 되면, 모든 물건의 겉과 속, 그리고 세밀한 곳과 거친 곳에 앎이 이르지 않는 곳이 없고, 내 마음의 전체와 큰 작용이 밝지 않은 곳이 없을 것이다. 이를 일러 '사물이 이치에 이르렀다'고 하며, '앎이 지극해졌다'고 한다.[40]

주자는 격물치지를 인식'주관'과 '객관'으로 분리하여 이해한다. 즉 인식 주관인 인간이 인식대상인 사물에 다가가 사물의 이치를 끝까지 파악하고, 모든 의문을 없애는 탐구 과정을 보여준다.[41] 이때의 격물은 사물 하나하나에 대한 구체적이고 자세한 구명을 말하고, 치지는 전체를 거시적으로 아는 사안이기 때문에 마음에서 포괄적으로 이해하는 문제이다.[42]

그런데 백호의 격물치지에 대한 이해는 주자의 그것과 상당히 다른 뉘앙스를 풍긴다. 백호는 자신이 읽은 '격물(格物)'의 문제를 다음과 같이 밝힌다.

격(格)은 면밀한 뜻이 느껴 통하는 것을 이르는데, 앞 문장의 학(學)

---

40) 『大學章句』傳五章「格物補傳」: 所謂致知在格物者, 言欲致吾之知, 在卽物而 窮其理也. 蓋人心之靈, 莫不有知, 而天下之物, 莫不有理, 惟於理有未窮. 故其 知有不盡也, 是以大學始敎, 必使學者, 卽凡天下之物, 莫不因其已知之理而益 窮之, 以求至乎其極, 至於用力之久而一旦豁然貫通焉, 則衆物之表裏精粗, 無 不到, 而吾心之全體大用, 無不明矣. 此謂物格, 此謂知之至也.
41) 정인재, 「유학의 실재관」, 『동서양의 실재관』, 성남: 정신문화연구원, 1994.
42) 『大學章句大全』經一章 註: 格物, 只是就一物上窮盡一物之理. 致知, 便只是窮 得物理盡後, 我之知識, 亦無不盡處.

자를 좇아서 나온 말이다. 학문을 시작할 때, 진실함과 깨달음으로 힘을
쏟고, 생각하고 분변함을 다하여, 사물의 이치가 마음에 느껴 통하도록
하기를, 제사 때 공손하고 삼가여 신명에 통하는 듯이 하라는 것과 같
다. 그러므로 그것을 격이라고 했다.[43)

　

백호는 '격(格)'을 주자가 해석한 '이르다[至]'와는 다르게 인식하였다.
그 핵심은 '느껴서 통함'이라는 '감통(感通)'이다. 감통은 사물과 내가 둘로
나누어지지 않고 고심하며 애써 찾는 폐단도 없다. 그것은 여유 있게 노닐
면서도 깊게 젖어 들어, 깨닫고 느끼며 통하는 묘미가 있다.[44) 다시 말하
면 '격'은 "정성이 지극한 끝에 통한다"는 의미이다.[45) 이러한 '격'의 과정,
즉 '감통'에 '성경(誠敬)'과 '사변(思辨)'이 개입한다. 성경(誠敬)은 유학이
추구하는 교육철학의 종시(終始)를 관통한다.[46) 따라서 유학교육의 알파와
오메가가 된다. 사변은 『중용』의 신사(愼思)·명변(明辨)을 융합한 개념으
로 학문의 과정을 점점 심화하는 작업이다. 백호는 그것을 다음과 같이 구
체적으로 제시한다.

　

　격(格)이라는 말은 바로 『대학』에서 처음 가르치는 존심(存心)·양지
(養知)의 일이며, 학문(學問)·사변(思辨)의 본체이다. 그래서 주자가 말
한, '하루아침에 툭 트이면 모든 사물을 다 알게 되고 마음이 남김없이
밝아진다'라는 사안이 여기에 달려 있다. 그것은 자기를 돌아보고 살피
며 참으로 오랫동안 힘을 쌓아가는 간다는 의미이지, 뜻을 고달프게 부
리고 마음을 마구 놓아버리는 입으로 내뱉고 귀로 듣기만 하는 그런 배
움을 말하는 것이 아니다.[47)

---

43) 「別錄」: 格, 精意感通之謂, 從上文學字而來. 學問之始, 誠敬之力, 思辨之功, 使
　　物理感通於心, 如齋祀之格於神明也. 故謂之格.
44) 「按說」: 無與物爲二, 苦心力索之弊, 而有優游浸灌發悟感通之妙也.
45) 『白湖全書』 卷37. 「大學後說」: 格者, 誠至而通也.; 이하 「後說」로 표기함.
46) 「別錄」: 聖學之所以成始而成終者也.
47) 「按說」: 格之爲言, 正大學施敎存心養知之事, 學問思辨之體, 而朱子所謂一朝

이런 점에서 격은 '이르다'라는 의미의 완료형이기보다는 학문을 수행해 나가는 과정으로, 진행형으로 생각된다. 무엇보다도 오랫동안 힘을 쌓아나가는 그런 과정이다. 그 교육철학의 대상이 다름 아닌 물(物)이다. 이때 물은 모든 사물을 지칭하기보다는 『대학』에서 가장 중요한 인간의 길로 제시했던 명덕(明德)과 신민(新民)의 일을 말한다.[48] 그것은 인간다움을 지향하는 사람의 생애 문제와 직결된다. 때문에 백호는 다음과 같이 '물(物)'을 이해한다.

> 물(物)은 앞 문장의 '물건에는 근본과 말단이 있다[物有本末]'라는 대목을 좇아서 나온 글자로, 자기의 몸을 본체로 근본에 힘쓰고 가까운 것과 내면의 문제에 몰입한다는 의미이다. 모든 사물을 대강 보고서 마음을 공허하고 요원한 곳으로 치달려, 급하게 먼저 할 것을 하지 않음을 이르는 것이 아니다.[49]

이는 백호의 '물'에 관한 인식이 무엇보다도 인간의 문제로 회귀했음을 보여준다. 그러므로 '물'이라고 할 때, 그것은 다음과 같은 특성을 지닌다.

> 물은 사물에 나아가 이치를 파악하고, 드러나 있는 것을 통하여 드러나지 않은 것을 살필 수 있다. 사물을 벗어나 이치를 구하다 보니 노력은 했으나 아무런 이익이 없는 것이 아니다.[50]

백호는 이런 인식하에 '격물'의 방법을 두 가지로 제시한다.

---

豁然, 物無不盡而心無不明者, 固在是也.……… 有反己存省, 眞積力久之意, 非役志放心出口入耳之謂.

48) 「別錄」「按說」「後說」: 物者, 明德新民之事也.

49) 「按說」: 物者, 從上文物有本末之言而來, 有體己務本便僻近裏之意, 非泛觀萬物, 馳心虛遠, 不急先務之謂.

50) 「按說」: 謂之物則所以能卽物觀理, 因顯察微, 而又非有外事求理, 而勞而無益之失焉.

하나는 놓친 마음을 거둬들여 잡고 보존하며 공손하고 엄숙하며 고요하고 한 결 같이 하여 본원이 훤하게 밝혀져서, '물'이 다가오면 지혜를 통해 알게 되는 것이다. 다른 하나는 자세하게 따져 묻고 깊이 생각하며 탐구를 거듭하여 참으로 오랫동안 힘을 쌓은 끝에 완전히 마스터하는 경지에 들어가는 것이다. 이 모두가 사물의 이치를 느껴 통하는 길이다.[51]

이런 점에서 '격물'은 사물과 감통하고, 궁리(窮理) 명선(明善)하는 교육의 방식이다. 궁리(窮理)와 거경 함양(居敬 涵養)의 양면을 포함하는, 이른바 '덕성 함양'과 이론 공부를 동시에 추구하는 작업이다.[52] 존심양성(存心養性)과 학문사변(學問思辨)하는 두 가지 공부를 모두 포괄한다.[53] 다시 말하면, 백호는 '격물'을 통해 주자의 교육철학인 '존덕성(尊德性)'과 '도문학(道問學)'을 계승하면서, 그것을 전체 교육의 구도에서 뿐만 아니라 '격물'에 투영하여 덕성 함양과 이론 학습의 본말 관계를 한층 강화시켰다.[54]

## 2) 치지; 박학·심문·심사·명변의 공부

앞에서 언급한 것처럼, 주자는 '치(致)'를 '미루어서 지극히 하는 일'이고 '지(知)'를 '인식하는 일'로 이해하였다. 백호의 경우에도 이를 충실히 이어 받고 있다.

치(致)는 내가 알고 있는 것을 바탕으로 최고의 경지까지 미루어 올라가는 것이고, 지(知)는 사리를 분별할 수 있는 마음의 지각이다. 다시

---

51) 「按說」: 一則欲收放操存齋莊靜一, 而使本原昭曠, 而物來知知. 一則欲審問精思, 研幾極深, 使眞積力久, 而入於神化, 此皆物理感通之道也.
52) 금장태, 앞의 논문, 247쪽 참조.
53) 안병걸, 앞의 논문, 1985, 81쪽.
54) 유소영,「白湖 尹鑴의『大學』해석의 실천 지향적 성격 연구 ─ 格物致知說을 중심으로 ─」, 고려대학교 석사학위논문, 2010, 58~59쪽.

말하면, 치는 끝까지 미루어 도달하는 것으로, 사물의 이치가 마음에 감통되면 마음이 아는 것이 이르는 바에 따라 그 역량을 모두 발휘하게 된다.55)

치지는 사물에 대한 가치판단이 확실히 되는 상태인 동시에 인식에서 정의적 요소가 적극적으로 개입되어 있다.56) 다시 말하면, 치지는 나의 선한 마음을 온전하게 넓혀 충실하게 한다는 의미를 지닌다. 이는 사물의 이치에 대한 객관적 인식의 확대를 넘어 그것의 실천에 대해 판단할 수 있는 마음이 질적으로 확충됨을 뜻한다.57)

그런데 백호는 지(知)의 문제에서 인간이 지닌 지(知)의 고유성(固有性)을 지적한다. 그것은 사람에게 고유한 것으로 미루어 나갈 수 있는, 치(致)의 바탕이다.

> 지는 사람에게 본디 있는 것이다. '치'는 미루어 지극하게 함을 말한다. 자기가 알고 있는 것을 바탕으로 미루어 나가면, 가까운 일상의 삶을 생각하고 여러 문제들에 대해 절실하게 물으며, 선한 마음을 미루어 넓혀가는 뜻이 있다. 그렇게 되면, 갑작스레 어떤 일을 만나도 통하지 않거나 먹혀들지 않는 근심은 없다.58)

'치지'는 근사절문(近思切問)하여 양지(良知)를 넓혀간다는 의미이다.59)

---

55) 「別錄」: 致, 因其知而推極之.; 知者, 心之知覺辨於事理者.…… 致者, 致之而至, 物理其感通於心, 則心之所知, 始隨所致而盡其量.

56) 김승영, 「17세기 格物致知論에 대한 분석 – 김장생·정경세·윤휴를 중심으로 – 」, 『동서철학연구』 36, 2005, 334쪽.

57) 강명희, 「白湖 尹鑴의 格物致知說에 관한 研究」, 성균관대학교 석사학위논문, 2003, 53쪽 참조.

58) 「按說」: 知者, 人之固有也. 致者, 推極之謂也. 因其所已知而致致之, 有近思切問推廣良知之義, 無卒爾逢件扞格不入之患.

59) 안병걸, 앞의 논문, 1985, 82쪽.

이런 인식을 통해 백호는 『대학』의 첫머리에 나오는 3강령은 물론 '성의
-정심-수신-제가-치국-평천하'를 모두 '격물치지'하는 일로 보았다.
따라서 격물치지의 온전한 모습은 어떤 일을 할 때, 사물과 자신이 일체가
되어, 말하지 않아도 공이 이루어지는 상황이다.60) 그것은 격물과 치지가
연속적으로 발생하는 유기체적 차원에 있음을 일러 준다. 그러기에 백호는
"치지재격물(致知在格物)"의 해석을 이렇게 정돈했다. "치지재격물(致知在
格物)에서 '있다[在]'를 쓰고, '치지선격물(致知先格物)'처럼 '먼저[先]'라고
하지 않은 것은 저쪽에서 물(物)이 느껴져서 통하면, 이쪽에서 지(知)가 도
달(達)한다."61) 이는 지적 활동일 뿐만 아니라, 그 자체로 존심양성하는 마
음공부이다.62)

백호는 이런 격물치지의 방법을 『중용』에서 원용했다. '널리 배우고 자
세히 묻고 신중히 생각하며 밝게 분변한다'는, 이른바, '박학(博學)-심문
(審問)-신사(愼思)-명변(明辨)'이다.63)

배워서 그것을 모우고, 물어서 그것에 통하며, 생각해서 그것을 풀어
내고, 구별하여 단안을 내리며, 거기에 몰입하고 충실하여 힘을 보태고,
꾸준히 공부를 해야 한다. 그런 후에 이치를 통달할 수 있고 마음의 역
량을 다할 수 있다.64)

이것이 백호가 생각했던 '격물치지'의 구체적 방법이다. 여기에서 '학-
문-사-변(學-問-思-辨)'의 공부가 첨가되는 이유는, 그것이 '양지(良

---

60) 「後說」: 大學開卷, 誠正修齊治平之事, 莫非格致之地也. 若是則所謂格致者, 與
  事其固一體也, 功運於不言之外矣.
61) 「別錄」: 言在不言先者, 物格於彼而知達於此也.
62) 안병걸, 앞의 논문, 1995, 247쪽.
63) 「後說」: 格物致知之方, 博學審問愼思明辨.
64) 「後說」: 學以聚之, 問以通之, 思以繹之, 辨以斷之, 之以專篤之力悠久之功, 然
  後理可通而心可盡矣.

知)'를 보존할 뿐만 아니라, 계속 확충하여 발전시켜 나갈 수 있기 때문이다.[65] 요컨대, 백호에게서 격물(格物)은 명덕(明德)·신민(新民)의 일에 마음을 써서 이를 실현하려는 공부이고, 치지(致知)는 나의 본래 선한 마음을 모두 발휘하여 선악에 대한 분별을 확실히 하는 공부이다. 이때 치지는 격물에 달려 있다. 그러므로 내 마음에 명덕·신민의 일에 느끼는 것이 확실해야만 선악에 대한 분별이 서게 된다.[66] 이것이 8조목 가운데 이후에 연속되는 단계인 '의성(意誠)'과 '심정(心正)', '신수(身修)'로 이어진다.

## 4. 닫는 글

백호 윤휴의 『대학』 이해는 상당히 독특하다. 주자학을 계승하면서도, 원전에 충실하여 자기 나름의 이해를 시도하였다. 그것은 반주자학(反朱子學), 또는 탈주자학(脫朱子學), 나아가 육왕학(陸王學)의 견해를 지니고 있다는 지적을 받기도 하고, 당대에는 사문난적(斯文亂賊)으로 지목되기도 하였다. 그러나 백호는 누구보다도 충실하게 주자학을 계승한 학자였다. 다만, 자신이 살았던 시대정신을 적절하게 반영하면서, 유학의 본지에 충실한 교육철학을 전개했을 뿐이다. 그것은 당시 심성론(心性論) 중심의 공리공담이 아니라, 실천이 담보된 유학의 지향이었다. 이런 점에서 백호의 사유는 조선 후기 유학의 실학적 맹아라는 평가를 받기도 한다.

백호는 주자의 『대학장구』가 아니라 『고본대학』을 텍스트로 선택하였기에, '대학(大學)'의 해석에서 정통 유학과는 차원을 달리하였다. 그것은 '소학-대학'의 교육 단계나 학문의 점진적 이해가 아니라, 대학 자체, 즉 '배움이 크다'라는 인식의 지평을 열게 하였다. 이때 배움은 본성을 밝히는

---

65) 안병걸, 앞의 논문, 1985, 82쪽.
66) 유영희, 앞의 논문, 51쪽.

일[明德]에서 시작한다. 그것을 바탕으로 『대학』의 3강령인 '명명덕−신민−지어지선'에 대한 해석이 펼쳐진다. '명명덕'은 기품(氣稟)에 의해 치우치고 물욕(物欲)에 의해 가린 것을 없애, 본래 밝았던 자신의 심성(心性)을 회복하는 작업이다. '신민'은 잘못된 습관을 고치는 동시에 선한 곳으로 나아가도록 유도하는 일이다. '지어지선'은 '명명덕'과 '신민'을 실천하는 행동하는 사람으로서 '수신'을 근본으로 인식하고, '지어지선'인 '성기성물(成己成物)'에 이르는 자세이다.

이러한 백호의 『대학』 이해는 그의 '격물치지(格物致知)'론에서 보다 분명한 특성을 드러낸다. 주자의 이해와 달리, 백호는 격물의 핵심을 '느껴서 통함'이라는 감통(感通)으로 독해했다. 그는 이 감통에 '성경(誠敬)'과 '사변(思辨)'을 개입시키고, 유학이 지닌 실천적 교육철학의 지향점을 분명하게 한다. 또한 그는 '치지'를 나의 선한 마음을 온전하게 넓혀 충실하게 한다는 의미로 독해했다. 이는 사물의 이치에 대한 객관적 인식의 확대를 넘어 그것의 실천에 대해 판단할 수 있는 마음이 질적으로 확충되는 것과 통한다. 백호는 이런 격물치지의 방법을 '널리 배우고 자세히 묻고 신중히 생각하며 밝게 분변한다'는 『중용』의 '박학(博學)−심문(審問)−신사(愼思)−명변(明辨)'의 공부에서 찾았다. 그것은 '격물'이 명덕·신민의 일에 마음을 써서 이를 실천하려는 일이고, '치지'는 나의 본래 선한 마음을 다 발휘하여 선악에 대한 분별을 확실히 하는 작업임을 확인하려는 노력이었다.

요컨대, 백호의 『대학』 이해는, 어떤 차원에서 보면, 중국 주자학의 조선적 수용이다. 그는 주자학을 원용하면서도 유학의 본령을 찾으려는 성실함을 보였고, 조선의 현실을 고려한 교육철학사상의 실천을 감행했다. 그것은 시대정신에 충실한 유학의 현실주의를 몸소 보여주는 '이신작칙(以身作則)'의 자세이자 온고지신(溫故知新)의 태도라고 할 수 있다.

# 2장 성리학 교육철학의 시각 확대

## — 서계 박세당의 『사변록 중용』 —

## 1. 여는 글

서계 박세당(西溪 朴世堂, 1629~1703)은 조선사상사에서 매우 독창적이고 독보적인 존재이다. 『사변록(思辨錄)』, 일명 『통설(通說)』로 알려진 그의 저작은 유학 연구자들에게 논란의 대상이 되어왔다. 『사변록』에서 보여준 그의 경전 해석 태도에 대해, 대부분의 서계 연구자들은 반주자학(反朱子學), 탈정주학(脫程朱學), 탈성리학(脫性理學), 실학(實學) 등으로 평가하였다. 때로는 주자학의 공부론이 지닌 관념성을 극복해가는 과정에서 양명(陽明)의 공부론을 선택적으로 수용한 것으로 이해하기도 한다. 이외에도 당시 유학계에서 이단시하던 『도덕경(道德經)』과 『남화경주해산보(南華經註解刪補)』의 저작, 불교(佛敎)를 대하는 태도 등을 통해 보여준 학문적 개방성을 높이 평가한다. 이러한 서계의 학문은 '사문난적(斯文亂賊)'이라는 학문적 매장 상황을 겪으면서도, 경전에 대한 새로운 해석과 교육적 개방성, 이론적 독창성을 지닌 사상가로 자리매김 되었다.[1]

---

1) 서계 박세당의 『思辨錄 中庸』과 관련한 주요한 先行研究를 제시하면 다음과 같다. 윤석환, 「西溪哲學의 反朱子學的 思想構造와 時代性」, 고려대학교 석사논문, 1989; 안병걸, 「17世紀 朝鮮朝 儒學의 經傳 解釋에 관한 研究 - 『中庸』解釋을 둘러싼 朱子學派와 反朱子學的 解釋 간의 葛藤을 중심으로」, 성균관대학교 박사논문, 1991; 안병걸, 「西溪 朴世堂의 中庸解釋과 朱子學 批判」, 『태동고전연구』 제10집, 1993; 윤수광, 「西溪 朴世堂의 『中庸思辨錄』에 관한 研究」, 성균관대학교 석사논문, 1996; 장창수, 「서계 박세당의 탈주자학적 사유에 관한 연구」, 계명대학교 석사논문, 1997; 한국학중앙연구원 편, 『서계 박세당 연구』, 집문당, 2006; 장병한, 「朴世堂과 沈大允의 『中庸』 해석 체계 比考 - 성리학적 주석체계

　　나는 기존의 학계에서 선행 연구한 서계의 학문적 성격을 거시적 차원에서 수용한다. 서계의 학문적 주장은 분명하게 주자학의 견해와 다른 부분이 많다. 실학적인 특색이나 양명학과 상통하는 측면도 엿보인다. 하지만, 반주자학, 탈정주학, 탈성리학, 실학 등등으로 서계의 학문을 유학에서 벗어난 것처럼 구체적으로 규정한 부분에 대해, 비판적으로 성찰할 필요가 있다고 판단한다. 『사변록』 서문에 주목하면, 그 이유가 드러난다.

　　서계는 육경(六經)을 자신의 학문 근간으로 인정한다. 그리고 진(秦)·한(漢)·수(隋)·당(唐) 시대의 학자들이 육경의 체제를 파괴하고 훼손하였다고 인식하고, 송대(宋代)의 정자(程子)와 주자(朱子)가 육경의 뜻을 다시 환하게 세상에 밝혔다고 기록하고 있다.2) 이는 기존의 연구자들이 규정한 반주자학, 탈정주학, 탈성리학의 견해를 재고하게 만든다.3) 물론, 서계는 정주와 견해가 다른 부분을 『사변록』의 곳곳에서 지적하고 있다. 하지만 그것은 정주학 자체에 대한 반발이나 부정이라기보다는 '경(經)'을 이해하고 독해하는 학문 방식의 차이이다. 그것도 서계의 『사변록』 서문에 명시되어 있다.

---

　　에 대한 해체주의적 입장과 그 연계성 파악을 중심으로 -」, 『한국실학연구』 11, 2006; 심미영, 「박세당의 『사변록-중용』에 관한 연구」, 안동대학교 석사논문, 2007 등이다.

2) 『思辨錄』「序」: 六經之書, 皆記堯舜以來羣聖之言, 其理精而其義備, 其意深而其旨遠. …… 是以上自秦漢下逮隋唐, 分門割戶, 斷肢裂幅, 卒以破毁乎大體者, 不可勝數. …… 故及宋之時, 程朱兩夫子興, 乃磨日月之鏡, 掉雷霆之鼓, 聲之所及者遠, 光之所被者普, 六經之旨於是而爛然復明於世.

3) 주영아는 이 점을 구체적으로 지적하고 있다. "박세당은 『思辨錄』의 서문 「序通說」에서 程朱의 학문 성과에 대해 언급하고 있다. 六經의 의미가 宋代 程朱에 이르러서야 찬연히 세상에 드러나게 되었다고 하여 程子와 朱子의 학문적 공로에 대하여 적극적으로 인정하고 있다. 후학들에 의해 정립된 반주자주의, 탈주자주의의 개념에 대한 견해는 제고되어야 마땅할 것이다." 주영아, 「박세당의 개방적 학문관 연구」, 『동방학』 제20집, 2011, 11쪽.

경(經)에 실린 말은 그 근본은 하나이다. 하지만 그 실마리는 천 갈래 만 갈래이니 이것이 이른바 '하나로 모이는데 생각은 백이나 되고 같이 돌아가는 데 길은 다르다'라는 것이다. 그러므로 독특한 지식과 깊은 조예로서도 오히려 그 귀추의 갈피를 다하여 미묘한 부분까지 잃지 않을 수 없는 경우가 있다. 때문에 반드시 여러 장점을 널리 모으고 조그마한 장점도 버리지 않아야만 소략한 것도 유실되지 않고 얕고 가까운 것도 누락되지 아니하여 깊고 심원하고 정세하고 구비한 체제가 비로소 완전하게 되는 것이다. 이 때문에 나는 문득 참람한 것을 잊고 좁은 소견으로 얻은 바를 대강 기술하여 이를 모아 편을 이룩하고 그 이름을 『사변록』이라 하였다. 혹시 선유들이 세상을 깨우치고 백성을 도와주는 듯에 티끌만한 도움이 없지 않을까 한다. 그러므로 이는 이론 만들기를 좋아하여 하나의 학설을 수립하기 위해 한 것이 아니다.4)

이런 차원에서 보면, 서계는 일반적인 유학자와 다른 특별한 학문 자세나 태도를 지니고 있는 것이 아니다. 주자가 『대학』이나 『중용』의 장구를 지으며, 그 서문에서 학문의 태도를 드러내는 것과 매우 닮아 있다. 서문의 내용으로 볼 때, 서계는 육경을 중심으로 하는 유학자임을 자처하였다. 선유(先儒)들의 학문 세계를 인정하면서 자신의 미력을 조금 보태려는 전통적 교육철학을 존중하고 있다. 때문에 논자는 전통 유학을 부정하는 듯한, 반주자학이나 탈정주학, 탈성리학의 차원에서 서계를 이해하는 것을 경계한다. 특히, 양명학이나 조선 후기 유학의 실학적 특성으로 연결하려는 사유를 심각히 재고해야 한다고 판단한다.

여기서는 서계의 학문 자세에 근거하여, 그의 교육철학사상의 특성을

---

4)『思辨錄 中庸』: 經之所言, 其統雖一, 而其緒千萬, 是所謂一致而百慮, 同歸而殊塗, 故雖絶知獨識, 淵覽玄造, 猶有未能盡極其趣而無失細微. 必待乎博集衆長, 不廢小善, 然後粗略無所遺, 淺邇無所漏, 深遠精備之體乃得以全, 是以輒忘僭, 汰櫱述其蠡測管窺之所得, 裒以成編, 名曰思辨錄, 倘於先儒隔世相民之意, 不無有塵露之助, 故非出於喜爲異同, 立此一說, 若其狂率謬妄不揆疏短之罪, 有不得以辭爾. 後之觀者, 或以其意之無他而特垂恕焉, 則斯亦幸矣.

재고해 보려고 한다. 특히, 그의『사변록 중용』을 통해, 서계가 어떤 시대 정신을 구가하려고 했는지, 교육철학의 내용과 사상적 특성을 재조명하려고 한다. 서계의『사변록 중용』에 관한 연구는 상대적으로 활성화 되어 있지 않다. 앞에서 제시한 연구 성과가 거의 대부분을 차지한다고 해도 과언이 아니다. 이를 참고로 하여,『중용』을 바라보는 서계의 관점이 유학 본령에 다가가려는 교육철학적 노력이었음을 밝히려고 한다. 그것은 당시 시대 상황과 정치적 편견이 개입되어 '사문난적(斯文亂賊)'으로 오인되고 있는 서계를, '통유(通儒)'로서 유학의 교육철학사상을 부흥한 존재로 복권(復權)하려는 시도이다.

## 2. 신사·명변의 교육 개편

서계 박세당의『사변록 중용』은 59세, 환갑 무렵에 지어졌다. 여러 연구자들이 논의한 것처럼, 서계는 주자의『중용장구』33장을 20장으로 해체하여 재 정돈한다. 그것은『중용장구』에 대한 정면 도전이자, 주자의 학설에 대한 비판으로 볼 수 있다. 문제는 내용과 논의의 초점이다. 서계는 주자의『중용』학설 자체를 비판한 것이 아니다. 그의 비판은 주자의 학문적 태도나 내용의 논리의 모순에 대한 비판이다. 서계의『사변록 중용』첫 머리를 보자.

> 정자는 '바꾸어 고칠 수 없음을 용(庸)이라 하여, 용(庸)은 세상의 정해진 이치이다.'라고 하였고, 주자는 '용(庸)은 일상이다.'라고 하였다. 이는 괴이할 것이 없다. 두 선생은 용(庸)의 뜻에 대해 이렇게 해석을 달리 하였다. 중용(中庸)은 반드시 일정한 뜻이 있고, 진실로 두 가지 의미를 겸한 것이 아니라면, 독자가 또한 두 가지 학설을 다 취할 수 없는 것이 명백하다. 주자가 중(中)을 설명할 때는 정자와 같았는데도

유독 용(庸)에서의 설명이 다른 것은 감히 정자의 말을 폐기할 수는 없었고, 의견이 합하지 않은 점이 있었기 때문이었다. 그 합하지 않는 점을 따져보면, 또한 다른 것이 아니라 정자의 말이 이치에 맞지 않음이 있다고 생각한 것이었다. 그럼에도 정자의 설이 이치에 맞지 않고 자기의 설이 이치에 맞은 까닭을 명백히 말하지 않고, 두 가지 설을 모두 두었기 때문에 뒷날의 학자들이 분명히 알지 못하게 되었다.[5]

『사변록 중용』의 첫 머리는 『중용장구』 1장을 해체하지 않았다. 대신, 주자의 학문 태도, 교육철학적 자세를 문제 삼았다. 그것은 중용(中庸)의 일관된 뜻, 종지를 드러내기 위해, 정자와 주자의 두 견해가 불일치하고 있음을 지적한다. 교육철학사상이 다른 지점을 겨냥하고 있다는 지적이다. 이는 정자와 주자가 제시한 두 가지 견해를 반대하기보다, 유학의 본래 사유에 부합하는 논리적 일관성을 찾으려는, 교육철학적 노력으로 이해하는 것이 바람직하다.[6]

서계가 『중용장구』를 개편하려는 이유는 이런 맥락에서 찾아볼 필요가 있다. 서계는 중용이라는 이름과 물건의 정의를 명확히 하려고 했다. 그런

---

5) 『思辨錄 中庸』: 程子以爲不易之謂庸, 庸者天下之定理, 朱子以爲庸, 平常也, 是不爲怪異, 二先生於庸, 取義之不同如此, 乃若中庸之旨, 必有一定之趣. 固非兼賅兩義, 則讀者又不可以兼取兩說也明矣. 朱子說中, 旣同程子, 而獨於庸而異者, 蓋雖不敢遽廢程子之言, 而意有所不合焉故耳, 究其所以不合, 亦非有他, 謂夫未允於理焉故耳, 然而不明言程說之所以未允, 已說之所以爲允, 直兩著其說, 是殆使後之學者, 不免於坐受其黜黜矣.

6) 西溪는 自問自答하는 형식으로 문제를 제기하면서 辨釋을 가하고 있는데, 특이한 점은 西溪 자신의 해설을 먼저 제시하고, 다시 朱子의 주석에 대한 변석을 가하고 있다. 이는 통상 주자 주석을 변석하는 가운데 자신의 해설을 덧붙이는 일반적 서술 체계와는 다르다. 때문에 주자 주석에 앞서 경학가로서 서계 자신의 독창적 해석을 먼저 제시하려는 학문적 의지의 표현으로 읽을 수 있다. 또한 서계는 주자 주석 자체 내의 상호모순과 오류를 지적해내는 방법을 택한다. 주자와 정자 사이의 이견들 속에 상호 분열이 있음을 드러내기도 하면서, 성리학적 주석 체계 내의 집중력을 분산시킨다. 장병한, 앞의 논문, 276~277쪽 참조.

데 주자의『중용장구』에는 그것의 통일성이 결여되어 있다. 이는 식견이 어두운 사람들, 배우기를 원하는 많은 사람들에게 혼란을 가중시키는 원인이 된다.

서계의 생각은 명확하다. "글이란 옛날 성현이 명물(名物)에 정의를 내려 이치를 분별하고 실상을 나타내는 것"[7]이기 때문에, 명확하고 구체적으로 인식되어야 한다. 그것은 언어를 통해 인식론적으로 명증함을 요구하는 교육철학적 태도이다. 다시 말하면, 학문의 방법이나 자세 차원에서 논의한 것이지, 주자의 교육철학사상 자체를 비판한 것이 아니다.

서계는 정자와 주자의 서로 다른 의견에 대해, 주자가 하나로 통일하여 결정하지 못한 데에 대한 아쉬움을 토로한다. 사유의 옳고 그름은 그 다음 문제이다. 식견이 어두운 자가 많고 밝은 사람이 적은 시대 상황을 감안하여, 맞고 틀린 것에 대한 교육철학을 분명하게 제시하라는 요구이다.[8] 그것은 세상을 똑바로 인식하기 위한 교육철학적 사명과 연관된다.

　　명칭에는 반드시 실제가 있고 사물에는 반드시 이치가 있다. ……
후세에 이 글을 읽는 사람이 명칭을 알아야만 그 실제를 구할 것이고, 사물을 알아야만 그 이치를 살필 것이며, 사물과 명칭을 알아야만 그 올바름의 설정한 바를 알게 될 것이다. 이제 이른 바 명칭과 사물도 오히려 알지 못하는 데, 또 어디서부터 그 이치를 살피고 그 실제를 구하며, 그 글의 뜻을 알 수 있겠는가? 이것이 어찌 성현이 정성스럽게 남을 위하는 본의이겠는가?[9]

---

7)『思辨錄 中庸』: 書者乃古聖賢因此名物所設義, 以辨乎理而著乎實者也.
8)『思辨錄 中庸』: 不但世之蒙識多而明識寡, 得以察知之難, 一或有明者察之, 又必不獨敢於朱子之所不敢辨其是否以示於人.
9)『思辨錄 中庸』: 夫名之必有實也, 物之必有理也. …… 後之讀是書者, 知名而後可以求其實, 知物而後可以察其理, 知物與名而後, 可以識其義之所設, 令所謂名與物者, 尚不可得以知, 又何從而察其理而求其實, 以識其書之義乎. 是其書雖存而與未有同, 豈聖賢惓惓爲人之意哉.

이런 점에서 서계는 주자의 사상을 구체적으로 비판하기보다는, 중용의 개념에 대한 합의와 통일, 논리적 모순의 제거를 염두에 두지 않고 저술한 『중용장구』의 주석과 학문방법론 대해 고민하고 있다. 그것은 '고증'과 '의미'의 두 측면에서 진행되는데, 서계는 주자의 주해를 일일이 검토하고 비판하면서 그것과 비교되는 자신의 주해를 제시한다.[10]

그런 고민의 결실이 『중용장구』 33장 130구를 20장 125구로 조정하는 결과를 낳았다. 33장 가운데 장구의 구분을 그대로 둔 곳은 9개의 장에 불과하다. 이는 나머지 24개의 장을 해체하여 유학의 본지에 부합하도록 재건하려는 교육철학의 정도를 추구한 것일 뿐이다. 그렇다고 서계의 사유가 중용의 본지에 부합하는지 어떤지는 장담할 수 없다. 중요한 것은 서계가 중용의 개념을 통일된 이론으로 정립하고, 그 실천적 차원을 담보하려는 유학 본연의 자세를 보였다는 점이다.

정자와 주자가 용(庸)에 대해 서로 다른 견해를 제시한 것에 대해, 서계는 깊이 고민하였다. 그것은 다음과 같이 일관된 이론으로 정돈된다.

> 앞의 두 가지 설과 같다면, 용(庸)은 중(中)의 해석이 되는 것이고, 중(中)이라 말해서는 뜻을 갖추게 한 것이 아니다. 중(中)이 진실로 세상에서 바꿀 수 없는 정해진 이치가 된다면, 어찌 일상이 아니고 괴이한 것이 되겠는가? 그렇다면 중(中)만 말해도 이미 족할 것인데, 무엇 때문에 반드시 용(庸)을 말했겠는가? 용(庸)을 말하지 않아도 될 것 같지 않은가? 아, 말하지 않아도 될 것 같은데 말하지 않을 수 없었던 것은 반드시 말하지 않을 수 없는 까닭이 있기 때문이다. 진실로 그 말하지 않을 수 없었던 까닭을 구한다면, 용(庸)의 뜻을 아는 데 어려움이 없을 것이다. 지금 살펴보건대, 용(庸)은 항상(恒常)인 것이다. 그 중용(中庸)이라 한 것은 이미 일에 그 중(中)을 얻고자 하고, 더욱 중(中)을 항상(恒常) 유지하되 잠시라도 잃지 않으려고 하는 것이다.[11]

---

10) 윤사순, 「박세당의 경학관」, 윤사순·고익진 편, 『한국의 사상』, 서울: 열음사, 1990, 235쪽.

서계는 이런 태도로 "학자들이 『중용』이라는 명칭과 사물에 대하여, 그 이치를 살피고 그 실제를 구하여, 이 한 권의 『중용』에 말한 것이 중용의 뜻이 아닌 것이 없음"[12]을 인식하도록 하는 것이 교육철학의 사명임을 일러주었다. 이는 『사변록 중용』을 『주자장구』와 다르게 정돈하는 계기가 되었을 것으로 판단된다. 이것이 진정한 유학자로서의 학문적 열정이요, 술이부작(述而不作)의 유학전통을 실천한 것은 아닐까? 마치 공자가 육경 (六經)을 산정(刪定)하듯이, 그런 정신을 창의적으로 발휘한 모범적인 사례로 볼 수 있다.

## 3. 원의에 충실하려는 회의

### 1) 해체와 재 정돈

서계의 『중용장구』 이해는 1장부터 구체적으로 진행된다. 주자는 『중용장구』 제1장을 한편의 요점이라 규정하고서도, 각개의 분단(分段) 대지(大旨)를 정리할 때는 제2~11장은 중용(中庸), 제12~20장은 비은(費隱), 제21~32장은 천도(天道)ー인도(人道)로 요약하였다. 하지만, 서계는 『중용장구』를 해체하여 정돈하는 과정에서 의미 맥락을 구체화한다. 주자는 나름대로 『중용장구』에서 내용을 체계적으로 분류하여 정리하였다. 문제는

---

11) 『思辨錄 中庸』: 竊嘗慨然反覆以求乎此, 庸之爲義, 有不在於前兩說者, 假如前兩說, 是庸爲中之釋訓, 非所以備其未全之義也. 夫中固爲天下不易之定理矣. 又豈有或非常而爲怪爲異者乎. 然則此止言中, 果已足矣. 抑何所爲而又必曰庸, 雖不言, 似乎可歟. 嗚呼似乎可以不言, 而顧不得不言, 其必有不可不言者存焉耳. 苟求其所以不可不言之故, 庸之爲說也, 無難知者矣. 今按庸, 恒也. 其曰中庸者, 旣欲事得其中, 尤欲恒持於此而無暫時之或失也.

12) 『思辨錄 中庸』: 學者果能執此名物, 以察其理而求其實, 亦可以識夫一篇所設, 無非此義, 其庶幾不失矣.

제1장의 주요 주제들과 뒷부분이 논리적으로 제대로 연결되지 않는다는 것이다.

이런 점을 고심한 서계는, 제1장에서 나중에 등장하는 개념과 관련 주제들에 대해 거시적 차원에서 그 내용을 요약정리하고 있다고 보았다. 그리고 제2~4장은 중용(中庸)의 의미를 담고 있다고 해명하였고, 제5~9장은 중(中)의 의미를 해설하여 제1장의 취지를 자세히 해설하였다. 제10~12장은 중용의 구체적 실천 사례로서 효(孝)의 의미를 구명하였고, 제13~19장은 중화위육(中和位育)의 의미를 해설하였다. 그리고 마지막 20장은 전체를 정돈하는 결론적인 장으로 두지 않고, 9장과 10장 사이에 두어야 의미가 통한다고 보았다.[13]

윤수광의 경우, 『사변록 중용』 20장을 5개의 주제별로 나누었다. 수장(首章)과 제19장, 제20장을 천인관계(天人關係)를 담고 있는 장으로 보았고, 제2~4장은 중용의 의미를 해설한 곳으로, 제5~9장은 군자(君子)의 실천론으로 이해하였으며, 제10~12장, 제17장은 성현의 덕(德)을 논의한 곳으로 인식하였다. 마지막으로 제13~18장까지는 성(誠)에 관한 논의를 집중적으로 담고 있다고 보았다.[14]

이런 점에서 서계의 『사변록 중용』은 크게 다섯 부분으로 나누어 설명할 수 있다. 첫째는 중용(中庸)에 대한 총체적 이해이고, 두 번째는 중용의 의미 해석, 세 번째는 중의 의미 해설, 네 번째는 중용의 실천으로서 효(孝)의 문제, 다섯 번째는 중화위육(中和位育)의 의미이다. 이는 크게 보면, 중용의 의미 문제와 중용의 실천 사례, 중용의 실현 모습으로 나누어 설명할 수 있다.

---

13) 안병걸, 앞의 논문, 1993; 심미영, 앞의 논문 참조.
14) 윤수광, 앞의 논문, 참조.

〈표 1〉『중용장구』와『사변록 중용』의 장절 구분 및 내용 비교

| 구분 | 朱子의 『中庸章句』 | | | 西溪의 『思辨錄 中庸』 | | |
|---|---|---|---|---|---|---|
| | 장별 | 내용 | | 장별 | | 내용 |
| 장별<br>내용 | 제1장 | 體要 | 天人論<br>中和論 | 제1장 | 宗旨 | 天人關係論<br>(19, 20장) |
| | 제2~11장 | 中庸 | 中庸論 | 제2~4장 | 中庸 | 中庸論 |
| | 제12~19장 | 費隱 | 費隱論 | 제5~9장 | 君子實踐 | 中<br>孝 |
| | 제20~26장 | 天道<br>人道 | 誠論 | 제10~12장 | 聖賢之德 | 德<br>(17장) |
| | 제27~32장 | | 德論 | 제13~19장 | 中庸實現 | 誠<br>中和位育 |
| | 제33장 | 要約 | | 제20장 | 9~10장 사이에 위치 | |

## 2) 사람의 길

중용(中庸)의 의미는『주자의『중용장구』에서는 제1~11장에 걸쳐 광범
위하게 전개된다. 서계는 그것을『사변록 중용』제1~4장으로 정돈하면서
자신의 견해를 제시한다. 특히 1장을『중용』의 종지(宗旨)를 요약한 것으
로 이해하고, 서계 자신이 읽은 방식대로 독해하면서 주자의 주석을 비판
하는 대목은 중용의 의미에 일관성을 부여하려는 노력으로 파악된다.

예컨대, 제1장의 첫 세구절인 "천명지위성(天命之謂性), 솔성지위도(率
性之謂道), 수도지위교(修道之謂敎)"에서 '명(命)-성(性)-도(道)-교(敎)'
에 대한 독해를 보면, 서계가 얼마나 '중용'의 본령에 합당하게 의미 규정
을 하려고 했는지 고심한 흔적을 엿볼 수 있다. 주자는 "명(命)은 령(令)이
다"라고 이해했지만, 서계는 "수여(授與)"로 해석하였다. 왜냐하면, 주자가
말한 '령(令)'의 의미가 분명하지 않았기 때문이다. '수여'는 작위를 줄 때
작위를 명하는 것과 통한다.[15] 그런데 '천명(天命)'이라 할 때의 '명(命)'은

---

15)『思辨錄 中庸』1章: 謂命爲令, 今謂爲授與, 何也. 令之義, 不明故也. 如授之爵,
亦謂命之爵也.

하늘이 사람에게 내리는 것이지, 사람이 아닌 물건에게 주는 것이 아니다. 이 지점에서 서계는 중용(中庸)이 사람을 중심으로 하는 교육철학적 사유와 실천임을 내비친다. 그 본질은 인간의 길을 다루는 교육적 사유이다.

다음으로 서계가 '성(性)'과 '도(道)'를 독해하면서 중용(中庸)에 다가서는 방식이 어떤 것인지 극명하게 드러난다.

> 성(性)은 마음의 밝음이 받는 천리(天理)로 생명과 함께 타고난다. 하늘에는 밝은 이치가 있는데, 물(物)이 이에 맞추어 법칙으로 삼고, 이 이치가 사람에게 주어져 그 마음이 밝아진다. 사람이 천리(天理)를 받아 그 마음이 밝아지면, 그것으로 사물의 마땅하고 마땅하지 않음을 고찰할 수 있게 된다. 진실로 일을 처리하고 사물에 응함을 반드시 이에 따라 어김없이 행하면, 그 사물을 시행함에 통달하고 막힘이 없게 된다. 이는 네거리의 큰 길과 같은 것에 비유할 수 있기 때문에 도(道)라고 한 것이다.[16]

주자는 "성(性)은 리(理)이다[性卽理]"라는 결정적 명제를 도출하였다. 그러나 서계는 이에 대해 심각하게 문제를 제기한다. '성(性)'과 '리(理)'는 분명히 말 자체가 다르다. 사용되는 차원이나 내용도 다르다. 어떤 개념이건 그 명칭 사용을 분명하게 하지 않을 경우, 혼란을 가중할 수 있다! 리(理)가 마음에 밝은 것이 성(性)이 되는데, 하늘의 차원에서는 리(理)라고 하고 사람의 차원에서는 성(性)이라고 한다면, 명칭이 문란하게 되어 헷갈린다. 성리학에서 '리(理)·성(性)·도(道)·교(敎)'가 그 근본이나 귀결을 따진다면, 한결 같지 않은 것이 없다. 하지만 그 명칭은 사용하는 차원이 다르고, 의미나 내용이 달라질 수 있기 때문에, 혼란을 야기하지 않으려면 개

---

16) 『思辨錄 中庸』 1章: 性者, 心明所受之天理與生俱者也. 天有顯理, 物宜之而爲則, 以此理則, 授與於人, 爲其心之明, 人旣受天理, 明於其心, 是可以考察事物之當否矣. 苟處事應物, 能必循乎此, 無或違焉, 則其行於事物也. 有通達而無阻滯, 譬若衢路然, 故謂之道也.

념을 분명하게 사용해야 한다. 명칭이 문란할 경우, 근본과 말단의 차례를 상실하게 되어, 무엇을 말하는지 그 뜻을 분명하게 할 수 없다.[17] 마치 서양 분석철학의 일상 언어학파가 언어 사용에서 개념의 명료화를 주장하듯이, 서계는 논리적 맥락에 맞게 분명한 개념을 일관되게 사용해야 한다고 경고한다.

이러한 서계의 학문 태도는 정주학 중심으로 형성된 현실의 학문 세계를 전제로, 유학의 자체 혁신을 꾀하는 교육철학적 의도를 지니고 있다. 정주철학을 극복하기 위하여 유학 본래의 정신을 추구하기 위한 교육사상의 탐구로 이해된다. 그러기에 주자의 주석에 대해 일일이 검토하면서 이론적 모순을 지적한다. 윤사순의 지적처럼, 이러한 경전 해석은 정주철학을 부정하고 자신의 새로운 철학을 표명하기 위한 수단일 수도 있다.[18] 하지만 서계는 주자의 주석 내용 자체를 전적으로 부정한 것으로 보이지는 않는다. 그것이 지닌 불명확함이나 본지에 부합하지 않는 측면, 논리에 맞지 않는 부분에 대해, 유학의 본의에 맞게 재해석하여 수정·보완한 것으로 볼 필요가 있다.[19]

---

17) 『思辨錄 中庸』 1章: 謂性爲理, 今不同, 何也. 理明于心爲性, 在天曰理, 在人曰性, 名不可亂故也, 曰理曰性曰道曰敎, 論其致究其歸, 卒未嘗不同, 但不可亂其名, 名亂則或失所在本末之次第, 無以明所言之義也.

18) 한국학중앙연구원 편, 앞의 책, 윤사순, 「서계 유학의 철학적 특성」, 47쪽.

19) 西溪는 朱子의 註釋을 반박할 때, 『中庸』 제1장의 경우, 다음과 같은 표현을 섞어서 쓰고 있다. "謂命爲令, 今謂爲授與, 何也. 令之義, 不明故也."; "謂性爲理, 今不同."; "言性兼人物, 今去物而獨言人."; "言性道雖同氣稟或異, 今但言稟氣之異, 不言性道之同."; 물론, 이 가운데 "不同"이라는 말을 많이 쓰고 있는데, 이는 朱子의 견해에 대한 강력한 비판일 수는 있다. 하지만 朱子學[性理學]에 대한 무조건적 反對라기보다는 朱子의 註釋이 六經의 본래 취지나 孔孟學의 차원에서 볼 때, 미진하거나 논리적 모순을 범하고 있는 부분들에 대해 바로 잡으려는 의도에서, 西溪가 '나는 이렇게 해석한다', 또는 '나는 다른 관점에서 독해한다.' 정도의 見解 差異로 이해하는 것이 타당하다. 뒷부분에서의 反駁 樣式도 유사하다. "或恐其未盡合""恐非吾不能已矣""竊不能無惑焉"(제4장), "恐失本指""未安而已, 深恐妨於講學不小"(제5장), "亦恐未然""恐非夫子所言之本意"(제7장), "未有洞然無疑者"

'중용(中庸)'의 의미를 밝히려는 서계의 탐구는 "성(性)은 사람과 물건에 두루 통한다"라는 주자의 견해를 바로잡으면서 구체적으로 드러난다. 서계는 중용(中庸)의 뜻에 부합하기 위해서는 주자의 견해 가운데 '물건'은 버리고 '사람'만을 취한다.

　　성(性)을 구명하면서, 이제 물건은 버리고 사람만을 말하는 이유가 있다. 물건에도 또한 성(性)이 있다. 다만 그 성(性)의 본질이 사람과 같지 않다. 왜냐하면 물건은 '인·의·예·지·신(仁·義·禮·智·信)'이라는 오상(五常)의 덕을 일컬을 수 없고, 성(性)을 사람과 물건에 겸해 말하는 것은 중용(中庸)의 뜻이 아니기 때문이다. 주자는 "사람과 물건이 각기 자연스러운 성(性)을 따르는 것이 도(道)가 된다"라고 했지만, 내가 사람만을 말하는 이유는 간단하다.『중용』에는 사람만을 말하고 물건에 대해서는 말하지 않았기 때문이다.『중용』의 글은 사람만을 가르치기 위한 것이고, 물건을 가르치지 위한 것이 아니다. 따라서 사람은 가르칠 수 있으나 물건은 가르칠 수 없고, 사람은 도를 알 수 있으나 물건은 도를 알 수 없다.[20]

---

(제9장), "竊不能無惑" "尤爲可疑" "抑何義歟" "有未及也歟" "似缺仔細" "今未見其爲然也"(제12장), "恐過於求之之深也" "又似不同, 尤可疑"(제13장), "恐未然"(14장), "未見必當"(제15장), "尤爲可疑"(제16장), "足見向說之有所差也" "恐非"(제17장), "恐未然" "未免失本指"(제20장)의 견해는 대체로, 의심해 볼 여지가 있거나, 本旨에 어긋날 소지가 있음을 염려하는 형식이 대부분이다. 아주 적기는 하지만, 朱子의 見解를 擁護하거나 부분적으로 肯定하는 부분도 있다. 예를 들면, "朱子謂中庸之中, 實兼中和之義者, 是矣"(제2장), "行明二字, 當錯, 註, 所解說, 雖其義略通"(제3장), "義雖若無大害"(제20장) 등이 그것이다. 이런 점에서 西溪는 程朱哲學을 批判的으로 인식하고 孔孟의 本意에 다가서려는 儒學敎育의 철학사상을 주장한 것이 분명하다. 왜냐하면 자신이 유학자로서 본분을 지키면서 학문의 本意에 충실하고 있고, 그의 교육철학 개념이나 용어도 성리학의 틀에서 벗어난 것이 아니기 때문이다.

20)『思辨錄 中庸』1章: 言性兼人物, 今去物而獨言人, 何也, 雖物亦有性, 但其爲性也, 與人不類, 無以稱乎五常之德, 兼言物, 非中庸之指故也. 註, 言人物各循其性之自然爲道, 今亦但言人者, 何也. 中庸言人而不言物, 夫中庸之爲書也, 以

서계는 '성(性)이 사람에게도 있고 물건에도 있다'라는 주자의 전제를 부정하지 않았다. 물건에도 성(性)이 있다고 하였다. 논의의 핵심은 『중용』을 이해할 때이다. 중용에서 말하는 성(性)은 사람과 물건의 성(性)이라는 우주만물의 보편적 차원이 아니라, 사람의 성(性)을 중심으로 이해하는 것이 정당하다. 그런 주장이 서계의 교육철학을 형성하는 기틀이다.21)

서계는 『중용(中庸)』에서 언급한 성(性)을 '사람의 성(性)'이라고 분명하게 제기하였다. 그 성(性)을 따르는 것이 도(道)인데, 도(道)는 그 성(性)에 따라 행하는 것을 말한다. 이는 주자가 "일용 사물의 마땅히 행해야 할 이치"를 도라고 한 견해를 비판하고, "일에 도가 있는 것이 아니라 사람의 일을 행하는 것에 도가 있다"라는 실천에 무게중심을 둔 교육철학이다. 다시 말하면, 주자가 이론적 정의를 앞세워 관념적으로 주석한 데 비해, 서계는 일상의 실천이 중요하다는 사실을 강조하며 경험적 해석을 중시하였다.22) 이런 차원에서 그 길은 사람의 일을 행하는 실천성을 담보로 하고, 그런 길을 전제로 하는 교(敎)의 경우, 본래부터 나에게 있는 것으로 인하여 마련된 것이 아니다. 그것은 철저하게 내가 마땅히 행해야 할 바를 마련한 것으로 정의된다.23)

이런 차원에서 서계는 "중용의 교육은 성(性)에 따르기에 힘쓸 뿐"24)이라고 강조한다. 그리고 '중용의 뜻'을 다음과 같이 밝힌다.

---

敎人而非以敎乎物, 人可敎也, 物不可敎, 人能知道, 物不能知道也.

21) 여기에서 朱子와 西溪가 『中庸』을 다르게 이해하는 결정적 시선이 드러난다. 주자는 人性과 物性을 겸하는 보편적 원리를 토대로 『중용』을 이해하려고 했다. 하지만 서계는 가르침이 가능한 사람, 즉 人性에만 해당되는 사안으로 인식하였다. 심미영, 앞의 논문, 13쪽.

22) 안병걸, 앞의 논문, 652쪽.

23) 『思辨錄 中庸』 1章: 道卽行之所循乎其性, 性卽心之所明乎天理.……事非有道, 人之行乎事者有道, 敎非因吾所固有者裁之, 乃裁吾所當行也, 謂事之有道則疑於道在事而不由乎性, 謂敎之裁吾所有, 則疑於脩性而非脩道也.

24) 『思辨錄 中庸』 1章: 中庸之學, 唯率性之爲務.

한 마디로 '중용의 뜻'을 밝혀보련다. 천리의 본연이 내 마음의 밝은 것이 된다. 행하는 것이 이를 따르면 그것이 도(道)가 되고, 행하는 것이 이를 따르지 못하면 도(道)를 떠나는 것이 된다. 도(道)를 떠나면 성(性)에 어긋나고 성(性)에 어긋나면 사람다움의 근본을 잃게 된다. ······ 그러므로 반드시 삼가고 두려워하게 하는 것은, 일이 커지기 전에 미리 막아서 잠깐 동안이라도 도(道)에서 떠나지 않도록 하는 일이다. 도(道)가 잠깐이라도 떠나지 않는 경지에 이르면 중용의 할 일은 마친 셈이다.25)

서계의 중용은 내 마음의 밝은 것을 따라 실천하는 길, 흔히 말하는 '사람의 길', '인간의 길'이다. 일상에서 내 마음의 밝은 것, 이른바 오상의 덕을 행하지 못하면, 삶의 길은 혼란스러워지고 사람다움은 실종된다.

주자의 『중용장구』 머리 장의 '성(性)－도(道)－교(敎)'는 어떤 측면에서는 형이상학적 차원이었다. 하늘이 명령한 것을 만물이 갖추고 있는 이치이자 본성이라 하고, 그 만물의 본성을 따르는 당연한 길을 도라고 하며, 그 길을 마름질하여 '예악형정(禮樂刑政)'으로 드러나는 것을 '교(敎)'라고 한다.26) 그것은 세계에 대한 깊은 사색을 통해 우러나오는 관념의 소산처럼 느껴지며, 객관적으로 사람과 사물의 원리를 설명하는 측면이 강하다. 하지만 서계의 중용은 주체적으로 '삶에 역동성'을 부여한다. 인간의 길을 오상이라는 도덕에 두고, 그 실천을 유도하는 교육철학이다.

때문에 1장의 중용에 대한 정의를 서술한 후, 2~4장까지는 그 실천의 사례를 적시하였다. 제2장에서는 "일상에서 덕에 힘써 공업이 융성하여 중용을 하는 사람은 군자가 되고, 두려워하거나 뉘우칠 줄 몰라 중용을 하지

---

25) 『思辨錄 中庸』1章: 一言可明中庸之意乎, 天理之本然, 爲吾心之明, 有行焉而循之則是爲道, 其或行而不循則爲離道, 離道則悖性, 悖性, 失其所以爲人.······ 故必令戒愼恐懼乎此者, 所以防微杜漸而使無須臾之離於道也, 道至於無須臾而離則中庸之能事畢矣.

26) 신창호, 「『중용』수장(首章)의 교육학적 해석－성(性)·도(道)·교(敎)의 인간학적 관점」, 『교육철학』 제34집, 2008 참조.

못하는 존재는 소인이 된다."[27]라고 하였다. 3장에서는 모두 공자의 말을
인용하여 중용을 제대로 하기 어렵다는 뜻을 밝혔다.[28] 그리고 4장에서는
"순임금과, 안회, 공자를 인용하여 중용을 제대로 하는 것이 어떤지를 정
돈하였다.[29]

일용동정(日用動靜)의 생활철학을 강조하는 유학의 차원에서 본다면, 서
계의 중용 이해는 실제적이고 현실적이다. 이론적 공허함보다는 유학의 본
의에 알차게 다가가려는 탐구 정신의 결실이 돋보인다. 그런 차원에서 유
학의 실천적 교육철학을 제기한 것으로 평가할 수 있다.

## 3) 효의 실천

서계가 해석한 중용(中庸)은 마음을 따라 실천하는 '사람의 길'이다. 그
것은 '일상의 길'인 윤리도덕의 실천에 집중된다. 그 실천의 기준은 '이치'
와 '법칙'으로 표현된다.

> 하늘은 백성을 낳고 물건에는 법칙이 있는데, 법칙은 이치이다. 효도
> 로 어버이를 섬기고 충성으로 임금을 섬기는 것이 법칙이다. 세상의 사
> 물들을 미루어 보건대 모두 그러하다. 그러므로 경례(經禮) 삼백과 곡
> 례(曲禮) 삼천이 이러한 이치에 맞지 아니한 것이 없고, 육경(六經)의
> 가르침과 여러 성인(聖人)의 말이 이러한 이치를 밝히지 아니한 것이
> 없다.[30]

---

27) 『思辨錄 中庸』 2章: 明能中庸爲君子, 不能中庸, 爲小人, 益勉其德者業日隆, 不
知懼悔者惡日積.

28) 『思辨錄 中庸』 3章: 皆引孔子之言, 以明不能中庸之義.

29) 『思辨錄 中庸』 4章: 皆言能中庸之義, 上言舜之所以爲中, 次言顏回之所以爲中,
末引孔子之言以明仲尼之所以爲中.

30) 『思辨錄 中庸』 5章: 夫天生民而物有則, 則者理也. 孝事親, 忠事君, 是其則也.
推類皆然, 故經禮三百曲禮三千無非所以節, 此理六經之訓羣聖之言, 無非所以
明此理.

인간과 세계의 법칙에 대한 서계의 인식은, 그가 『중용』을 대하는 태도
로 이어진다. 서계는 '『중용』은 이러한 이치를 강론한 교육철학 저작'이라
는 관점으로 접근한다.[31] 법칙과 이치의 통일을 통해 인간의 본분과 역할
을 구명하고, 사람의 길을 고려한다. 그것은 인간학적 교육의 길이요 교육
인간학이다.

> 길이란 것은 인간의 일 가운데 옳은 것으로 내 몸이 마땅히 행할 바
> 가 아니겠는가? 사람의 길이 구체적으로 드러난 것 또한 여기에서 벗어
> 나지 않는다. 다만 사람의 길이 구체적으로 드러난 것에 대해서는 성인
> 이라 하더라도 확실하게 하지 못하는 것이 있다. 사람의 지위를 얻고
> 못 얻고는 하늘에 달린 일인자라, 처음부터 멋대로 인간의 일을 할 수
> 있는 것은 아니다. 사람의 길이 구체적으로 드러난 데서 행할 수 있는
> 것과 행하지 못할 것이 있다.[32]

여기에서 말하는 사람의 길은 '중용(中庸)'이다. 중용의 길은 『중용』에
나타난 그대로 인격을 갖춘, 교육받은 사람으로서 지성인인 군자(君子)의
길이다.[33] 군자의 길은 그 발단이 부부(夫婦)에서 시작되어 자연과 인간이
라는 세계의 질서를 살피는 데로 나아간다.[34] 그런 실천의 과정과 방법은
매우 점진적이고 구체적인 생활 세계에서 진행된다.

> 군자가 사람의 길을 실천하는 작업은, 예컨대, 먼 곳에 가는 사람은
> 반드시 가까운 데서 출발해야 하고, 높은 곳에 오르려는 사람은 반드시
> 낮은 곳에서 출발해야 하는 것과 같다. 어떤 일이건, 낮고 가까운 데를

---

31) 『思辨錄 中庸』5章: 此書亦獨非講理之言乎.
32) 『思辨錄 中庸』5章: 夫所謂道, 非人事之宜而吾身之所當行者乎. 然則道之至者,
　　亦不外此, 但其爲道極至, 雖以聖人亦有所不能焉耳. 彼得位與不得位, 實繫于
　　天, 初非人事之所爲, 而爲道之至, 可以謂夫有能行與不能行者也.
33) 『思辨錄 中庸』2章: 仲尼曰, 君子, 中庸, 小人, 反中庸.
34) 『思辨錄 中庸』5章: 君子之道, 造端乎夫婦, 及其至也, 察乎天地.

뛰어 넘어 바로 높고 먼 곳으로 가는 사람은 있을 수 없다.[35]

　이때 낮고 가까운 것은 아내와 자식 관계를 정상적으로 하는 것에 비유된다. 즉 아내와 자식의 관계가 좋게 합하여야 형제가 화락한 데 이르고, 가문을 좋게 하고 부모를 편안하게 하여야 나라와 세상을 잘 다스리고 평온하게 할 수 있다.[36] 이는 '수신제가치국평천하(修身齊家治國平天下)'의 교육철학과 정치사상을 강조하는 『대학』의 논리와 직결된다. 여기에서 낮고 가까운 곳으로부터 시작하는 '비근(卑近)'의 논리는 '자루 법칙'인 '가칙(柯則)'과 자기충실과 타자배려인 '충서(忠恕)', 자리에 맞는 역할과 본분을 구하는 '위소(位素)'를 통해 실천된다.

　　도끼자루를 잡고 도끼자루가 될 만한 나무를 베니, 자루의 법칙이 지금 내 손으로 잡고 있는 이 자루에 있다. 그러므로 그 법칙이 멀리 있지 않고 가까이 있는 것과 같다. …… 그렇다고 어떤 사람의 길을 가지고 그 사람의 몸을 다스린다고 말해서는 안 된다. 이는 자기의 몸을 돌이켜 보고 그것에 비추어 보아 용서하는 것을 말한다. …… 내가 베풀어주기를 원하지 않는 것은 또한 남에게도 베풀지 말라. 나라는 것은 내가 잡고 있는 도끼자루이고 남이라는 것은 베어야 할 도끼자루이다. 내가 원하지 않는 것을 남에게 베풀지 말라는 것은 저 자루의 법칙이 이 자루에 있다는 뜻이다. …… 군자는 자기의 자리에 처하여 행한다. 처한다는 것은 본래 처하는 곳을 의미하는데, 군자는 본래 처한 지위에서 행할 바를 다하고, 그 이외의 것을 구하지 않는다.[37]

---

35) 『思辨錄 中庸』 6章: 言君子爲道, 如行遠者必先自邇, 登高者必先自卑. 蓋欲行與登, 未有躐越, 邇卑, 而徑造高遠者.

36) 『思辨錄 中庸』 6章: 人道之邇且卑者, 無如處乎妻子之間. 苟不能好合乎, 此則亦無以于兄弟而順父母之心, 又安望國與天下之得理而有位育之功乎. 故必待妻子好合以至兄弟和樂, 使室家宜而父母順然後, 國與天下可治而平也.

37) 『思辨錄 中庸』 7章; 8章: 執柯以伐柯, 彼柯之則, 卽在此所執之柯, 其不遠而邇也若此. ……不可謂卽以其人之道, 還治其人之身也. 皆言反躬推恕之事. ……施諸己而不願, 亦勿施於人. 己者, 所執之柯也. 人者, 所伐之柯也. 不願勿施, 則

군자의 길이 중용의 실천이라는 차원에서, 서계는 가칙(柯則)과 충서(忠恕), 위소(位素)에 정성이 담겨 있어야 함을 강조한다. 그것이 『중용』의 머릿장에서 말한 '신독(愼獨)'과 같은 뜻이다. 사람의 일은 정성(精誠), 다시 말하면, 최선을 다하여도 제대로 이룰 수 있을지 늘 염려되는 경우가 많다. 그런데 부모 자식 간의 일을 비롯하여 붕우(朋友)를 만나는 일에 이르기까지 성의(誠意) 없이 대한다면 어떻게 되겠는가? 때문에 서계는 『중용』의 작자인 자사(子思)가 후학을 깨우치는 최고의 삶의 방식을 정성이라는 '성의(誠意)' 의식으로 정돈하였다고 주장한다.[38]

『중용』에서는 이러한 성(性)을 발현한 구체적 인물을 제시하고 있다. 그 첫째는 순(舜)임금이다. 순임금은 효도의 제왕이라 '대효(大孝)'로 불린다. 다음으로는 무왕(武王)과 주공(周公)이다. 특히, 순임금의 효에 대한 서계의 인식은 중용 실천의 근본을 효도에 두고 있다는 점을 부각시킨다. 순임금은 가족적 차원에서는 최고의 효자였고, 사회적 차원에서는 최고지도자인 천자가 되었다. 효자, 천자를 막론하고 순임금은 자신의 자리에서 정성을 바쳐 본분을 다하였다. 그것은 덕(德)의 체득으로 드러난다.

순임금은 중화(中和)의 덕이 있고 위육(位育)의 공효를 이루어 하늘이 보호하고 있다. 때문에 순임금의 덕이 지극하다고 할 수 있는데, 실상을 따져 보면 그것은 효도에 근본 한다. 이런 점으로 미루어 보면, 군자의 길은 일찍이 가까운 데서 시작되지 아니한 것이 없다.[39]

---

彼柯之則, 在此柯也.……君子, 素其位而行, 不願乎其外. 素者, 所素處也, 於其所素處之地, 唯盡所當行之道, 而不求其外.

38) 『思辨錄 中庸』9章: 蓋天不誠, 造化息, 人不誠, 無以行, 事神而神不格. 處父子君臣兄弟朋友而皆無物焉. 其何以行之哉. 方有以知子思所以開示後學, 至明至切至勤至懇者, 正在於此, 而爲一篇之要, 不迷乎其用力之方矣.

39) 『思辨錄 中庸』10章: 舜有中和之德, 致位育之功, 而天保佑之. 夫舜之爲德, 可謂至矣. 而究其實, 則本諸孝而已. 由是見君子之道, 嘗不由於近也.

서계의 중용 실천 양식에서 '효(孝)'는 핵심을 차지한다. 순임금을 이어 기술되는 무왕과 주공의 효도 마찬가지 차원이다. 이처럼 중용의 덕을 논의하면서 모두가 효를 가지고 말한 것은 중용의 덕이 효보다 가까운 것이 없고, 효보다 구체적이고 확실한 것이 없기 때문이다.[40] 이후에 등장하는 정치, 지식, 도덕, 학문, 사변 등을 논의한 공자의 언표는, 효도를 직접적으로 논의하거나 실천 사례로 들지는 않고 있다. 하지만 '효(孝)'는 교육의 원리 차원에서 공자와 자사, 맹자를 거치면서 중용을 실천하는 교육철학적 기준이 된다.[41]

## 4) 사람다움의 길

그렇다면, 온전하게 중용(中庸)을 실현한 '인(仁)'은 어떤 모습일까? 중용이 '사람의 길'이었다면, '사람다운 사람'으로 자신의 길을 간 사람은 어떻게 세상에 드러나는가? 성리학은 통상적으로 천인합일(天人合一), 즉 자연의 질서를 모범으로 하고 인간이 그것을 본받아 실천하는 구조를 보인다. 다시 강조하면, 천도(天道)에서 인도(人道)를 찾고 있다.

그러나 서계는 다른 시각에서 접근한다. 천인합일을 부정하는 것은 아니다. 하지만, 기존의 접근 양상과는 사뭇 다른 느낌의 교육철학을 제시한다. 천도(天道)를 따라 인도(人道)를 실현하려는 의지보다는 '인도(人道)에 최선을 다하면 천도(天道)에도 합치된다'라는 '인간 중심적 삶의 실천'을 중시한다. 이는 인간이 천명에 순종하는 양식이라기보다 '천명은 인간 의지의 표현임'을 부각하는 주체적 차원이다.[42] 그것은 인도에서 천도로 다가가는 일종의 역발상이자 사람의 실천적 노력에 의해 천도를 이룰 수 있

---

40) 『思辨錄 中庸』11章: 其稱中庸之德, 皆以孝言者, 中庸爲德, 莫近於孝, 亦莫盛 於孝故也.
41) 『思辨錄 中庸』12章 참조.
42) 윤수광, 앞의 논문, 35~39쪽.

다는 인간 주체의 교육철학이다.

> 성실은 하늘의 길이고, 성실하려고 노력하는 것은 사람의 길이다. 중용에서 그것을 이루는 방법을 자세하게 밝혀 종국에 가면, 사람의 길이 최고의 경지에 이르러 사람답게 되고, 그것은 자연의 질서에 합하게 된다.[43]

서계에게서 중용은 자연의 질서이자 천도(天道)인 성실 자체보다 사람의 길이자 인도(人道)인 성실하려는 노력이 중요하다. 그것은 제1장에서 언급한 것처럼 "중용은 성(性)에 따르기에 힘쓸 뿐"이라는 인식과 상통한다. '본성을 따른다'는 의미는 무엇보다도 '인간의 성(性)'을 존중하는 차원에서 논의된다. 엄밀하게 말하면, 이는 중용의 논리 자체에서 담보된다.

> 세상의 지극한 정성은 그 성(性)을 다하게 한다. 그 성(性)을 다할 수 있으면 다른 사람의 성(性)을 다하게 한다. 다른 사람의 성(性)을 다할 수 있으면 물건의 성(性)을 다하게 한다. 물건의 성(性)을 다할 수 있으면 천지(天地)의 화육(化育)을 도울 수 있다. 천지의 화육을 도울 수 있으면, 천지와 더불어 셋이 제 각각의 역할을 하며 조화를 이룰 것이다.[44]

'나의 본성을 다한다.'라는 말은 인간으로서 나의 존재를 온전하게 발휘하는 상황이다. 나의 온전함은 교육을 통해 타인에게로 연결된다. 이런 작업의 연속은 궁극적으로 모든 사람의 본성을 다하게 되어 천지자연의 공능(功能)하며 하나가 된다.

---

43) 『思辨錄 中庸』13章: 誠者, 天道, 誠之者, 人道. 各明其致而及其卒也, 人道之至合乎天道也.

44) 『思辨錄 中庸』13章: 唯天下至誠, 爲能盡其性, 能盡其性則能盡人之性, 能盡人之性則能盡物之性, 能盡物之性, 則可以贊天地之化育, 可以贊天地之化育, 則可以與天地參矣.

'성(性)을 다한다'는 말은 성(性)이 얻은 것을 다하지 않음이 없다는 의미이다. 다른 사람과 나의 성(性)은 모두 같다. 그러므로 나의 성(性)을 다했다면 그 교육을 받는 다른 사람도 그 성(性)이 얻은 것을 다하지 않음이 없다. 물건은 사람에 비해 그 성(性)이 다르지만 그 이치를 미루어 알 수는 있다. 내 마음이 이치에 밝아진 후에 부류에 따라 미루어 알 수 있는 것이다. 때문에 동물이나 식물에 대해서도 각각 그 성(性)이 얻은 것을 다하지 않을 수 없다. 천지(天地)가 모든 생물을 화육(化育)하는 것은 각각 그 성(性)을 다하게 하는 것일 뿐이다. 지금 그것을 제대로 할 수 있다면, 이는 조화 발육시키는 공을 도와서 천지와 함께 하나로 될 수 있다.[45]

서계는 인간이 성(性)을 따라 자신의 성(性)을 다하려는 노력에서, 자연의 질서보다는 '인간의 질서'를 내세웠다. 서계의 생각에서 주목할 부분이 이 지점이다. 세계가 강조하는 중용의 길은 지성(至誠)을 담보로 하여 '자기의 본성'을 다하는 '진성(盡性)'이다. 이어서 진성(盡誠)을 바탕으로 다른 사람의 본성을 다하는 '진인성(盡人性)'으로 삶의 길은 확장된다. 나아가 진인성(盡人性)을 근거로 물건의 본성까지 다하게 되는 '진물성(盡物性)'을 통해 세계의 조화를 이룬다. 중용의 과정에서 보면, 자기의 본성을 다하는 상황은 알파이고, 천지화육은 오메가에 해당한다.

지성(至誠)을 원칙으로 하는 진성(盡誠)의 문제는 중용의 1차적 실현이 자기완성의 지향에 있음을 보여준다. 이른바 자기교육이다. 그것의 확장을 통해 다른 사람과 물건에까지 제 각각의 본분을 다하며 본성이라는 꽃이 만개하기를 기대한다. 이른바 타자교육이자 공동체 교육의 양식이다. 이런

---

45) 『思辨錄 中庸』13章: 盡性, 謂性之所得, 無不盡也. 人與我, 性皆同. 旣盡吾之性則其敎之所被, 亦可使人而莫不盡其性之所得. 物之與人, 其性雖異而其理則有可推者, 吾心旣明乎理, 亦可推類以知, 使夫動植之物, 亦莫不各盡其性之所得. 夫天地所以化育群生者, 使各得盡其性而已. 而今亦能之則, 是有以贊其功而與天地爲一也.

2차, 3차, 4차의 실현 과정을 거쳐 중용은 그 궁극목적에 다가간다. 그것은 나와 너, 그리고 그것의 사이 세계를 아우르는 거대한 하모니이다. 존재하는 것들의 이유를 상기(想起)하기 때문에, 이런 중용의 실현 모습은 모든 것에 생기(生氣)를 불어넣는 삶의 길이다. 나에서 세계에 이르기까지 각기 사물의 성(性)을 다하는 것은 유학의 기본 원리인 수기치인(修己治人)의 길에 한 발짝 다가간다.

이런 설명은 뒤이어서 계속된다. 정성으로 상징되는, 성(誠)의 등장은 어떤 선악도 가릴 수 없다.46) 그리고 성(誠)은 사람이 자신을 온전하게 이루고 자기 이외의 다른 사람과 사물을 온전하게 이루는 중심에 자리한다. 뿐만 아니라 그 공효의 지극함은 하늘과 땅을 세계의 짝으로 불러들이고, 하늘과 땅이 제 각각의 역할 분담을 통해 끊임없이 삶의 조건을 마련한다.47) 그것이 다름 아닌 중화(中和)의 덕이고, 위육(位育)의 의미이다.48)

## 4. 닫는 글

서계의『중용』이해는 분명히 주자의『중용장구』에 비판적이다. 하지만 그것은 반주자학, 탈정주학, 탈성리학, 실학이라기보다는 경(經)을 이해하고 독해하는 서계의 교육철학적 독특성이 두드러졌기 때문에 빚어진 현상이다. 특히, 육경(六經)을 중심으로 실천적 학문을 펼치려는 일종의 사상적 자부심이 두드러지면서 나타난 현상으로 교육철학 양식의 창의적 돌출로 볼 수 있다.

---

46)『思辨錄 中庸』14章: 明誠之所著, 善惡皆不可掩.

47)『思辨錄 中庸』15章: 成己成物必待乎誠, 誠之效極其至可以配天地, 天地所以誠積累不息致其功用之盛如此.

48)『思辨錄 中庸』16章; 19章: 聖人所以配天者, 皆由至誠積累之功以致中和之德而得之也.; 明中和位育之義.

서계는 『사변록 중용』에서 중용의 일관된 뜻을 드러내기 위해, 정자와 주자의 견해 불일치를 지적하며, 유학의 본래 사유에 부합하는 논리적 일 관성을 찾으려고 노력하였다. 그것은 사물의 이름과 본분에 맞는 명물(名物)의 명증함을 요구하는 데로 이끌었다. 그리하여 서계에게서 중용의 교 육철학은 '성(性)'에 따르기에 힘쓴 것으로 인식되고, 중용은 내 마음의 밝 은 것을 따라 실천하는 '사람의 길'로 정돈된다. 이는 주자가 객관적으로 사람과 사물의 원리를 설명하는 측면과는 다른 인간 주체로서의 삶에 역 동성을 부여한다. 생활철학을 강조하며 강력한 실제성과 현실성을 지닌다.

이런 특징은 중용의 실천양식에서 '효(孝)'를 무게중심에 두고 전개되는 것으로 파악된다. 왜냐하면 중용의 덕이 효보다 가까운 것이 없고, 효보다 구체적이고 확실한 것이 없기 때문이다. 효의 실천은 천도(天道)를 따라 인 도(人道)를 실현하려는 의지보다는 '인도에 최선을 다하면 천도에도 합치 된다!'라는 인간 중심적 교육철학으로 표출된다. 이는 사람의 노력 여하에 의해 천도를 이룰 수 있다는 인간 주체의 발현이다.

요컨대, 서계의 『중용』 이해는 관념적이고 이론적인 차원을 넘어서 있 다. 유학의 형이상학으로서 중용을 해체하고 형이하학적인 실제를 담보하 였다. 이는 인간을 중심으로 세계를 이해하고 사람의 길을 고심한 교육철 학사상의 실천이다. 인간을 주체에 두고 삶에 역동성을 부여한, 유학의 본 질을 탐구한 교육정신의 전개라고 판단된다.

# 3장 교육의 새로운 수용 양상

## - 농암 김창협의 지각론 전개 -

## 1. 여는 글

조선의 지성인 가운데 농암 김창협(農巖 金昌協, 1651~1708)은 일신상의 위험을 감수하며 진리를 외쳤던 인물 가운데 하나이다. 그는 '인간의 본성인 인성(人性)과 동물의 본성인 물성(物性)은 같은가? 다른가?'라는 논쟁을 중심에 두고 지적 투쟁을 벌였다. 이른바 조선시대 3대 논쟁 가운데 하나인 '호락논쟁(湖洛論爭)'의 중심인물이었다.

주지하다시피, 조선의 유학자들은 공맹(孔孟)에서 한당(漢唐) 유학과 북송오자(北宋五子)를 통합한 주자의 성리학(性理學)을 이어 받고, 명나라와 청나라가 교체되는 시점에서는 유학의 교육철학을 통해 자신의 정치적 입장을 주장하였다. 특히, 율곡 이이(栗谷 李珥, 1536~1584)와 그의 후계자인 노론계열의 우암 송시열(尤庵 宋時烈, 1607~1689), 그리고 그의 제자 수암 권상하(遂菴 權尙夏, 1641~1721)와 농암 김창협(農巖 金昌協, 1651~1708), 권상하의 제자인 남당 한원진(南唐 韓元震, 1682~1751)과 외암 이간(巍巖 李柬, 1677~1727) 사이에 벌어진 학술 논쟁은 조선 지성사를 추동하는 힘이 되었다. 그 논쟁은 '인물성동이론(人物性同異論)'이라 하는데, 그 논쟁은 동일한 학파이면서도 진리를 향한 노력의 과정에서 관점을 달리한 열린 지성의 세계를 보여주고 있다.

그들의 학문적 시각은 완전히 서로 다른 차원이라기보다 동전의 양면과 같은 차이라고 할 수 있다. 때문에 그들이 어떤 입장에 서느냐에 따라, 그들의 주장이 조금씩 다르게 되었다. 우주자연의 법칙인 '리(理)'와 그 운용에 해당하는 '기(氣)'를 인식하는 과정에서도 어떤 차원을 중심을 두고 보느냐에 따라서 의미가 조금씩 달라보이게 된다. 그것을 형용하는 말이 바로 '리기(理氣)는 하나이면서 둘이고, 둘이면서 하나이다!'

순선(純善)의 리(理)는 인간의 기(氣)의 청탁수박(淸濁粹駁)의 차이로 인해 선과 악이 함께 있는 모습이 된다. 그런데 리(理)와 기(氣) 둘 가운데 어느 하나를 강조하게 될 때, 상반된 해석이 나올 수 있다. 율곡 이이는 "기중지리(氣中之理)"를 주장하여 기(氣)에 무게중심을 두었고, 퇴계 이황은 "리발이기수지(理發而氣隨之)"라고 하면서 리(理)에 강조점을 두었다.

농암 김창협은 율곡 이이 계열의 율곡학파에 속해 있었지만, 기(氣)를 지나치게 부각시킬 때 발생하는 단점에 대해, '사단칠정설(四端七情說)'을 통해 두 가지로 비판하였다. 하나는 사단과 칠정의 긴밀한 연관성을 통해 도덕 영역을 확대시킨 것이고, 다른 하나는 선과 악을 선천적인 기(氣)의 차이로만 보아서는 안 된다는 것이었다. 전자의 주장은 사단이 칠정과 구분되는 고유한 의미를 보여주고, 후자는 인간의 보편적 도덕 실현을 구체화하려는 사안과 연관된다.[1]

농암의 이러한 사고는 주자가 집대성한 유학의 전통에 서 있다고 여기는 율곡학파 내에서 상상하기 힘든 일이었다. 그렇다면 왜 농암은 이러한 주장을 하는 것일까? 송시열의 제자로 율곡학파 계열에서 상당한 지위를 확보한 그가, 단순한 논리에 의거하여 자기의 사유를 던진 것일까? 아니면 정치적으로 자신의 입장을 확고히 하려는 속마음을 드러낸 것일까? 여기에서는 농암 김창협이 왜 이러한 학문적 태도를 보였는지, 그가 수용한 학문의 교육철학적 특성과 지각 이론의 전개를 통해 교육사상을 정립하려는 노력을 탐색해본다.

---

1) 이천승, 『농암 김창협의 철학사상 연구』, 경기: 한국학술정보, 2006, 84쪽.

## 2. 우주론 인식

퇴계 이황(1501~1570)과 율곡 이이(1536~1584)는 동시대에 살면서도 서로 다른 교육철학을 견지했다. 그들의 학문 과정에서 쟁점이었던 가운데 하나가 '사단칠정(四端七情)' 논쟁이다. '사칠논변(四七論辯)'은 이황이 59세 때 26살이나 나이가 적은 고봉 기대승(高峰 奇大升, 1527~1572)이 문제를 제기하여 시작한 논쟁이다. 퇴계와 고봉 사이에 8년간이나 지속되었고, 이후에 우계 성혼(牛溪 成渾, 1535~1598)과 율곡 사이에 다시 논쟁이 벌어졌다. 퇴계와 율곡 사이에 직접 대화를 나누거나 편지를 주고받으며 이런 논쟁을 벌인 것은 아니지만, 그들이 바라보는 리기(理氣)의 관점은 뚜렷한 차이를 보인다.

엄밀히 말하면, 사단과 칠정 문제의 발단은 추만 정지운(秋巒 鄭之雲, 1509~1561)이 양촌 권근(陽村 權近, 1352~1409)의 『입학도설(入學圖說)』을 보고 지은 「천명도해(天命圖解)」에서 기원한다. 정지운은 「천명도해」에서 『입학도설』에 나오는 "하늘과 사람의 심성이 하나로 합해지는 그림"인 「천인심성합일지도(天人心性合一之圖)」를 해설하면서, "사단은 리(理)에서 발현되며, 칠정은 기(氣)에서 발현된다."[2]라고 하였다. 이에 대해 퇴계는 "사단은 리(理)의 발현이고, 칠정은 기(氣)의 발현이다."[3]라고 했는데, 이러한 차이에 대해 기대승이 문제를 제기하면서 논쟁이 시작되었다.[4]

퇴계는 '사단(四端)'과 '칠정(七情)'을 '주리(主理)'와 '주기(主氣)'로 구분할 수 있다고 주장했다. 그 근거는 맹자의 사단이다. 사단은 심(心)에서 발한 것이고 심은 원래 리기(理氣)의 합이지만 소지(所指)가 주로 리(理)의

---

2) 「退·高四七論辯往復書」: 四端發於理, 七情發於氣. 四七論辯往復書의 경우 『退溪全書』와 『高峰集』에 수록된 위치상 약간의 차이가 있어 여기에서는 原文만 제시한다.
3) 「退·高四七論辯往復書」: 四端理之發, 七情氣之發.
4) 황준연 외 역주, 『역주사단칠정논쟁』 1, 서울: 학고방, 2009, 17쪽.

편에 있으므로 사단은 주리(主理)이고, 칠정은 주기(主氣)라는 것이다. 여기에서 퇴계는 "사단은 리의 발이고 칠정은 기의 발이다"[5]라는 주자의 견해를 인용한다. 이에 대해 기대승은 "사단은 리가 발하되 기가 그것을 따르고, 칠정은 기가 발하되 리가 그것을 타고 있다"[6]라고 응수한다. 하지만 퇴계는 기본적으로 주리(主理) 주기(主氣) 리발(理發) 기발(氣發)의 관점을 바꾸지 않았다.

그러나 성리학의 기본 이론인 리기(理氣)의 '불상리불상잡(不相離不相雜)'에서 본다면, 아무리 소지(所指)의 입장이라 할지라도, 퇴계의 주장을 고봉이나 율곡이나 받아들이기는 어려웠다. 퇴계는 '사단의 발(發)에 기(氣)가 없다'라는 말이 아니라고 하면서, 리(理)와 기(氣)를 겸하고 선(善)과 악(惡)이 다 있는 것은 정(情) 뿐만 아니라 성(性)도 그러하다고 한다. 문제는 발하는데 혈맥(血脈)과 소지(所指)가 모두 있기 때문에 소주(所主)에 따라 분속(分屬)을 분별할 수 있다는 것이다.[7]

사실, 율곡은 명나라 때의 유학자인 정암 나흠순(整庵, 羅欽順, 1465~1547)의 '기일원론(氣一元論)'에서 자신의 이론을 확립시키는 데 필요한 다양한 영감을 받았다.[8] 예를 들면, 율곡은 기(氣)의 일원성(一元性)을 다음과 같이 설명한다.

기(氣)가 리(理)의 명령을 듣고 안 듣는 것은 모두 기(氣)가 행하는 것이고 리(理)는 행함이 없는 것이다.[9]

이런 점에서 율곡은 기(氣)를 중심으로 자신의 이론을 전개해 나갔다고

5) 『朱子語類』四: 四端是理之發, 七情是氣之發.
6) 「退·高四七論辯往復書」: 四端理發而氣隨之, 七情氣發而理乘之.
7) 김형찬, 「理氣論의 一元論化 연구」, 고려대학교 박사학위논문, 1996, 46~54쪽; 신창호, 『함양과 체찰』, 서울: 미다스북스, 2010, 202~203쪽.
8) 유명종, 『퇴계와 율곡의 철학』, 부산: 동아대학교출판부, 1993, 172~175쪽.
9) 『栗谷全書』卷10: 氣之廳命與否, 皆氣之所爲也, 理則無爲也.

볼 수 있다.

기를 중시하는 이이의 태도는 화담 서경덕(花潭 徐敬德, 1489~1546)이 주장한 기(氣)의 자발적 작용을 가리키는 '기자이(機自爾)'의 개념을 빌려오는 데서도 발견된다.

> 음이 고요하고 양이 움직임은 기(機)가 스스로 그러함이지 시키는 자가 있는 것이 아니다. 양이 움직임에 리(理)가 움직임을 타는 것이지 리(理)가 움직이는 것이 아니며, 음이 고요함에 리(理)가 고요한 것이 아니다.10)

그러나 이이는 '기(氣)의 일원성'에 머물지 않고, '리기불상리(理氣不相離)'의 원칙을 지키면서 '리통기국(理通氣局)'과 '기발이리승지(氣發而理乘之)'를 설명해 나간다. '리통기국(理通氣局)'은 '리기(理氣)의 존재 양상으로 볼 때, 리(理)는 인간과 동물에 하나로 통해 있지만 기(氣)는 개인마다 지니고 있는 차이에 국한되어 개별적으로 존재한다'라는 의미이다. '리통(理通)'에 의하면 사람과 사물의 리가 동일하고, '기국(氣局)'에 의하면 사람과 사물의 성(性)이 다를 뿐만 아니라 사람과 사람, 사물과 사물 사이의 성도 다르다. 리통에 따르면 인물성동론(人物性同論)을 지지하게 되고, 기국에 따르면 인물성이론(人物性異論)을 지지하게 된다.

이렇게 보면 '리기불상리(理氣不相離)'는 리기(理氣)라는 하나의 체계속에 이 둘을 포용할 수 있는 상위 개념으로 볼 수도 있다.11) '기발이리승지(氣發而理乘之)'는 기대승이 주장한 것처럼 '기가 펼쳐질 때 리가 기를 탄다'는 논리이다. 율곡은 정암이 주장한 기일원론(氣一元論)적 편파성을

---

10) 『栗谷全書』 卷10: 陰靜陽動, 機自爾也, 非有使之者也, 陽之動則理乘於動, 非理動也, 陰之靜則理乘於靜, 非理靜也.
11) 김형찬, 「인간과 만물의 차별성에 대한 검토」, 한국철학사상연구회, 『논쟁으로 보는 한국철학』, 서울: 예문서원, 1995, 213쪽.

경계하는 동시에, 한편으로는 퇴계가 말한 리기(理氣)가 선후(先後)로 나누어지는 것을 경계하면서, 리기(理氣)의 관계를 '하나이면서 둘이고 둘이면서 하나'라는 '일이이 이이일(一而二, 二而一)' 논리를 만들어 내었다.

퇴계와 율곡이 주장하는 리기론(理氣論)은 나름대로 이론 체계를 가지고 있으나, 사실은 서로 다른 측면과 차원에서 이해하기 때문에, 이론의 차이를 가져오게 마련이다. 퇴계의 경우, 리(理)가 움직이지 않고 아무것도 하지 못하는 무작위(無作爲)로만 인식되던 것에서 벗어나, 무정의(無情意)하고 무계도(無計度)한 리(理)의 체(體)만이 아니라 그 용(用)이 발현하여 스스로 이른다는 데까지 나아가, 리에 대한 인식을 확장하였다. 이는 리기이원론(理氣二元論)의 틀에서 리(理)를 절대화하거나 이상화시킨 것이다. 그러나 퇴계가 리(理)를 절대화하여 리발(理發)이나 리자도(理自到)를 말하는 과정에서, 리(理)의 능동성을 부여하게 될 때, 주자학의 시선에서 보면, 그 한계가 드러날 수밖에 없다.[12]

율곡의 경우, 기(氣)의 존재 없이는 아무것도 하지 못하는 리(理)를 언급하면서 리기불상리불상잡(理氣不相離不相雜)의 원칙에 충실하다. 그리고 리기(理氣)를 합한 순선한 리(理)를 상정함으로서 논리적 정합성의 측면에서 높은 수준에 이르렀다. 그러나 리(理) 자체가 기(氣)와 함께 존재하면서 선(善)과 악(惡)이 공존하게 되는 약점을 지니게 되었고, 이러한 문제는 미해결의 과제로 남게 되었다.


## 3. 학문비평의 객관성

김창협은 송시열의 제자로 학문 전승의 차원에서 보면 율곡 이이 계열이었다. 정치적으로는 당시 노론(老論)에서 상당한 위치에 있던 인물이다.

---

12) 김형찬, 앞의 논문, 「理氣論의 一元論化 연구」, 50~66쪽.

김창협이 살았던 당대의 현실은 국가적으로 임진왜란과 병자호란이라는
두 차례의 국란을 겪었던 시절이었고, 중국은 명(明)·청(淸)이 교체되는 시
기였다. 때문에 노론계의 송시열은 어려운 사회 현실을 타결하기 위해, 또
는 자신들의 정치적 입지를 굳건하게 만들기 위해, 명나라와의 의리를 강
조하고 북벌론(北伐論)을 제기했다. 오랫동안 명나라를 섬기며 우호관계를
가졌던 조선은 오랑캐이자 새로 등장한 청나라 섬기기를 꺼려했다. 그러나
노론계에서 제기했던 북벌론은 결국 빛을 보지 못하게 되었고, 점차 시대
적 당위성 차원에서도 그 의미를 상실해 가고 있었다.[13] 그럼에도 불구하
고 김창협은 노론계의 핵심 멤버답게 송시열의 주장을 적극적으로 변호하
였고, 소론계의 서계 박세당이 내놓은 견해를 혹독하게 비판했다.

　이런 점에서 김창협은 송시열의 뒤를 이어, 율곡 이이의 이론을 충실히
계승하여 학문적·정치적 후계자로 자리매김 되기에 충분했다. 학문적으로
는 앞에서 언급했던 리통기국(理通氣局)과 기발이리승지(氣發而理乘之)의
이론을 계승하고, 정치적으로는 명나라에 대한 의리론(義理論)을 이어나갔
다. 그런 노론계의 학풍을 바탕으로 하면서도, 김창협은 서울 경기지역의
서인(西人)들과의 교류를 통해 일리(一理)를 강조한 이론을 수용하게 된다.
그것은 율곡 이이의 리통기국(理通氣局)이 리(理)의 역할을 너무 작게 인
식하게 되었다고 비판하는 계기로 작용한다.[14]

　그렇다면 율곡학파의 중심에 있었던 김창협이 왜 이런 사유의 변화가
일으키게 되었을까? 그 이유는 크게 두 가지로 나누어 볼 수 있다. 첫째,
당시 노론이 주장한 북벌론의 실패로 인한 회의와 서인들과의 접촉을 통
한 현실 직시 문제에 영향을 받았을 것이다. 둘째, 무엇보다도 퇴계의 학문
에 대한 존중과 리(理)를 강조하는 이론이 타당성이 있다는 사유이다. 이는
이후 농암의 독특한 '지각(知覺)'이론을 주장하는 근거가 된다. 농암은 퇴

---

13) 이천승, 앞의 책, 25～26쪽.
14) 조성산, 『조선후기 낙론계 학풍의 형성과 전개』, 경기: 지식산업사, 2007, 160～
　　190쪽.

계와 율곡을 비교하면서 다음과 같이 평가한다.

> 퇴계는 학문을 잘 말했고, 율곡은 이치를 잘 말했다.15)

아울러 중국의 어떠한 학자도 퇴계 이황에 필적할만한 공력을 가진 학자가 없다고 칭찬을 아끼지 않는다. 그리고 당시 각 당파별로 첨예하게 대립하고 있을 때, 농암은 송시열을 변호하는 편지에서 다음과 같이 퇴계를 변호하고 있다.16)

> 정암이나 퇴계, 우계나 율곡은 그 훌륭함이 비슷합니다. 그러나 정암과 퇴계는 당론이 형성되기 이전에 나서 활동한 분들이기에 온 나라가 모두 으뜸으로 추앙했습니다.17)

또한, 농암의 제자 기원 어유봉(杞園 魚有鳳, 1672~1744)은 스승 김창협의 학문이 퇴계에게서 많은 영향을 받았다고 기록하고 있다.

> 농암 선생은 율곡이 리기(理氣)의 근원을 본 것은 온전하게 꿰뚫었으나 인심(人心)과 도심(道心) 등을 논한 곳은 약간의 차이를 면할 수 없으며, 퇴계의 호발(互發)에 대한 논의는 진실로 잘못된 것이나 자세히 탐구하여 자득한 바가 많으니 무조건 내쳐서는 안 된다고 여겼습니다. 이에 두 사상가의 논의를 참고하고 합하여 종횡으로 착종시켜 잘잘못을 철저히 구명한 것이 거의 수십여 조목에 이르렀으니, 이전의 성현들이 밝히지 못한 것이 많습니다.18)

---

15) 『農巖集』 卷32: 退溪善言學, 栗谷善言理.
16) 이천승, 앞의 책, 66~68쪽.
17) 『農巖集』 권11: 且如靜, 退牛栗, 其賢等耳, 然靜, 退生於黨論前, 枯通國皆宗之.
18) 『杞園集』 卷32: 蓋先生以爲栗谷看得理氣原頭, 明白通透, 而其論人心道心等處, 未免少差, 退溪互發之論, 固失矣, 而其深思細繹, 多所自得, 不可一向揮斥, 遂參合兩家之論, 而橫竪錯綜, 究極得失, 幾至數十餘條, 多有前賢所未發者.

이러한 언급에서 보면 농암은 단순하게 율곡의 학맥을 계승하는 데 그치지 않고, 율곡의 '인심도심(人心道心)'설에 드러난 단점과 퇴계의 '호발(互發)'설에 대한 문제를 지적하면서 자신의 견해를 펼치고 있다고 판단된다. 특히, 퇴계가 주장하는 '호발(互發)', 즉 리기(理氣)가 모두 발하는 기발(氣發)·리발(理發)의 주장에 대해 문제가 있음을 알고 있었음에도 불구하고, 탐구와 자득에 의해 도출되어 나온 그런 표현에 대해, 부분적으로 용인하는 태도를 취한다. 나아가 퇴계와 율곡이 주장한 이론 가운데 장단점을 조목별로 분석하며, 자기 나름대로의 새로운 철학을 재구성하는 절충적 태도를 드러냈다고 볼 수 있다.[19)

율곡학파에서 중요한 위치에 있었던 인물이 이러한 학문적 태도를 취하는 것은 이례적이다. 문제는 농암의 사유가 이런 비평에서 끝나지 않았다는 점이다. 농암은 그의 사단칠정론에서 율곡의 이론에 반하는 사유를 드러내고 있다.

> 율곡이 말하기를 '사단(四端)은 칠정(七情)을 겸할 수 없지만 칠정은 사단을 겸한다'라고 했는데, 사실은 칠정도 사단을 겸할 수 없다.[20)
> '사단(四端)은 선(善)한 쪽이고 칠정(七情)은 선악(善惡)을 겸했다. 사단은 리(理)만 말한 것이고 칠정은 기(氣)를 겸하여 말한 것이다.' 율곡의 이 말은 명백하지 않은 것은 아니지만, 나의 견해와는 약간의 차이가 없지 않다. 논쟁할 것은 단지 기를 겸하여 말했다는 것에 있을 뿐이다.[21)

---

19) 이상익, 「農巖 金昌協 學派의 退栗折衷論과 그 의의」, 율곡학회, 『율곡사상연구』 제23집, 2011; 이영자, 「기호학파에 있어서 농암의 퇴율절충론」, 한국동양철학회, 『동양철학』 제29집, 2008 참조.
20) 『農巖集』「四端七情」: 栗谷言, 四端不能兼七情, 七情兼四端, 其實七情亦不能兼四端.
21) 『農巖集』「四端七情」: 四端善一邊, 七情兼善惡, 四端專言理, 七情兼言氣, 栗谷之說, 非不明白, 愚見不無少異者, 所爭只在兼言氣一句耳.

그렇다고 농암이 율곡의 이론을 완전히 배격한 것은 아니다. 하지만 율곡의 사유에 이의를 제기한 것은 사실이다. 이런 그의 학문적 자세는 퇴계와 율곡의 절충 지점을 모색하고 있다는 평가를 받게 된다.22) 율곡의 이론을 반대하는 듯한 구절이나 뉘앙스는 『농암집』 편집과정에서 논란이 되기도 했다. 율곡의 사유를 반대하는 구절들 때문에 권상하는 농암의 사단칠정론을 『농암집』에서 삭제할 것을 요청하였다고 한다. 왜냐하면 농암의 사상에서 학파가 다른 퇴계의 이론이 수용되는 것을 허용할 수 없었기 때문이다.

이런 사실에서도 확인할 수 있듯이, 농암은 퇴계를 학문적으로 존중하면서, 율곡이 지닌 학문적 논리의 부족함을 느끼게 되었고, 그 부족함을 퇴계의 이론에서 보완하려고 했다. 특히, 퇴계가 제기한 '리(理)의 능동성' 강조를 통해, 『중용(中庸)』에서 말하는 "존덕성 도문학(尊德性 道問學)"의 조화를 감지했다. 다시 말하면, 유학이 추구하는 인간의 착한 본성을 기본으로, 학문의 길을 묻고 배우며 실천하는 교육철학의 균형감각을 잃지 않기 위해, 퇴계의 이론에서 수용하려고 했던 것이다.23)

## 4. 학문 수용과 전변

앞에서 언급한 것처럼, 농암은 율곡학파에서 상당한 위치에 있었기에 학문적·정치적으로 충분히 자신의 지위를 인정받을 수 있었다. 그럼에도 불구하고 율곡의 이론에서 벗어나 퇴계의 사유에 영향을 받는 모습을 보여주었다. 이는 조선시대 3대 논쟁 가운데 하나인 '호락논쟁(湖洛論爭)'을 이끌어 내는 계기가 되었다.

---

22) 김용헌, 「농암 김창협의 사단칠정론」, 민족과 사상연구회 편, 『사단칠정론』, 서울: 서광사, 1992, 257~274쪽.
23) 이천승, 앞의 책, 68~70쪽.

율곡학파 가운데서도 '인물성이론(人物性異論)'을 주장하는 호론(湖論)의 입장에서 벗어나 낙학(洛學)의 출발지로서 '인물성동론(人物性同論)'의 입장을 취하게 된다.[24] 그렇다면 농암은 왜 퇴계와 율곡의 사유를 절충하는 입장에서, 퇴계의 이론에 호감을 가진 것일까? 몇 가지로 추측해 보면, 다음과 같은 학문 전변을 유추할 수 있다.

첫째, 농암이 살았던 시대의 사회정치적 변화이다. 농암은 스승인 송시열의 견해를 믿으며 적극 동조했다. 송시열은 명·청 교체기에 조선과 명나라의 관계에서 의리론을 앞세우며 청나라를 치려는 북벌(北伐)을 주장한다. 하지만 중국의 모든 권력은 이미 청나라로 넘어간 상태이고, 그의 주장은 실패로 끝나게 되었다.[25] 이런 시대 정황은 송시열을 중심으로 하는 노론계열의 정치적 입지를 생각해 볼 때, 치명적인 일이었다. 이런 현실 앞에서 농암은 율곡학파의 이론만으로 해결할 수 없는 현실 정치의 지형에 대해, 율곡보다는 퇴계의 입장에서 보다 실제적이고 구체적으로 대처해야 한다는 의식이 싹텄을 것을 판단된다. 때문에 농암은 당시 서울 경기지역을 중심으로 활동하던 서인들과의 교류를 통하여 그 돌파구를 찾으려고 했다. 이러한 농암의 사고는 자신의 학문적 근거이자 정치적 기반인 율곡의 학통을 버리지 않으면서도, 그 상대편에 있는 퇴계의 학문을 수용하여 절충하는 기지를 발휘했다. 그런 노력은 지각(知覺) 이론으로 드러났다.[26]

둘째, 농암의 퇴계 학문에 대한 이론적 흠모이다. 그는 퇴계가 학문을 탐구하는 정신에 최고의 찬사를 보냈다. 그 핵심은 퇴계의 리발설(理發說)이었다. 율곡학파가 주장하듯이, 성리학의 관점에서 보면, 리(理)는 결코

---

24) 김용헌, 「농암 김창협의 인물성론과 낙학」, 한국사상사연구회, 『인성물성론』, 서울: 한길사, 1994, 166~169쪽. 김용헌은 農巖은 처음부터 끝까지 栗谷學派의 笠匠을 견지했다고 주장을 한다. 그러나 農巖이 人物性同論의 입장을 견지한 것이 사실이고, 主理的인 자신의 知覺論을 펼친 점으로 볼 때 退溪의 영향을 받았을 가능성도 고려할 필요가 있다.

25) 이천승, 앞의 책, 25~26쪽.

26) 조성산, 앞의 책 참조.

발(發)할 수 없다. 리(理) 자체의 능동성은 인정되지 않는다. 그것은 기(氣)
의 운동성에 떨어져 있거나 붙어 있는 것이었다. 하지만, 퇴계는 주자가 언
급한 '사단, 리지발(四端, 理之發)'이라는 단편적 견해를 이어 받아 '리발
(理發)'을 강조한다. 퇴계는 왜 무리수를 두면서까지 '리발(理發)'을 주장했
을까? 당대 최고의 학자인 퇴계가 성리학에 무지해서 그랬을까? 결코 아니
다. 농암은 주자학에 몰입하여 발견한 퇴계의 탐구 실천과 깊은 사색을 높
이 평가했다.

   퇴계는 말년에 「무진육조소(戊辰六條疏)」와 어린 군왕인 선조(宣祖)를
위해 지은 『성학십도(聖學十圖)』에서 '리발(理發)'을 강조하였다.27) 특히,
천(天), 천명(天命), 상제(上帝) 등에 대한 존경과 두려움을 가지고, 늘 수양
할 것을 강조하였다. 퇴계는 인간 세계의 외부에 있는 주재(主宰)하는 존재
로서의 상제(上帝) 개념과 인간 세계의 내부에 들어와 있는 천(天)의 개념
인 리(理)의 모습을 단순하게 무작위(無作爲)로 볼 수 없었다. 때문에 성리
학의 범주 내에서 리발(理發)을 강조하였다. 퇴계는 말년에 '리동(理動)'을
넘어 '리자도(理自到)'를 언급한다. 윤사순은 이러한 '리자도(理自到)'에 대
해 사물의 '리(理)'가 무조건 '자도(自到)'하는 것이 아니라 격물(格物)에서
자신의 궁구(窮究)가 선행(先行)해야 한다는 점을 강조한다.28)

   농암은 이러한 퇴계의 '리발설(理發說)' 인지했다. 그리고 율곡의 견해와
다른, 퇴계의 이론이 그에게는 색다르게 느껴졌을 것이다. 어쩌면 자신이
속한 학파의 이론보다 퇴계의 이론이 보다 진보적이고 높은 진리를 담고
있는 모습으로 비췄을지도 모른다. 그런 학문의 과정을 통해 농암은 서서

---

27) 고려대 민족문화연구원, 『역주와 해설 성학십도』, 서울: 고려대학교 한국사상연구
    소, 2009, 241쪽; 엄밀하게 보면, 高峯 奇大升은 退溪 李滉의 이론에 同調하였을
    가능성도 있다고 생각할 수 있다. 왜냐하면 李滉이 宣祖에게 『聖學十圖』를 바치
    기 전에 奇大升이 이를 검토하였는데, 당시 奇大升은 理發과 上帝에 대해 특별
    한 見解를 제시하지 않았기 때문이다.
28) 윤사순, 『퇴계철학의 연구』, 서울: 고려대학교출판부, 1980 참조.

히 퇴계의 이론을 수용하면서 율곡의 이론과 절충하며, '지각' 이론을 유학
의 교육철학사상으로 창출하게 되었다.


## 5. 지각 이론

그렇다면, 농암은 어떤 방법으로 퇴계와 율곡의 이론을 절충하여 수용
하려고 했는가? 그것은 그의 독특한 '지각(知覺) 이론'[29]에 녹아 들었다.
지각 이론의 발단이 된 계기는 성재 민이승(誠齋 閔以升, 1649~1698)에게
보낸 편지이다. '지(智)'에 대한 운봉호씨(雲峯胡氏)와 번역심씨(番易沈氏)
의 해석에 이의를 제기하면서 시작된다. 그 내용은 다음과 같다.[30]
　주자의『대학장구(大學章句)』「서(序)」에서 '대개 하늘이 사람을 내릴 때
인의예지의 성을 부여하지 않은 일이 없다.'[31]라는 구절의 주석에 대해,
운봉호씨와 번역심씨의 견해가 드러나 있다.

　　운봉호씨가 말하였다. "주자는 사서(四書)에서 '인을 마음의 덕, 사랑
　　의 이치라고 했고, 의는 마음의 마름질, 일의 마땅함이라 했으며, 예는
　　천리의 절문, 인사의 의칙'이라고 해석하였는데, 이것은 모두 체와 용을
　　겸한 것이다. 그런데 오직 '지(智)'자에만 분명한 해석이 아직 없으니,
　　내가 삼가 주자의 뜻을 취하여 이를 보충하려 한다. '지(智)'는 곧 심의

---

29) 일반적으로 '知覺論'은 '인간의 精神은 知覺에 의해 外的 實在를 직접적으로 파
　　악할 수 있다'는 학설을 의미한다. 農巖의 경우, 이런 일반적 知覺論과 그 성격을
　　달리한다. 그것은 儒學의 특성과 결부되는데, 여기서의 知覺論은 '智'와 知覺에
　　관한 心과 性에 관한 해석으로 이해해야 한다.
30) 이천승,「농암 김창협의 심성론에 대한 연구」, 성균관대학교 박사논문, 2004; 안영
　　길,「농암 김창협의 지각론에 관한 소고」, 한국한문고전학회,『한문고전연구』8
　　집, 2004; 김태년,「낙론계의 지각론 연구」, 서울: 고려대학교 석사학위논문, 1993
　　참조.
31)『大學章句』「序」: 蓋自天降生民, 則旣莫不與之以仁義禮智之性矣.

신명으로 뭇 이치를 묘합하여 만물을 주재하는 근거이다."32)

번역심씨가 말하였다. "'지(智)'라는 것은 천리의 동정의 기틀을 포함하고, 인사(人事)의 시비를 비추는 거울을 갖추고 있다."33)

농암은 이러한 운봉호씨와 번역심씨의 '지(智)'에 대한 해석에 대해 '지각(知覺)'을 '지(智)'로 잘못 해석한 것이라고 비판하고 있다. 즉 '지(智)'와 '지각(知覺)의 체용론(體用論)'을 부정하는 관점에서 자신의 견해를 제시했다.34)

가만히 생각해 보니, 두 사람의 학설은 마음의 지각만을 말했을 뿐, '지(智)'자와는 서로 관계가 없는 것 같다. '지(智)'는 사람의 마음이 시비를 가리는 이치로 확실하게 그 기준이 있다. 지각은 이 마음의 허령한 작용으로 신묘해서 헤아릴 수 없는 것이다 지각(知覺)을 오로지 지(智)의 작용으로 삼아서도 안 되거늘 하물며 곧바로 지라고 말하면 되겠는가? 또한 지(智)는 이치이다 그런데 '온갖 이치를 묘합한다'라고 말하거나 '천리를 포함한다'라고 말한다면, 이는 '이치로써 이치를 묘합하고 이치로써 이치를 포함한다'라는 말이 되므로, 타당하지 않은 듯하다.35)

농암은 본성이 지니고 있는 '옳고 그름의 이치'와 '마음의 허령한 작용'을 구분하였다. '지(智)'와 '지각(知覺)'에 대한 농암의 개념 규정에 동의한

---

32) 『大學章句』小註: 雲峯胡氏曰, 朱子四書, 釋仁曰, 心之德, 愛之理, 義曰, 心之制, 事之宜, 禮曰, 天理之節文, 人事之儀則, 皆兼體用, 獨智字未有明釋, 當欲竊取朱子之意, 以補之曰, 智, 則心之神明, 所以妙衆理而帝萬物者也.

33) 『大學章句』小註: 番易沈氏曰, 智者, 涵天理動靜之機, 具人事是非之鑑.

34) 조호현, 「農巖 金昌協과 叔涵 金載海의 사상적 대립 연구 : 知覺論과 未發論을 중심으로」, 서울대 석사논문, 2000 참조.

35) 『農巖集』卷14: 竊謂兩說, 只說得心之知覺, 與智字不相干涉, 智乃人心是非之理, 確然而有準則者也. 知覺則此心虛靈之用, 神妙而不可測者也. 夫以知覺, 專爲智之用, 猶不可. 直以言智可乎. 且智則理也. 而謂之妙衆理, 謂之涵天理, 則是以理妙理, 以理涵理, 恐尤未安也.

다면, 운봉호씨의 주장은 '심(心)'인 '지각(知覺)'과 '성(性)'인 '지(智)'의 차이점에 대해 이해하지 못한 것이고, '리(理)'의 개념과도 불일치를 보인다. 다시 말하면, '준칙으로서의 리(理)'와 그것을 '현실화하는 심(心)'의 운용 과정 사이에 명확하지 못한 측면이 있다. 농암은 이런 견해에 대해, '지'와 '지각'의 경계선을 분명히 하였다. '지'는 마음의 옳고 그름의 이치로 확연하여 준칙이 있는 것이다. '지각'은 마음의 허령한 작용으로 신묘하여 헤아릴 수 없는 것이다.36)

　　이런 견해는 민이승과의 서신 교환에서 제기되었고, 논쟁으로 번졌다. 논쟁의 핵심은 '리(理)와 기(氣)가 나눠질 수 없다'라는 율곡학파의 이론과 '리(理)의 무작위성'을 원치 않으려는 퇴계학파의 이론을 절충하려는 것이다. 그렇다면 농암은 어떠한 사유로 리(理)의 무작위성을 벗어난 형태의 이론을 전개하였을까?

　　민이승은 운봉호씨와 번역심씨의 견해를 지지했다. 그리고 '지(智)'는 대상인 사물에 내재한 시비득실(是非得失)을 밝게 비추기만 한다고 주장한다. 그는 거울의 비유를 들었다. 거울은 단지 거울에 비추는 사물을 비출 뿐, 그 자체는 분별이나 판단을 하지 않는다! 때문에 분별을 '지(智)'의 특성으로 연관시켜서는 안 된다. 이러한 민이승의 주장은 리(理)인 지(智)를 주목하지 않으므로 준칙으로서 리(理)가 가지고 있는 의미가 사라져 버릴 가능성이 존재한다.37) 김창협은 이러한 민이승의 주장에 대해, 다음과 같이 자신의 견해를 밝힌다.

　　　지금 또한 보내 주신 편지에서 설정하셨던 비유로써 말해보겠습니다. 지(智)가 시비(是非)에 대한 관계는 진실로 거울이 곱고 미운 것에 대한 관계와 같습니다. 곱고 미운 것은 비록 물에 있지만 고운 것은 그 고운 것이 됨을 비추고, 미운 것은 그 미운 것이 됨을 비춥니다. 이것이

---

36) 이천승, 「농암 김창협의 심성론에 대한 연구」, 성균관대학교 박사논문, 2004, 150쪽.
37) 이천승, 앞의 책, 『농암 김창협의 철학사상 연구』, 208~209쪽.

거울의 분별이 아니면 무엇이겠습니까? 지(智)가 구별을 하는 것 또한 이와 똑같은 것입니다. 그대가 지(智)를 논하는 데 진실로 '사리의 시비를 모두 안다'고 하면서 유독 '별(別)'자를 말하길 꺼리는 것은 거울이 곱고 미운 것을 비추는 것을 보면서도 그것이 사물을 구별할 수 있는 것을 허락하지 않는 것과 어찌 다르겠습니까?[38]

농암은 '지(智)'와 '리(理)', '심(心)'과 같은 개념에 대해 주자의 견해를 있는 그대로 받아들이려고 하였다. '지'는 옳고 그름을 분별하는 도리이다. '지'는 마음의 옳고 그름의 '리'이며, '지각'은 이 마음의 허령한 작용으로 신묘하여 헤아릴 수 없다. 지각을 오직 지의 작용으로만 생각하는 것은 옳지 않고, 심의 지각을 지라고 하는 것은 더더욱 옳지 않다.[39] 이러한 논지는 다음과 같이 몇 가지로 정돈할 수 있다.

첫째, '성(性)'은 '성즉리(性卽理)'의 입장에서 파악해야 한다. 그리고 '지(智)' 또는 '리(理)'를 중심으로 해석해야 한다.

둘째, 주자가 해석했던 것처럼 '지(智)'를 '분별의 리(理)'로 해석하는 것이 옳다. 그리고 '밝게 비춘다'에 대한 해석에서 기미와 색상은 자연스럽게 드러나게 된다.

셋째, '지(智)'는 사물의 시비득실(是非得失)의 차별을 구별하고 판단하는 기준이 된다.[40] 농암은 주자가 주장했던 "지각은 지(智)의 일이다."[41]라는 말로부터 허령불매(虛靈不昧)한 심(心)에서 지각(知覺)을 끌어낸다. 그리고 지(智)의 용(用)으로서 시비(是非)의 심(心)과 지각의 작용에 대해 다

---

38) 『農巖集』 卷14: 今宜以來論所設譬者, 言之, 智之於是非, 固猶鑑之姸媸. 姸媸雖在物, 而姸者照其爲姸, 媸者照其爲媸. 此非鑑之分別. 而何. 智之爲別, 正亦如此. 高明之論智也, 故曰, 事理是非皆知之, 而獨諱言別字, 何異於見鑑之照姸媸, 而不許其能別物耶.

39) 안영길, 「농암 김창협의 지각론에 관한 소고」, 한국한문고전학회, 『한문고전연구』 8집, 2004, 236쪽.

40) 김태년, 앞의 논문, 44쪽.

41) 『大學章句』「序」: 知覺, 智之事也

음과 같이 설명된다. 지각은 체(體)로서 일심(一心)의 덕이며 기(氣)의 영(靈)이며 화(火)에 속하는 것으로 밝게 빛난다. 지(智)는 오성(五性) 가운데 하나로 성(性)의 정(貞)이며 수(水)에 속하며 깊이 갈무리하는 역할을 한다. 지각은 용(用)으로 비추는 것이며, 시비(是非)의 심(心)은 분별하는 것이다

농암은 허령불매한 심(心)의 기능인 지각을 오상(五常) 가운데 하나인 지(智)와 분리한다. 지각(知覺)이 심이고 기(氣)라면 지(智)는 성(性)이고 리(理)로 분류된다. 운봉호씨와 번역심씨는 심(心)과 성(性)을 혼동했다고 본 것이다. 농암에게 지각(知覺)은 단지 지(智)가 발용한 시비의 심이 아니다. 허령불매한 심(心)의 본체 기능을 가진 지각이며 서로 다르다. 이러한 주장은 궁극적으로 심(心)의 본체인 본연의 심(心)을 상정하여 심(心)과 성(性)의 일치를 시도한다.

그가 의도하는 지각의 구성을 정리하면 다음과 같다.[42] 첫째, 인간이 사물을 접하게 된다. 둘째, 심(心)의 지각은 이를 감각 기관을 통하여 받는다. 셋째, 지각을 통해 받아들인 것은 인·의·예·지·신(仁·義·禮·智·信)의 성(性)에 의해 정해진다. 넷째, 인간은 자신의 행동을 결정한다. 다섯째, 인간의 내부에서 구체적인 정(情)의 작용인 측은지심(惻隱之心)·수오지심(羞惡之心)·사양지심(辭讓之心)·시비지심(是非之心)의 모습으로 나타난다.

이와 같이 농암은 자신의 '지각' 이론을 통하여 기(氣)에 있는 심(心)이지만 순수하고 정화된 기(氣)로서, 심의 측면에서 성(性)을 상정하려고 했다. 이렇게 함으로써 도(道)의 실현을 추구하는 인간은 자신이 주체로서 능동적 역할을 할 수 있다. 이는 미발(未發) 상태에서 함양(涵養) 공부를 강조하는, 그리고 지각의 본체가 가능태로서 존재할 수 있다는 심(心)의 함양을 통해, 본체와 하나 되는 합일을 모색하는 작업이다.[43] 그것은 도덕의 기초를 절대적 근거 위에 정초하려는 주자학 본지에 충실하려는 교육철학

---

42) 김태년, 앞의 논문 참조.
43) 이천승, 위의 책, 226~227쪽.

이다.44)

## 6. 닫는 글

농암 김창협은 학파의 차원에서 보면 율곡 이이의 학통을 계승한 유학자이다. 하지만 그의 학문은 율곡학파의 사유를 넘어 독창적인 견해를 담고 있다. 율곡학파지만 그 반대편에 있는 퇴계의 학설을 절충하였다는 평가를 받는다. 특히, 율곡의 사단칠정론에 비판적 입장을 취하면서, 리발(理發)을 중심으로 하는 퇴계의 이론을 수용하였다. 그것은 호락논쟁으로 이어지면서 농암의 학문적 성숙을 유도하였고, 마침내 '지각' 이론이라는 교육철학 체계로 드러났다.

농암의 절충한 '지각'의 교육철학은 당시의 사회정치적 변화와 연관된다. 노론계열의 북벌론이 현실성을 잃고 현실 정치에 대한 실제적 대안을 퇴계의 학문에서 찾으려는 의도에서 빚어졌다. 그리고 농암은 퇴계의 학문 탐구 정신을 높이 평가하면서, 퇴계가 강조한 리발설(理發說)을 수용했다. 그것은 율곡학과 퇴계학의 통합이고 새로운 교육철학사상의 탄생이었다. 주자학을 벗어나는 것이 아니라, 주자학의 핵심에 더욱 접근하려는 노력이었다.

농암의 지각 이론은 '성(性)'을 '성즉리(性卽理)'의 입장에서 파악하고, '지(智)' 또는 '리(理)'를 중심으로 해석한다. 이때 지(智)는 분별의 리(理)로 인식된다. 그런 점에서 지(智)는 사물의 시비득실(是非得失)을 구별하고 판단하는 기준이 된다. 인간은 사물을 접하게 마련이다. 심(心)의 지각은 감각 기관을 통해 인간이 접하는 사물을 받는다. 지각을 통해 받아들인 것은

---

44) 김   호, 「農巖 金昌協 思想의 역사적 이해」, 인천교대기전문화연구소, 『기전문화연구』 제34집, 2008 참조.

인의예지신(仁義禮智信)의 성(性)에 의해 정해진다. 이런 과정이 유학의 학문이자 교육이다. 그 교육의 과정에서 인간은 자신의 행동을 결정한다. 이때 지는 인간의 내부에서 구체적으로 드러난다. 정(情)의 작용인 측은지심, 수오지심, 사양지심, 시비지심의 모습으로 나타나는 것이다.

요약하면, 농암의 지각 이론은 기(氣)에 있는 심(心)이지만 순수하고 정화된 기(氣)로서, 심의 측면에서 성(性)을 보려고 했다. 이렇게 해야 인간은 도(道)의 실현하는 주체로서 능동적 존재가 될 수 있다. 이는 미발(未發) 상태에서 함양(涵養) 공부를 강조하는 교육철학을 상정한다. 인간을 주체적이고 능동적 역할을 하는 존재로 부각시키는 교육철학사상의 근거가 된다. 그것은 도덕교육의 기초이자 윤리적 존재로서의 인간을 추구하며, 인간의 주체적 행위를 통한 사회 건설이라는 인간주의 교육사상을 추구한다.

# 4장 인간 이해와 교육정신의 쇄신

## — 초정 박제가의 『북학의』 —

## 1. 여는 글

초정 박제가(楚亭 朴齊家, 1750~1805)는 조선 후기 지성계에 상당한 의미를 확보하고 있는 지식인이다. 청장관 이덕무(靑莊館 李德懋, 1741~1793)·영재 유득공(冷齋 柳得恭, 1748~1807)·척재 이서구(惕齋 李書九, 1754~1825)와 더불어 당시 4대 문장가로 일컬어진다. 서출(庶出)이지만 추사 김정희(秋史 金正喜, 1786~1856)의 스승이었고, 조선 후기 사유를 상징하는 여러 측면이 복합적으로 어우러진 평가가 이어지는 가운데 그의 삶과 사상이 조명된다. 주자학[성리학]이 주류였던 조선 사상계에서, 초정은 매우 진취적이고 애국주의적인 성향을 지닌 진보적 인사였다. 특히 『북학의(北學議)』를 통해, 조선 후기 학문 가운데 이른바 '북학파(北學派)'로 자리매김 되는 사상가이다.

일반적으로 초정의 사유 기반을 농업(農業)이나 상업(商業) 개혁을 주축으로 하는 경제, 기술 혁신, 신분제 개혁 등 '이용후생(利用厚生)'의 이념에 둔다. 서양의 기술 문명에 영향을 받은 청나라의 선진 문물을 무게중심에 두고 있다. 이는 현대적 의미에서, '민생(民生)'을 주축으로 하는 '시무책(時務策)'의 제시와 통한다. 그의 대표 저서인 『북학의』가 그것을 입증한다. 『북학의』에서는 '통상(通商)'의 개방과 '조선(造船)'의 개량, '농업(農業)'과 '잠사(蠶事)'의 기술적 개선, '쇄국주의(鎖國主義)' 정책의 비판, '외교(外交)' 개방, '병기(兵器)'와 '농기구(農器具)'의 개량, '장례(葬禮)'의 허화(虛華), '풍수설(風水說)'의 비과학성, '기용(器用)'의 기술과 용법, '재정

(財政)' 문제, '과거제(科擧制)'의 모순과 시비(是非) 등, 실제 서민들의 생활과 국가의 부강(富强)을 위한 '경제적 측면'을 주요 내용으로 논의하고 있다.

이런 인식에 기초하여, 기존의 초정 연구는 북학, 경제, 통상, 농업 개혁, 문학 등 여러 측면에서 다루어졌다. 그것은 기본적으로는 국민 경제의 건설, 또는 '국민경제론(國民經濟論)'으로 명명할 수 있다.[1] 그러나 초정의 사유는 거기서 머물지 않는다. 그는 조선 후기의 '폐쇄적 세계관(閉鎖的 世界觀)'을 개방시키려고 노력하였다. 그 핵심은 주자학의 지나친 '성명의 리지학(性命義理之學)'을 현실적(現實的)·실용적(實用的) 측면으로 전환하는 데 있었다. 의리와 도덕의 순수성을 심도 있게 논의하던 학문에서 경제적·물질적 기반에 기초하는 '실천중심의 학문'으로 나아갈 것을 요청하였다. 뿐만 아니라 경직된 신분사회의 질서를 생산성 있는 능률적 사회체제로 바꾸려고 하였다.[2]

여기서는 이러한 초정의 사상을 교육철학적 측면에서 재해석하려는 시도이다. 초정은 조선 후기의 실학자로 거론되는 반계 유형원(磻溪 柳馨遠, 1622~1673)이나 성호 이익(星湖 李瀷, 1681~1763), 순암 안정복(順菴 安鼎福, 1712~1791), 다산 정약용(茶山 丁若鏞, 1762~1836)처럼 교육과 관련한 저서나 개혁론을 종합적으로 제시하지는 않았다. 따라서 그의 교육철학사상을 체계적으로 확인하거나 정리하기에는 한계가 있다. 교육철학 영역에서 초정 연구가 거의 이루어지지 않은 이유도 이런 사정에 기인한다. 그렇다 하더라도 초정의 사유 속에는 매우 현실적이고 실용적인 교육의 기준과 본질이 녹아 있다.

초정은 교육을 통해 달성해야할 존재로서 어떤 인간을 요청했을까? 인간됨의 기준을 '삶의 근본을 인식한 일하는 존재'와 '정덕(正德)·이용(利

---

1) 김영호, 「朴齊家의 北學思想」, 윤사순·고익진 편, 『한국의 사상』, 서울: 열음사, 1984 참조.
2) 금장태, 『韓國實學思想研究』, 서울: 집문당, 1987, 64~65쪽 참조.

用)·후생(厚生)을 추구하는 존재'의 측면에서 추론해 본다. 다음으로 그런
인간을 양성하기 위한 교육과 학문의 근본 문제를 도출한다. 첫 번째는 과
거제 비판을 통해 본 인재선발의 문제와 교육의 본질을 끄집어내고, 두 번
째는 실용성과 전문성을 겸비한 테크네(technē) 교육이, 왜 그 시기에 강조
되었는지 살펴본다.

초정의 사유를 검토해 볼 때, 그가 지향했던 인간의 모습을 도출하기란
쉽지 않다. 분석틀과 사고의 포인트에 따라 다양하게 지적할 수 있다. 여기
에서는 교육의 형이상학적 목적인 '인간됨'이나 '인간다움'을 기본으로 하
여 초정이 지향했던 인간의 모습을 그려본다. 교육의 형이상학적 목적인
'인간됨'이나 '인간다움'은 막연한 의미로 느껴질 수 있다. 초정의 사유와
여러 측면에서 이질적(異質的)일 수 있으나, 현대 민주사회의 교육적 차원
에서, 다음과 같은 화이트헤드(Alfred North Whitehead, 1861~1947)와 마리
땡(Jacques Maritain, 1882~1973)의 지적을 참고하면 '인간됨'이나 '인간다
움'의 교육적 맥락에 보다 알기 쉽게 다가갈 수 있다. 화이트헤드와 마리
땡의 사유는 뒤에서 구체적으로 다룰 초정의 교육적 기준과 매우 닮아 있다.

화이트헤드는 말한다.

> 교양은 활발한 사고력(思考力)이며 미(美)와 인간성(人間性)에 대한
> 예민한 감수성(感受性)이다. 그러므로 단편적인 지식은 교양과 아무런
> 관계가 없다. 백과사전식으로 많이 알고만 있는 사람이야말로 이 지상
> 에서 가장 쓸데없는 존재이다. 우리가 길러내야 할 사람은 '교양'과 특
> 수한 영역에서의 '전문적 지식', 이 두 가지를 구비하고 있는 인간이다.
> 전문적 지식은 인간에게 출발점을 제공할 것이고, 교양은 철학의 깊이
> 와 예술의 높이를 승화할 것이다.[3]

마리땡은 말한다.

---

3) A. N. Whitehead, *The Aims of Education*, New York: Macmillan Company, 1929 참조.

교육의 목적은 인간이 자신을 하나의 인간으로 형성하도록, 즉 지식, 판단력, 도덕적 덕으로 무장된 인간으로 형성함으로써, 발전하는 역동성의 인간으로 지도하는 작업이다. 인간의 교육은 사회집단과 관련이 되어져야 하며, 인간에게 사회 속에서 자신의 역할을 할 수 있도록 준비시켜 주어야 한다는 것이다. 인간을 그 공동체 속에서 정상적이며 유익하고 협동적인 생활을 영위하도록 형성시켜 주며, 사회적 측면에서의 인간의 발달을 지도하며, 자유의 의미와 의무감 및 책임감을 동시에 각성시키고 강화시켜주는 것이 교육의 본질적인 목적이다. 교육의 궁극적인 목적은 인간과 사회 환경과의 관계에 있는 것이 아니라, 그의 인간적인 삶과 정신적인 진보상태에 있는 인간에게 관심을 가지는 데 있다. 교육의 본질은 자라나는 시민을 사회생활의 상황이나 상호작용에 적응시키는 데 있는 것이 아니라, 먼저 인간을 만드는 데 있으며 바로 이렇게 함으로써 훌륭한 시민을 준비시켜 줄 수 있다.[4]

우리가 북학파, 또는 실학자라고 명명하고 있듯이, 초정은 무엇보다도 당시 조선의 현실을 염려한 '현실주의자(現實主義者)'였다. 그러기에 늘 '인간은 어떤 존재여야 하는가? 잘 삶이란 무엇인가?'에 대해 근본적으로 성찰하려는 태도를 보인다. 그것은 주로 현실적 지배자인 사대부(士大夫) 계층에 대한 비판으로 드러난다. 초정은 사대부들의 삶을 비판하면서 '인간됨'의 기준을 확인하고 있다. 이는 그의 교육철학을 형성하는 근거가 된다.


## 2. 인간다움의 기준과 지향

### 1) 삶의 근본을 인식한 일하는 존재

초정의 인간 인식은 어찌 보면 단순한 양상으로 드러난다. 당시의 사회

---

4) J. Maritian, *Education at the Crossroads*, New Haven: Yale Univ. Press, 1943 참조.

경제적 상황을 직시하면서, 지속가능한 국가와 백성의 생활에 관한 충실한 고려이다. '인간의 삶에서 근본은 무엇인가?' 특히, 농경(農耕)이 경제생활의 핵심으로 자리하고 있던 당시 조선의 현실에서, '인간은 무엇을 해야 하는가?' 그에 대한 답변은 '농사(農事)'를 중심에 두고, 인간 자신의 삶을 돌아보며 현실을 추동하는 힘을 모색하는 작업이었다. 그것은 수천 년을 지속해 오던 동아시아 사회의 모습을 통해 확인되고, 초정 또한 그러한 전통을 충실하게 고려하면서 현실을 고민한다. 초정은 다음과 같이 고심하였다.

> 옛날 신농씨(神農氏)는 나무를 깎아서 보습을 만들고, 나무를 휘어서 쟁기를 만들어서 처음으로 백성에게 경작(耕作)하는 법을 가르쳤다. 신농씨 이후의 성(聖)스러운 군주와 어진 재상(宰相)들은 하나같이 농사의 이치를 잘 연구하여 그것을 분명하게 밝히는 일을 영원한 법으로 간주한 사람들이었다. 그러한 까닭에 요(堯)임금 때는 후직(后稷)이 토지(土地)의 특성을 감별하여 오곡(五穀)을 심게 하고, 마침내 농업 분야의 지도자가 되었다. 순(舜)임금은 직접 역산(歷山)에서 농사를 지은 사람으로 나중에 최고지도자인 천자(天子)가 되었다. …… 한(漢)나라가 흥성하게 되자, 옛 제도를 완전하게 회복하지는 못했지만, 효제역전(孝悌力田)이라는 인재천거(人材薦擧) 제도를 만들었고, 군·읍(郡·邑)의 관리들이 모두 백성에게 농사짓는 방법을 가르칠 능력이 있었다. …… 국가를 다스리는 데 필요한 학문이 농사를 짓는 일에서 출발하였으므로 백성이 그 혜택을 입어 교화(敎化)가 제대로 시행될 수 있었다. …… 그런데 현재 우리나라는 인재를 등용할 때 오로지 문벌(門閥)과 지체(肢體)만을 숭상한다. 공·경(公卿)의 아들은 공·경이 되고, 서민(庶民)의 아들은 서민이 되는 이 관례를 한발치도 벗어나지 못한다. 그 유래가 벌써 오래 되었다. 윗자리에 있는 사람은 고귀한 신분에다 부유(富裕)하게 살기 때문에 농사를 직접 짓지 않는다. 그래서 심한 경우에는 콩과 보리의 모양조차 분간하지 못할 정도이다.[5]

---

5) 『北學議』外篇「農蠶總論」"附農器圖序": 在昔神農氏, 斲木爲耜, 揉木爲耒, 始教耕. 其後聖君賢輔, 莫不審明農利, 以爲萬世之典. 是以堯之時, 后稷, 相土之

'농자천하지대본(農者天下之大本)'이라는 언표가 상징하듯이, 수천 년 동안 농경의 전통을 지속해온 동아시아 사회에서, 농사는 삶의 희로애락을 관장하는 핵심 사안이었다. 그러기에 중국 역사에서, 신농씨를 비롯하여 요(堯)－순(舜)－우(禹)를 거쳐 한(漢)나라의 군왕과 관리에 이르기까지, 한 결 같이 농사를 국가의 대사(大事)로 자리매김하였다. 이런 인식은 '삶의 근본(根本)'과 '인간의 본분(本分)'이 어디에 있는지를 보여준다.

초정은 어린 시절인 9세 때, 『맹자(孟子)』를 손으로 베껴 책을 만들었다고 한다.[6] 어떤 이유에서건 초정은 『맹자』를 많이 접하였고, 사상적 영향

---

宜, 樹藝五穀, 遂爲農師. 舜耕歷山而立爲天子. 禹平水土, 烝民乃粒. 伊尹, 耕於有莘之野而相湯, 七年之旱, 敎民區田, 民不被菑. 姬周之興, 實肇后稷. 此周公之所以 作七月, 以戒成王者也. 及至于秦, 商鞅, 廢井田·開阡陌, 棄灰於道者棄市, 法至慘也, 而其要, 又未嘗不本於力農. 漢興, 雖未能盡復古制, 然孝悌力田之科. 郡邑之吏, 皆知敎民耕農. 器用便利, 耘耨有法, 用力少而功倍之. 若汎勝·趙過·王景·皇甫隆之徒. 其最著者, 而其人率皆起自畎畝, 擢拜官司. 是故經理之學, 先從稼穡, 民蒙其澤, 敎化行焉. 今我國用人, 專尙門地. 公卿之子爲公卿, 庶民之子爲庶民, 不移跬步, 其來已久, 在上之人, 旣貴而富, 不親稼事, 甚者, 往往不辨菽麥. 庶民, 又皆目不知書, 無所受敎, 蠢蒙推鹵, 惟以筋力爲事. 諺曰愚者爲農, 亦可以知非上世之言矣. 是以, 蒔種之方, 勞耙之時, 鋤犁之制, 全無古法, 雖有高才明智悟解絶倫之士, 莫得以行其學, 至如碢·礰·礳·磟·砘車之器, 國中無一焉. 故田疇蕪穢, 稼用不成, 終歲勤勞, 未得其效, 飢饉日尋, 終不覺悟. 嗚呼, 夫孰知其所以然哉. 余命本畸嶇, 又乏才識, 旣不足以上佐明君, 經濟一世, 將欲老死畎畝. 惟農業是務, 而嗟古制之未修, 哀時俗之茫昧, 博采田器之可行於今者, 使弟秋餐, 圖爲一卷, 耕耘之暇, 易爲披考, 庶足以用之一家. 豈云有補於當世哉.; 以下 脚注의 몇몇 곳은 中間에 省略되거나 意譯한 부분을 確認할 수 있도록 原文을 모두 제시한다.

6) 朴齊家는 『貞蕤文集』 卷1 「序」 "閱幼時所書孟子叙"에 다음과 같이 적고 있다. "선친께서 매달 종이를 내려주셨는데 나는 날마다 종이를 잘라 책을 만들었다. 책의 폭은 손가락 두 개 크기만 하여 두 질을 함께 놓아도 불면 날아갈 정도였다. 책 한 권이 완성될 때마다 이웃집 아이들이 달려서 가져가기도 하고, 묻지도 않고 나눠 채가기도 했다. 그래서 읽은 글을 반드시 두세 차례 뽑아 써야만 했다. 그러는 사이에 키는 해가 갈수록 한 자씩 커가고 책의 크기도 한 치씩 커갔다. 아홉 살 때 이 『맹자』책을 만들게 되었다(先君, 月賜以紙, 日日削紙爲卷. 卷袤二指,

을 받았음에 분명하다. 초정이 삶의 근본이나 인간의 본분에 대해, 반드시
『맹자』를 통해서만 터득했다고 말할 수는 없다. 그런데 공교롭게도 『맹자』
에는 인간의 본분에 관한 언급이 여러 차례 강조된다. 그 가운데서도 '지
도자[君子]가 없으면 들에서 일하는 민중[民]을 다스릴 수 없고, 들에서 생
산하는 민중이 없으면 지도자를 먹여 살릴 수 없다'[7]라는 '노심자(勞心
者)'와 '노력자(努力者)'의 역할 분담, 또는 '협력적(協力的) 상관관계(相生
關係)'는 정치경제의 원리로 중시된다. 여기에서 지도자는 위정자(爲政者)
로서 다스림을 본분으로 하고, 민중(民衆)은 생산을 본분으로 한다. 위정자
는 농사를 잘 지을 수 있는 환경과 여건 조성이라는 정사(政事)를 잘 행하
고, 민중으로부터 생산물을 공급 받는다. 민중은 다스림을 받는 대신 생산
물을 공급한다. 그것이 신분적으로는 계급사회이고 산업적으로 농경사회
였던 당시 인간들의 삶의 원리이자 근본이었다. 초정의 사고도 여기에서
벗어나지는 않는다.

　문제는 현실이었다. 초정이 볼 때, 노심자(勞心者) 역할에 충실해야 할
조선의 지배층, 즉 사대부(士大夫) 관료들은 전혀 엉뚱한 짓을 하고 있다.
직접 농사를 짓지 않는 것은 물론, 농사에 도움을 줄 수 있는 어떤 방책도
제시하지 않는다. 심지어는 콩이나 보리 등 농작물의 종류에 대해서도 전
혀 분간하지 못할 정도로 관심이 없고 부패일로(腐敗一路)에 있다. 이는 삶
의 근본인 농사에 대해 자기 본분을 상실한 상황이다. 초정은 이런 인간과
사회를 경계한다. 경계의 이면에는 삶의 기본자세나 '인간됨'이 무엇인지
성찰하려는 자기 고민이 스며있다. 그러기에 초정은 신농씨로부터 요·순,
한나라 관리에 이르기까지, 삶의 근원과 인간의 본분에 충실했던 전형들을
제시하며, 그가 지향하는 인간의 모습을 피력했다.

---

幷帙而可以吹也. 每一編成, 輒爲隣兒請, 或攫而去, 以所讀之書. 必再三抄焉,
已而年長以尺, 册大以寸. 九歲而爲此編.)"
7) 『孟子』「滕文公」上: 或勞心, 或勞力. 勞心者治人, 勞力者治於人, 治於人者食人,
治人者食於人, 天下之通義也.

또한 초정은 허례허식(虛禮虛飾)에 빠지지 않고 실제로 일하는 인간을 갈구했다. 특히, 당시 중국[청나라]의 선진적인 사회와 문화, 문명을 접한 후에, 다음과 같이 자신의 느낌을 토로하였다.

중국 사람은 가난하면 장사를 한다. 그렇더라도 사람만 현명하면 원래 가진 풍류나 명망, 절개는 여전하게 대접 받는다. 따라서 유생(儒生)이 거리낌 없이 서사(書肆)를 출입하기도 하고, 재상조차도 직접 융복사 앞 시장으로 가서 골동품을 사기도 한다. …… 이러한 풍습은 청(淸)나라의 것이 아니라 이미 송·명(宋·明)나라 때부터 그러했던 것이다. 우리나라의 풍속은 허례허식만을 숭상하고 주위를 돌아보고 금기하는 것이 너무나 많다. 사대부들은 빌어먹을지언정 들녘에 나가서 농사짓는 일을 하지 않는다. …… 집안에 동전 한 푼 없는 자라도 모두가 성장(盛裝)을 차려입고 차양 높은 갓에다 넓은 소매를 하고서 나라 안을 쏘다니며 큰소리만 친다. 하지만 그들이 입고 먹을 것이 어디에서 나오겠는가? 그러니 할 수 없이 세력가에 빌붙어 권세를 얻으려고 하므로 청탁하는 풍습이 형성되고 요행수나 바라는 길을 걷게 되었다. 이러한 짓거리는 장터의 장사꾼들조차 꺼리는 행위이다. 따라서 나는 차라리 중국처럼 떳떳하게 장사하는 행위보다 못하다고 말한 것이다.8)

여기서 눈여겨보아야 할 사안이 있다. 자신의 일을 스스로 처리하는, '일하는 방식'의 문제이다. 중국인들은 자기에게 필요한 물건을 '직접' 고르고 구입한다. 그것은 자신의 일을 직접 처리한다는 말이다. 그런데 조선

---

8) 『北學議』內篇「商賈」:中國之人, 貧則爲商賈. 苟賢矣, 其風流名節, 自在也. 故儒生直入書肆, 宰相或親往隆福寺, 買古董. 予遇嵩貴於隆福寺, 人皆笑之, 殊不然. 此非淸俗, 自明宋已然. 我國之俗, 尙虛文而多顧忌. 士大夫寧遊食而無所事. 農在於野, 或無有知之者. 其有短襦篛笠, 呼賣買而過於市, 與夫持繩墨·挾刀鑿, 以傭食於人家, 則其不慚笑, 而絶其婚姻者幾希矣. 故雖家無一文之錢者, 率皆修飾邊幅, 峨冠濶袖, 以遊辭於國中. 夫其衣食者, 從何出乎. 於是不得不倚勢而招權, 請托之習成, 而僥倖之門開矣. 此將市井之所不食其餘. 故曰, 反不如中國商賈之事, 爲明白也.

인, 특히 사대부(士大夫)들은 농사일을 하지 않을 뿐만 아니라, 허장성세 (虛張聲勢)에 빠져있다. 정말이지, 문제는 '일'처리이다. 왜 조선 사람들은 '일이 삶의 중심'임을 파악하지 못하는가? 자신의 상황에 맞게 일하지 않는가? 삶을 위하여 떳떳하게 장사라도 해야 할 것 아닌가? 일하지 않는 자에 대해 초정은 무서운 질타를 가하며, 일할 것을 권한다.

> 저 놀고먹는 자들은 나라의 좀 벌레입니다. 놀고먹는 자가 날이 갈수록 늘어나는 이유는 사족(士族)이 번성하기 때문입니다. 이 무리들이 나라에 온통 깔려 있어서 한 가닥 벼슬로는 모두 옭아 멜 방법이 없습니다. 그들을 처리할 방법이 반드시 따로 마련되어야 합니다. …… 수륙(水陸)의 교통 요지에 장사하고 무역하는 일을 사족(士族)에게 허락하여 입적(入籍)할 것을 요청합니다. 밑천을 마련하여 빌려주기도 하고, 점포를 설치하여 장사하게 하고, 그 중에서 인재를 발탁함으로써 그들을 권장합니다. 그들에게 날마다 이익을 추구하게 하여 점차로 놀고먹는 추세를 줄여야 합니다.9)

초정의 문제의식은 '인간은 실제적인 삶을 위하여 현실적으로 일하는 존재로 다듬어져야 한다'는 데 있다.『북학의』곳곳에서 초정은 청나라 문물의 우수성을 논의한다. 그러나 대부분의 조선 사대부들은 청나라를 오랑캐의 입장에서만 바라보고, 그것이 지닌 현실적 유용성을 간파하지 못했다. 뿐만 아니라 중국의 학문이나 풍속이 어떠한지 제대로 알려고 하지 않고 완벽한 편견에 사로 잡혀 있었다. 물론, 이것은 명나라를 천하의 표준으로 보는 성리학적 '의리(義理)' 정신과 연관된다.

그러기에 초정은 끊임없이 한탄한다. '오늘날 사람들은 아교로 붙이고

---

9)『貞蕤文集』卷3「所懷」: 夫游食者, 國之大蠹也. 游食之日滋, 士族之日繁也. 此其爲徒, 殆遍國中, 非一條科宦所盡羈縻也. 必有所以處之之術然後, 浮言不作, 國法可行. 臣請凡水陸交通販賣之事, 悉許士族入籍, 或資裝以假之, 設廛以居之, 顯擢以勸之. 使之日趨於利, 以漸殺其游食之勢.

옻칠을 한 속된 각막을 가지고 있어 아무리 노력해도 그것을 떼어낼 수가 없다. 학문에는 학문의 각막이 문장에는 문장의 각막이 단단하게 붙여져 있다.' 이러한 시각에 둘러싸인 사고와 행동, 그것은 주자학의 '도학주의 (道學主義)'와 '엄숙주의(嚴肅主義)'이다. 성리학적 각막은 인간의 본분을 고착화시키고, 공리공론(空理空論)에 휩싸이기 쉬우며, 새로운 지향을 고민하지 않는다. 그만큼 새로운 사실이나 제안을 부정한다. 예컨대, 초정이 수레를 사용하지고 주장했을 때, '우리나라는 산이 험하고 물이 가로막혀 수레를 사용할 수 없다'라고 강변한다. 수레가 현실적으로 필요하고 실제 삶에 유용하다면, 험한 산과 강물의 지세를 잘 이용하여 수레를 쓸 방도를 고민하는 것이 실용(實用)이다. 그런데 이런 현실적 유용성을 고민하지 않는다. 초기의 유학이 이상향으로 그리는 고대의 제왕(帝王)들은 먼저 나서서 실용(實用)을 실천했다. 하지만 성리학적 원리주의를 앞세워 무조건 부정적 의견을 내세울 때, 그것은 '일하지 않으려는 존재'로 오해받기에 충분하다.10)

---

10) 『北學議』外篇「北學辨」: 下士, 見五穀, 則問中國之有無. 中士, 以文章爲不如我也. 上士, 謂中國無理學. 果如是, 則中國遂無一事, 而吾所謂可學之存者無幾矣. 然天下之大, 亦何所不有. 吾所經歷者, 幽燕之一隅, 而所遇者文學之士數輩而已. 實不見有傳道之大儒, 而猶不敢謂必無其人焉者, 以天下之書未盡讀, 天下之地未盡踏也. 今不識陸隴其·李光地之姓名, 顧亭林之尊周, 朱竹陀之博學, 王漁洋·魏叔子之詩文, 而斷之曰, 道學文章俱不足觀, 並擧天下之公議而不信焉. 吾不知今之人, 何恃而然歟. 夫載籍極博, 理義無窮, 故不讀中國之書者, 自畫也. 謂天下盡胡也者, 誣人也. 中國固有陸·王之學, 而朱子之嫡傳自在也. 我國, 人說程朱, 國無異端. 士大夫不敢爲江西·餘姚之說者. 豈其道出於一而然歟. 驅之以科學, 束之以風氣. 不如是, 則身無所宴, 不得保其子孫焉耳. 此其所以反不如中國之大者也. 凡盡我國之長技, 不過爲中國之一物, 則其比方較計者, 已是不自量之甚者矣. 余自燕還, 國之人士踵門而請曰, 願聞其俗, 余作而曰, 子不見夫中國之緞錦者乎. 花鳥龍文, 閃鑠如生, 咫尺之間舒慘異態, 見之者不謂織之至於斯也. 其與我國之綿布經緯而已者, 何如也. 物莫不然, 其語文字, 其屋金碧, 其行也車, 其臭也香, 其都邑·城郭·笙歌之繁華, 虹橋綠樹殷殷匎匎之去來, 宛如圖畵, 其婦人皆古髻長衣, 望之亭亭, 不似今之短衣廣裳, 猶襲蒙古也. 皆茫

　요컨대, 초정은 농사를 중심으로 정사(政事)를 행했던 당시의 현실에서, 생활의 근본을 고민했다. 아울러 실제 삶에 유용한 일을 요청했다. 이는 그가 지향하는 인간이, 적어도 삶의 근본을 인식하고 자신의 일을 실천하는 실용적 행위자라는 의미이다.

## 2) 삼사를 추구하는 존재

　유학은 이상사회의 구현 방법으로 『서경(書經)』의 삼사(三事), 즉 '정덕(正德)·이용(利用)·후생(厚生)'을 표준으로 제시한다. 삼사(三事)는 '우(禹)'가 표현한 말로, '나라를 다스리는 데 기본이 되는 세 가지 일'이다.

> 　오오! 임금님! 잘 생각하십시오. 덕을 통해서만 올바른 정치를 할 수 있습니다. 정치는 백성을 편안하게 하는 데 있습니다. 물·불·쇠·나무·흙[五行]과 곡식들을 잘 다스리십시오. 동시에 덕을 바로잡고 쓰임을 이롭게 하며 생활을 넉넉하게 하는 일을 조화롭게 하십시오. 이 아홉 가지 일이 모두 질서가 잡히거든 아홉 가지 질서를 향유하게 하십시오. 그들을 훈계하실 때는 좋은 말을 쓰시고, 그들을 독려 하실 때는 위엄을 쓰시며, 그들에게 아홉 가지 노래를 권장하여 그르치지 않도록 하십시오.[11]

　초정도 이 세 가지 핵심 양식을 존중한다. 그런데 17~18세기 조선 후기의 주자학[성리학]은 정덕(正德)에 편중한 윤리·도덕적 경향성을 띠게 되었다. 다시 말하면 수기(修己)를 적극적으로 강조하는 윤리·도덕적 측면에

---

　然不信, 失所望而去, 以爲右袒於胡也. 嗚呼, 夫此人者, 皆將與明此道·治此民者也. 其固如此, 宜今俗之不振也. 朱子曰, 惟願識義理人多, 余不可以不辨於玆.
11) 『書經』「大禹謨」: 禹曰 於, 帝, 念哉. 德惟善政. 政在養民. 水火金木土穀, 惟修. 正德利用厚生, 惟和. 九功, 惟敍, 九敍, 惟歌. 戒之用休, 董之用威, 勸之以九歌, 俾勿壞.

치우치면서 상대적으로 '이용·후생(利用·厚生)'을 외면한 부분이 있었다. 북학파들의 현실 인식은 상대적으로 단순했다. 이런 현실의 학문에 대해 『서경』에서 제시했던 유학의 본래 모습을 회복하는 작업이었다.

이 지점에서 북학파의 '삼사(三事)'에 대한 이해를 고민할 필요가 있다. 왜냐하면 '삼사(三事)'를 어떻게 인식하느냐에 따라, 조선 후기 학문적 경향인 실제적 실천교육을 인지하는 기준이 달라질 수 있기 때문이다. '이용·후생(利用·厚生)'을 적극적으로 주장하는 연암 박지원(燕巖, 朴趾源, 1737~1805)의 경우, '쓰임을 이롭게 한 뒤에 생활을 넉넉하게 할 수 있고, 생활을 넉넉하게 한 뒤에 덕을 바로 세울 수 있다. 기물(器物)의 사용을 편리하게 하지 않고 생활의 윤택을 꾀하기 어렵고, 생활이 윤택하지 않은데 어찌 도덕을 바르게 할 수 있겠는가?'라는 인식을 통해, '정덕(正德)'에 앞서 '이용·후생(利用·厚生)'을 강조하였다. 그렇다고 인간의 윤리·도덕적 측면을 무시하거나 소홀히 하려는 것은 아니었다. 이는 비근한 물질적 삶으로부터 인격적 가치로 지향하는 발상의 전환이다.[12] 연암의 언표는 '이용·후생(利用·厚生)' 이후에 '정덕(正德)'으로 나아가는, 선후(先後)의 문제가 분명하게 제시된 듯하다. 이런 사유에 기초하여 기존의 연구자들은 대부분 '북학파(北學派), 즉 이용후생학파(利用厚生學派)'의 사고를, 주자학자들의 '정덕(正德)' 중심주의에서 '이용(利用) → 후생(厚生) → 정덕(正德)'의 '이용·후생(利用·厚生)' 중심주의로 전환했다고 이해한다.

그러나 '정덕(正德)-이용(利用)-후생(厚生)'은 결코 별도의 사안이 아니다. 유기체로 함께 맞물려 움직이는 통일된 삶의 방식이다. 그러기에 고정된 양식으로서 선후의 문제를 따지기보다 인간과 사회의 상황에 따라 유동적인 선후 문제가 있다. 초정의 다음과 같이 지적이 이를 뒷받침한다.

옛날에 제왕이 백성을 교육할 때, 집집마다 찾아다니며 일일이 가르

---

12) 김인규, 「北學思想硏究」, 성균관대학교 박사논문, 1999, 102~103쪽 참조.

치고 깨우치지는 않았다. 절구를 하나 만들어내자 세상에는 껍질을 벗기지 않은 낟알을 먹는 사람이 사라졌고, 신을 하나 만들어내자 세상 사람들이 맨발로 다니지 않게 되었으며, 또 배와 수레를 하나 만들어내자 아무리 험준한 곳이라도 물건을 유통시킬 수 있게 되었다. 이런 방법이 얼마나 간소하면서 쉬운 일이 아닌가! 쓰임을 이롭게 함[利用]과 생활을 넉넉하게 함[厚生]은 한 가지라도 갖추어지지 않으면 위로 정덕(正德)을 해치는 폐단을 낳게 된다. 따라서 공자가 '백성의 수가 많아진 다음에 그들을 교육하도록 하라'고 말했고, 관중(管仲)은 '의식(衣食)이 풍족해진 다음에 예절을 차리는 법이다'라고 말했던 것이다.[13]

인용문의 마지막 부분에 언급한 관중(管仲: 管子)의 사상은 국가 운영의 '실용적 차원'에서 매우 중요하다. 관중의 사상을 담고 있는『관자』의 제1편인「목민(牧民)」에는 '정치의 근본 원리'가 압축되어 있다.「목민」에서도 첫 번째로 등장하는 "국송(國頌)"은 정치의 핵심을 다음과 같이 기록한다.

무릇 영지를 소유하고 백성을 다스리는 사람[牧民者]은 그 임무가 농사가 잘 되도록 사시(四時)의 계절을 살피는 데 있다. 그 직분이 곡식을 저장하는 창고[倉廩]가 가득 하도록 만드는 데 있다. 나라에 재물이 많으면 멀리 있는 사람도 오게 되고, 토지가 모두 개간되면 백성이 머물러 살고, 창고가 가득하면 예절을 알게 되고, 입을 옷과 먹을 양식이 풍족하면 영광과 치욕을 알게 되고, 윗사람이 법도를 준수하면 육친(六親)끼리 도타와 지고, 사유(四維: 禮·義·廉·恥)가 널리 베풀어지면 임금의 명령이 시행된다. 형벌을 줄이는 방법의 핵심은 사치하고 기묘한 것을 금하는 일이고, 나라를 지키는 법도는 예의염치를 닦는데 있고, 백성을 순종하게 하는 법은 귀신을 숭신하며, 산천의 신을 존경하며, 종묘를 공경히 받들며, 조상을 경모하는 데 있다. 자연의 계절 변화에 맞추

---

13) 『北學議』「序」: 先王之教民也, 非必家傳而戶諭之也. 作一臼而天下之粒, 無殼者矣. 作一屨而天下之足, 無跣者矣. 作一舟車而天下之物, 無險阻不通者矣. 其法, 又何其簡且易也. 夫利用厚生, 一有不修, 則上侵於正德. 故, 子曰旣庶矣而教之, 管仲曰, 衣食足而知禮節.

어 힘써 노력하지 않으면 재물이 생기지 않는다. 토지의 장점을 활용하여 노력하지 않으면 창고가 차지 않는다. 들에 황무지가 방치되어 있으면 백성은 살길이 어려워 간사한 짓을 하게 된다. 윗사람이 재물을 쓰는데 절도가 없으면 백성들은 과중한 부담을 이기지 못해 난동을 일으키게 된다. 사치하고 기묘한 것을 금하지 않으면 백성들은 음탕하게 된다. 이 두 가지 혼란의 근원을 막지 못하면 형벌이 번잡하게 된다. 귀신을 숭상하고 믿지 않으면 어리석은 백성은 깨닫지 못하게 된다. 산천의 신을 존경하지 않으면 임금의 위엄과 명령이 두루 알려지지 않는다. 종묘를 공경하지 않으면 백성은 공경하지 않는 윗사람을 본받는다. 조상을 공경하지 않으면 효도와 우애가 갖추어지지 않는다. 예의염치가 베풀어지지 않으면 나라가 멸망한다.[14]

공자와 관중을 사례로 들며 호소한 초정의 언급은, 말 그대로 '이용(利用)과 후생(厚生)'의 실천을 위한 교육철학의 제기이다. '기물의 편리함과 생활의 넉넉함'을 도모하려는 교육적 구제의 장치이다. 온전한 인간 또는 인간됨의 전형으로서 실용성에 기초한 고대 제왕들의 실천적 모습을 제시하고, 그것을 교육적·제도적으로 보완하려고 노력한 공자와 관중의 삶에서 찾았다. 초정은 이른바 '성인(聖人)'이나 '현인(賢人)'으로 인식되는 존재의 모습을 통해 삼사(三事: 正德·利用·厚生)를 조화롭게 실천하는 인간교육을 꿈꾸고 있다.

여기에서 고민할 부분은 초정의 의미심장한 사고이다. '이용(利用)과 후생(厚生)'은 한 가지라도 갖추어지지 않으면 위로 정덕(正德)을 해치는 폐

---

14) 『管子』「牧民」"國頌": 凡有地牧民者, 務在四時, 守在倉廩. 國多財, 則遠者來; 地辟舉, 則民留處; 倉廩實, 則知禮節; 衣食足, 則知榮辱; 上服度, 則六親固. 四維張, 則君令行. 故省刑之要, 在禁文巧; 守國之度, 在飾四維; 順民之經在明鬼神, 祗山川; 敬宗廟, 恭祖舊. 不務天時, 則財不生; 不務地利, 則倉廩不盈; 野蕪曠, 則民乃菅. 上無量, 則民乃妄; 文巧不禁, 則民乃淫; 不璋兩原, 則刑乃繁. 不明鬼神, 則陋民不悟; 不祗山川, 則威令不聞; 不敬宗廟, 則民乃上校; 不恭祖舊, 則孝悌不備. 四維不張, 國乃滅亡.

단을 낳게 된다!' 초정은 이용(利用)과 후생(厚生)을 정덕(正德)보다 앞세우
는 선차적 문제로 인식하지 않았다. 다시 말하면, '이용·후생(利用·厚生)'
하는 '실용적 인간'을 '정덕(正德)'을 구현하는 '도덕적 인간'보다 앞세운
것이 아니다. 그는 이용(利用)과 후생(厚生)을 골고루 조화롭게 갖추고 실
천해야, 그 근거이자 바탕인 동시에 정신적 원리가 되는 정덕(正德)을 발현
할 수 있다고 강조한다. 그것은 기본적으로 정덕(正德)이라는 도덕·윤리적
가치를 포함하는 이용(利用)과 후생(厚生)의 실천을 뜻한다. 요컨대, '정덕
(正德)－이용(利用)－후생(厚生)'의 유기체적 조화를 강조하는, 『서경』의
정치와 교육 모델을 회복하려는 자세이다.

엄밀히 고찰하면, 초정은 이 삼사(三事)를 조화롭게 실천할 수 있는, 현
실적으로 유용한 인간과 사회를 염원했다. 때문에 곳곳에서 『서경』의 삼
사(三事)를 예시로 들며, 관련 경전이나 사유를 이입하며 그것을 뒷받침하
는 자세를 보인다.

> 우리나라는 도성에서 몇 리만 밖으로 나가면 벌써 풍속이 촌스런 티
> 가 물씬 풍긴다. 그 이유는 무엇인가? 입을 것과 먹을 것이 넉넉하지 않
> 고 재화(財貨)가 제대로 유통되지 않으며, 학문은 과거제도에 짓눌려
> 사라지고, 풍기는 문벌을 중시하는 제도에 막혀 있기 때문이다. 따라서
> 백성은 견문을 넓힐 방도가 없으며, 재능을 개발하고 식견을 트이게 할
> 길이 없다. 사정이 이렇다보니, 문화는 퇴보하고 제도는 망가지며 백성
> 들의 숫자는 날로 증가하는 데 나라의 재정은 날로 갈수록 비어간다.
> 이러한 이유 때문에 『서경』에서는 '덕을 바로잡고 쓰임을 이롭게 하여
> 생활을 넉넉하게 하는 일에 힘써야 한다'라고 하였다. 그리고 『대학』에
> 서는 '재물을 생산하는 데는 핵심적인 방법이 있는데, 생산하는 사람은
> 물건을 빨리 만들고, 쓰는 사람은 천천히 써야 한다'라고 하였다. 여기
> 에서 물건을 빨리 만들어야 한다는 말은 무슨 뜻인가? 물건을 쓰기에
> 편리하게 만들자는 말에 불과하다. 또 생활을 넉넉하게 하는 일은 입을
> 것과 먹을 것을 풍족하게 하자는 의미이다.[15]

초정 지적은 매우 현실적이고 구체적이다. '풍속에 촌티가 물씬 풍긴다' 라는 말은 서양과학의 힘이 미치지 않아 선진적인 문물이 없는 시골을 의미한다. 즉 문화적으로 후진성을 면하지 못한 지역이다. 그것은 바로 빈곤과 부정, 부패에 얼룩진 조선의 모습 그대로이다. 세련미를 갖춘 문화의 부재이자 정덕(正德)이 일그러진 상황이다. 그 이유는 물질적 빈곤, 재화 유통의 미비, 학문의 왜곡, 문벌 중시의 사회적 풍조 등 이용(利用)과 후생(厚生)을 진지하게 고려하지 않은 교육의 부실에 있다.

이런 점에서 볼 때, 초정이 단순히 물질문명을 강조하는 이용후생의 차원에서 시대를 논의하는 것은 아닌 듯하다. 특히, 과거제로 인한 학문의 왜곡, 문벌의 전횡 등 정신문명의 본질 회복도 동시에 강조한다. 그러기에 초정은 곧바로『서경』을 인용하여 유학교육이 갈망했던 본래이 유학정신을 꿈꾸고 있다. 그것은 요(堯)-순(舜)-우(禹)로 이어졌던 인간됨의 표준을 조선 사회에서 희구한다는 의미이다. 그리고『대학』의 생산(生産) 정신을 풀이하면서 이용·후생(利用·厚生)의 가치를 이입하고, 정덕(正德)을 구현하기 위한 장치로 제시했다. 이런 고민이 실용성을 중시하는 교육철학사상의 바탕이 된다.

위에서 간략하게 살펴본 것처럼, 초정은 기존의 주자학자들처럼 인간의 성정(性情)이나 품성(品性) 등, 인간의 본질이 어떠한지, 자세하게 논의하지는 않은 듯하다. 그런 차원에서 기존의 성리학자들과 구분된다. 그러나 삶의 근본을 인식하고 일하는 인간을 추구하고, '정덕(正德)-이용(利用)-후생(厚生)'을 실천하는 사회를 염원한 것은 분명하다. 즉 초기 유학교육이 지향하던 본질적 원칙을 숭상했다. 때문에 서민(庶民)이건, 사대부(士大夫)·관료(官僚)이건, 재상(宰相)이건, 군주(君主)이건 간에, 도덕성과 삶

---

15)『北學議』外篇「農蠶總論」: 我國, 都城數里之外, 風俗已有村意. 蓋其衣食不足, 貨財不通, 學問喪於科擧, 風氣限於門閥, 見聞無由而博, 才識無由而開也, 若是而已, 則人文晦而制度壞, 民日衆而國日空. 故書曰, 正德利用, 厚生惟修. 大學傳曰, 生財有大道. 爲之者疾, 疾之云者, 用之利也, 生之厚者, 衣食足也.

의 편리하고 넉넉함, 국가의 부강과 공리적 가치(公利的 價値)를 중시하는
인간을 지향하였다.

## 3. 실용교육의 근본 문제

### 1) 과거제 비판과 인재선발

한국교육사상사에서 볼 때, 조선시대 유학을 중심으로 행해졌던 국가
교육기관, 즉 국학(國學: 國子監: 成均館) 또는 지방의 향학(鄕學: 鄕校)이
나 서울의 사학(四學)은 그 목적이 관료 육성에 있었다. 뿐만 아니라 사학
(私學)에 해당하는 서원(書院)이나 서당(書堂)도 설립 주체는 달랐지만, 인
재 양성이라는 유사한 지향을 띠고 있었다. 그것은 개인의 성장이나 인격
성숙을 고민하는 측면도 있었지만, 궁극적으로 국가 사회에서 필요로 하는
적절한 인재를 선발하는 작업이다. 특히, 사대부 중심의 지배계층이 세력
을 떨치던 조선조에서는, 인재 선발의 과정에서 과거(科擧)가 매우 중시 되
었다. 그것은 개인뿐만 아니라 가문(家門)의 존재 이유를 가늠할 정도로 중
요한 사안이었다. 개인적 사회적 삶의 모든 것이라고 해도 과언이 아니었
다. 적어도 이념적으로 '수기치인(修己治人)'이라는 유학의 교육과 정치적
사명을 충실히 이행하기 위해, 과거시험에서 인재로 선발되어야만 했다.

그런데 조선에서 현실적으로 실시되던 과거의 실상(實相)은 달랐다.[16]
공개채용이라는 과거(科擧)의 장점에도 불구하고, 대부분의 조선 사대부
(士大夫)나 민중(民衆)의 인생은 과거제도에 매몰되면서 부작용을 양산했
다. 초정은 자기 시대를 과거제(科擧制)의 폐해가 극단에 도달했다고 인식
한 듯하다. 과거제의 폐해는 유학 본래의 학문이나 공부, 교육적 의미를 벗

---

16) 이원재, 『과거공부를 알아야 우리교육이 보인다』, 서울: 문음사, 2001 참조.

어났다고 판단한 지적 거장들에 의해 꾸준히 제기되어 왔다. 조선 후기에
들어서면서 보다 표면화되고 개혁은 물론 폐지를 주장하는 데까지 이르게
된다.

조선 중기의 내암 정인홍(來庵 鄭仁弘, 1535~1623)은 과거제도를 다음
과 같이 비판하였다.

요즘 사람들의 과거 공부라는 것이 이른바 문학(文學)의 잔기술들이
다. 그렇다고 이것이 공자(孔子)의 학술이 전혀 아니라고 할 수는 없다.
그러나 인심(人心)에 해가 되는 것은 잡초가 곡식 가운데 자라면서 곡
식을 해치고 도적이 백성 가운데서 일어나서 선량한 민중을 해치는 것
과 같다. 이것이 바로 문학(文學) 가운데 스며있는 하나의 이단(異端)이
다. 게다가 예전에 문학(文學)이라고 했던 것이, 어찌 지금처럼 구두(句
讀)에 신경 쓰고 운율(韻律)에 재주를 부리며, 시대의 변화에 편승하여
작록(爵祿) 취하기를 좋아하는 그런 것을 말하겠는가? 『논어(論語)』·『맹
자(孟子)』·『대학(大學)』·『중용(中庸)』을 외우면서 그 말만 숭상하고 실
천하기를 숭상하지 않으며, 부귀영화에만 힘쓰고 실제 삶에는 힘쓰지 않
아서 몸과 글이 제각기 따로 놀고, 문장과 행실이 서로 관련이 없게 되
었다. 처음에는 자기 자신을 그르치고 끝내는 나라를 그르친다. ……
유학과 과거 공부는, 내용은 같을 수 있으나 결과는 다르다. 마치 천리
(天理)와 인욕(人欲)이 행하는 것은 같으면서도, 실정은 서로 다른 것과
같다. 지금 사람들이 어리석게도 제대로 살피지 못하여 과거 공부를 유
학이라고 인식하고 글재주가 있어 과거에 잘 합격하는 사람을 인재라
고 생각한다. 그러나 과거에 잘 합격하는 사람은 단지 문인(文人)일 뿐
이지 인재(人材)라고 할 수는 없다.17)

---

17) 『來庵集』卷12, 「問答」: 余問曰, 子治科文有積功, 何遽廢不擧. 客曰, 屢擧不得,
    實由命薄, 今旣年晩, 尤無興味故也. 余曰, 君有老親, 親若不欲, 豈得自由. ……
    今人之所謂科業者, 乃所謂文學之餘技, 或不可謂非孔子之術, 而反爲人心之害,
    正如莨生於穀而害嘉穀. 盜賊起於民而害良民, 此乃文學中一異端也. …….

동시대의 율곡 이이(栗谷 李珥, 1536~1584)도 다음과 같이 지적한다.

지금 사람들은 명색(名色)은 과거 공부를 한다고 하면서도 실제는 공부를 하지 않고, 명색은 리학(理學)공부를 한다고 하면서도 실제는 착수하지 아니한다. 과거 공부에 대해 한 마디로 말하면 이렇게 표현하고 싶다. '나는 성리학(性理學)에 뜻을 두고 있어 과거 공부에 급급할 수가 없다.' 또한 성리학을 공부하는 것에 대해 한 마디 하면, 이렇게 답한다. '나는 과거 공부에 매어서 실제 학문에 힘을 쓸 수 없다.' 이와 같이 자기 나름대로 편리한 것을 취하고는 빈둥빈둥 놀면서 세월만 보내다가, 마침내 과거 공부와 성리학 공부 두 가지 모두 이루는 바가 없게 된다.[18]

이후, 유형원, 이익, 박지원 등 이른바 조선 후기 실용적 교육을 주장한 사상가라고 명명되는 상당수의 학자들이, 기존에 이루어지는 과거 공부에 회의와 비판의 눈길을 보내며, 개혁과 혁신, 타파를 주장한다. 그리고 인재 선발의 대안을 제시하는 데, 그 기준은 도덕적·지적 능력을 두루 갖춘 진정한 인간성의 소유자이다.

과거란 무엇인가? 인재를 뽑기 위한 제도이다. 인재를 뽑는 이유는 무엇인가? 장차 그들을 쓰기 위해서이다. 인재를 뽑을 때 문장을 기준으로 하는 데, 그 목적은 그의 문장 솜씨를 이용하기 위함이다. 인재를 뽑을 때 활쏘기를 기준으로 함이 그의 활솜씨를 이용하려는 것과 같은 이치이다. …… 현재 치르는 과거에서는 과체(科體)의 기예(技藝)를 통하여 인재를 시험하고 있다. 그런데 그 문장이란 것이 위로는 조정(朝廷)의 관각(館閣)에서도 쓸 수 없고, 임금의 자문(諮問)에도 응용할 수 없을 뿐만 아니라, 아래로는 사실을 기록하거나 인간의 성정을 표현하

---

18) 『擊蒙要訣』「處世」: 古之學者, 未嘗求仕. 學成則爲上者擧而用之 …… 非科擧, 無由進於行道之位 …… 今人名爲做擧業, 而實不著功, 名爲做理學而實不下手 …… 位高者, 主於行道, 道不可行, 則可以退矣 …… 祿仕, 亦當廉勤奉公, 盡其職務, 不可曠官而餔啜也.

는 데도 불가능한 문체이다. …… 또 문벌(門閥)과 붕당(朋黨)을 따지
는 차별(差別)의 문제가 있어, 그로 인해 합격되기도 하고 불합격되기
도 한다. 요행이 이러한 난관을 극복하고서 기용되는 자가 나온다면, 그
는 억세게 운이 좋은 사람이다. 이렇게 인재를 기용하는 방법은 누구나
짐작하듯이, 그 외형에 있지 능력에 있지 않음을 알 수 있다. …… 과거
시험에 응시한 자들 가운데 누군가가 전혀 쓸모없는 자인 줄을 분명히
알면서도 그를 취할 수밖에 없는 경우가 있다. 그것은 그자가 과거시험
문장에 능하기 때문에 그렇다. 과거시험장 밖에 있는 자들 가운데 어떤
사람이 정말 쓸모 있는 인재인줄 분명히 알고 있으면서도 그를 기용할
수가 없는 경우가 있다. 학문에 박식한 자나 기술이 출중한 자가 바로
그런 사람에 해당한다. 옛날의 과거는 인재를 취하려는 방법이었던 데
반해, 오늘날의 과거는 인재를 제한하려는 방법이 되고 있다.[19)]

초정은 당시의 과거제도가 지닌 오류를 크게 두 가지로 지적했다. 하나
는 '과체(科體)의 기예(技藝)'로 인재를 선발하는 것이다. 다른 하나는 '문
벌과 붕당에 따라' 합격 여부가 결정된다는 점이다.

먼저, '과체의 기예'가 왜 교육의 본질을 벗어났는가? '과체(科體)'는 '과
거시험에 쓰는 문체'이다. 과체의 기예에 따라 인재를 선발한다는 말은, 과
거에서 주로 쓰이는 규격화한 글쓰기 테크닉을 잘 익히면 시험에 합격할
수 있다는 뜻이다. 그것은 초정이 지적했듯이 "다소 똑똑한 사람이라면, 10
여일에서 한 달 정도만 과거에 쓰이는 문장을 공부해도 너끈히 합격할 수
있다."[20)] 현대적 의미에서 본다면, 판에 박힌 글쓰기, 또는 논술 시험이다.

---

19) 『北學議』外篇「科擧論」: 科擧者何, 將以取人也, 取人者何, 將以用之也, 取人
以文而用其文, 猶取人以射而用其射歟, …… 今試人以時藝, 其文, 上之不可充
舘閣·備考間, 下之, 不可紀事實·抒性情. …… 又有門閥朋黨之得失焉, 其幸免
而用於時者亦巧矣, 用人之道, 果在彼, 不在此也. …… 今也在科擧之中, 則明
知其不可用而取之, 如時藝之類是也, 在科擧之外, 則明知其可用而不用, 如博
學技藝之流是也, 古之科擧也, 將以取人, 今之科擧也, 將以限人.

20) 『北學議』外篇「科擧論」2: 小有才者學時文, 旬月而有餘, 故善爲法者.

즉 과거 시험이 요구하는 글의 형식을 파악하고 어느 정도의 논술 실력만 갖추면, 시험에 통과할 수 있다는 의미이다.

여기에서 교육적으로 문제가 되는 것은, 그런 과거 답안의 쓰임이다. 초 정은 한 마디로 그것을 '아무짝에도 쓸모없는 것'으로 인식한다. 위로는 조 정과 임금의 자문(諮問)에 응할 수 있어야 하고, 아래로는 사실 기록이나 인간의 성정(性情)을 표현할 수 있어야 하는데, 그런 부분에서 전혀 유용성 이 없다. 관료는 현실에 산적한 문제를 해소할 수 있는 '시무책(時務策)'을 제시해야 한다. 따라서 현실을 꿰뚫어 보고 미래를 전망할 수 있는 혜안과 실력, 실용성을 겸비한 인재가 요구된다.

그런데 긴요한 문제는 건드리지 않고 현란한 문장 테크닉인 과체(科體) 로 인재를 선발하고 있으니, 그 인재 선발의 본질을 상실하였다. 달리 말하 면, 교육과 결부된 과거제도가 교육내용과 과정을 충실히 이행하여 진정한 실력을 지닌 인재를 뽑아야 하는데, 그것은 뒤로 한 채 형식에 치우치고 있다는 것이다. 이런 상황이 지속되는 가운데, 초정 박제가는 급기야 능력 을 갖추지 못한 '유생(儒生)'들을 도태시키라!'고 주장하였다. 그리고 인재 선발의 새로운 모형을 제시한다.

> 어떤 사람이 이렇게 물었다. '유생을 도태시키라고 당신이 주장하는 데, 유생들이 속수무책으로 물러날 이치가 있겠소?' 그런 질문이라면 나는 이렇게 답하겠소. '유생이 소속된 사문(師門)의 장에게 추천장을 갖추어 그의 문장과 행실이 과거시험에 충분히 응시할 자격이 있다고 보증하게 한다. 그 다음에 또 그가 거주하는 지방관에게 추천받은 사람 가운데 선발하여 서울로 올려 보내되, 엄격하게 사실 여부를 대조한다. 이를 마치면 경서(經書)를 강(講)하여 시험을 치르고, 여기에 합격하면 다시 고시관 앞에서 시험을 본다. 이상 네 가지 단계를 거친다면 무턱 대고 시험을 보려고 덤비는 자가 거의 없을 것이다.[21]

---

21) 進疏本 『北學議』「汰儒」: 問欲汰儒, 儒安能束手退去乎, 曰使其門長, 具薦狀,

초정은 당시 과거 시험을 보는 유생(儒生)들을 대단히 불신(不信)한 것으로 보인다. 불신의 정도가 얼마나 심했으면, 과거제도를 넘어선 새로운 관리 선발제도를 제시했겠는가? 현대적 의미에서 보면, 지도교수나 소속학장의 추천, 대학총장이나 도지사의 추천, 경전 시험, 최종 면접에 이르기까지, 4단계의 엄격한 관문을 통과하여 진정한 실력을 인정받았을 때, 관리가 될 수 있다.

이 과정을 자세히 살펴보면, 교육의 본령에 충실한 인재 선발 과정임을 확인할 수 있다. 왜냐하면 스승이나 학교장에게서 추천을 받는다는 것은 이미 학문이나 교육의 과정에서 성실함과 탁월성을 인정받은 것이고, 지방관에게 추천된다는 것은 인격적으로 그 지방의 모범이 된다는 의미이며, 나아가 경서 강독(經書 講讀)으로 실제의 능력을 확인하고, 최종적으로 종합 평가를 통해 인재로 발탁되기 때문이다. 여러 부분에서 상이(相異)하긴 하지만, 이는 성호 이익(星湖 李瀷, 1681~1764)이 주장한 '향거이선(鄕擧里選)' 제도, 즉 인재를 천거하는 방식과 약간 통한다. 현대의 주요 관료 선발에서, 여러 단계를 거치는 인사청문회, 또는 인사검증제도를 시스템화한 듯하다.

이는 교육과정 자체에 무게 중심을 두고, 평소에 교육과 학문을 어떻게 행하고 있느냐의 문제와 연관된다. 다시 말하면, 일상에서의 교육과 학문을 중요시하는 자세이다. 그러기에 일상에서의 학문에 충실한, 과거 시험의 형식을 벗어난 진정한 인재 선발 방법으로 다음과 같이 제시하기도 했다.

> 진정한 인재를 얻으려면 반드시 뜻하지 않는 방법으로 불시에 그 인재를 시험해야 하며, 또 버림받은 많은 인재 가운데서 인재를 선발해야만 한다.[22]

---

保其文行, 足赴試然後, 又令所在地方官, 點擇起送, 入都又嚴照訖之, 講旣中試, 有而前試, 凡經四節拍, 而冒犯者亦幾希矣.
22) 『北學議』外篇「科擧論」II: 求眞才者, 必試之以不意者此也. 又號於國中曰, 閱

유학은 근원적으로 일상이라는 생활공간에서 삶의 건강함을 추구한다. 그것은 일용인륜(日用人倫)을 실천하는 작업이다. 교육은 그런 시공간에서 이루어지는 삶의 과정이다. 특히, 공자 이래로 충(忠)과 신(信)을 바탕으로, 자기 충실과 타자에 대한 배려를 실천하는 작업이 교육의 본질이 되었다.23) 그것이 평소에 닦여졌다면, 자기충실은 '정덕(正德)'을 갖추는 바탕이 되고, 타자 배려는 '이용·후생(利用·厚生)'의 구현으로 드러난다. 이른바 '혈구(絜矩)'와 '충서(忠恕)'의 도리를 터득한 인재가 되는 것이다.

다음으로 초정은 문벌과 붕당에 따라 합격 여부가 결정되는 폐단을 비판하였다. 과거 합격자는 기본적으로 응시자의 재능이나 답안의 우수함에 의거해야 한다. 그런데 심한 경우에는 봉해 놓은 응시자의 이름을 미리 뜯어보고 문벌에 따라 합격시키는 짓을 예사로 행하였다. 그것은 문벌이 높고 정권을 장악한 당파의 자손은 실력이 없어도 합격되고, 그렇지 않은 사람의 자손은 아무리 실력이 있고 우수해도 낙방할 수밖에 없음을 의미한다.24)

이에 초정은 선비를 시험하는 내용을 비판하며, 오직 실력과 재능, 덕행에 의거하여 인재를 뽑는 대안을 제시했다. 이것은 교육의 본질을 회복하는 작업과 관련된다.

> 세상에는 도덕이 높은 선비도 있고, 문학에 뛰어난 선비도 있으며, 좋은 기술 한 가지를 갖춘 선비도 있습니다. 그렇다면 오늘날 선비의 관을 쓰고, 선비의 옷을 입고서 허우적대며 책을 끼고 다니는 사람들이 과연 이러한 재능을 모두 갖추고 있는지를 시험하겠습니까? 아니면 그 가운데 한 가지 재능만을 골라 시험하겠습니까? 과거를 볼 때 쓰는 문

---

閣之外, 有才德出衆及一技一藝之類, 必薦. 薦者有賞, 蔽者必罪, 則於是乎遐方獨善之士, 下流瓌奇之材, 皆得而立於朝矣. 書曰, 明明揚側陋, 成湯之立賢無方, 不過此也. 故曰, 拔之衆棄之中而後, 才不可勝用者此也.

23) 신창호, 『공부, 그 삶의 여정』, 고양: 서현사, 2004 참조.

24) 신용하, 「박제가의 사회신분관과 사회신분제도 개혁사상」, 한국해운물류학회, 『초정 박제가의 실학사상과 해운통상론』, 서울: 서신원, 2004, 153쪽.

장이라는 껍데기로 한 개인의 내면에 온축한 포부를 점치고, 들뜨고 허
황한 상투어로 천하의 문장을 구속하며, 한 순간의 잘잘못으로 평생의
진퇴를 결정하는 것이 바로 오늘날의 시험입니다. 선비를 시험하는 명
목은 옛날과 같지만 선비를 시험한 효과는 다르고, 선비를 시험하는 의
의는 같지만 선비를 시험하는 방법은 제각기 다릅니다. 경전에 보이는
것으로는 '그가 쓸 만한 사람인지를 시험해보고 사람을 물리쳐라'고 한
글이 『서경(書經: 尙書)』에서 요(堯)임금을 묘사한 글에 나오고, 네 가
지 과목[德行·言語·政事·文學]으로 인재를 취한다는 표준은 공자의
『논어』에 실려 있습니다.25)

초정이 인재를 선발해야 한다는 기준은 '도덕성'과 '문학', '기술을 갖춘
선비'이다. 이 셋을 겸하면 말할 나위 없이 좋고, 그렇지 못하다면 한 가지
라도 실력 있고 재능 있는 선비를 뽑아야 한다. 여기에서 제대로 된 선비
를 양성하는 교육의 본질은 도덕성과 학문적 재능, 기술적 측면을 두루 갖
춘 존재이다. 도덕과 지식과 기술[방법]의 체득이다. 그것이 다름 아닌 정
덕(正德)을 지닌 인간의 상징이다. 그러기에 유학의 교육철학은 정덕(正德)
을 본질로 한다. 여기에서 기술 부분을 따로 떼어 논의할 경우, 실용성과
전문성을 중심으로 하는 '이용·후생(利用·厚生)'의 테크닉으로 이해할 수

---

25) 『貞蕤文集』 卷2 「策」: "試士策丁酉增廣": 有道德之士焉, 有文學之士焉, 有技
藝之士焉. 夫今之冠儒冠·衣儒衣, 于而挾策者, 果能兼此數者之才而試之歟.
抑或各求其一而試之歟. 夫道德·文章·技藝之士, 或千里而比肩, 或百世而隨踵,
則古之士, 若是其難也. 何今之冠儒冠·衣儒衣, 盈乎庭而遍乎國者, 無非士也,
則試之果皆盡其方而然歟. 才之果能合其試而然歟. 何古之士乎. 雖少而必傳,
今之士雖多而無聞也, 然則今之所謂試士云者, 槩可以知矣. 以功令之皮毛, 卜
一身之蘊抱, 以浮華之套語, 束天下之文章, 以片時之得失, 決平生之進退, 試之
於名, 則爭趨而爲名矣. 試之於利, 則爭趨而爲利矣. 爵祿之所勸, 榮達之所在,
試之於水火, 而其不赴於水火者, 幾希矣. 豈其志之不若人哉. 抑亦習之所由成
爾, 故試士之名, 雖同, 而試士之效, 不同, 試士之義雖同, 而試士之迹, 各殊. 由
古及今, 而試士之法. 蓋亦不知其幾變矣. 其見於經, 則試可乃已, 出於帝堯之典,
四科取人, 亦在魯論之記.

도 있다.

### 2) 실용성과 전문성의 겸비

초정은 과거제 비판을 통해 인재 선발의 문제를 제기하면서, 교육의 본
질과 관련된 나름대로의 교육정신을 피력했다. 그 방법론적 구현은 기술
터득을 강조하는 방향으로 나아간다. 즉 과학기술의 중요성과 그것의 체득
을 선언적으로 제시한 것이다. 이는 엄밀히 말하면, 선진 과학기술의 도입
과 실용화를 주창한 것으로, 기술교육의 구체적 방법을 보여주는 것은 아
니다. 그러나 분명한 사실은 실용성과 전문성을 겸비한 '교육받은 사람
(educated man)'을 갈구했다는 점이다.

『북학의(北學議)』에는 수레, 배, 기와, 벽돌, 교량, 농기구, 목축 등 다양
한 과학기술의 도입과 사용을 통해, 인간의 생활을 넉넉하게 만들려는 노
력이 돋보인다. 즉 잘 삶의 조건을 갖추기 위한 구체적 방안을 제시한다.
앞에서 다루었던 삼사(三事)를 실현하기 위한 핵심으로, 과학기술의 문제
를 중심에 둔 것이다. 이 때 과학기술은 다름 아닌 현실 생활의 실용성을
담보하는, 전문성을 요하는 테크네이다. 그런데 초정은 조선에서 이런 교
육이 부실한 원인을 다음과 같이 진단했다.

> 우리나라 사람들은 아침에 저녁때의 일조차 걱정하지 않는다. 그 결
> 과 온갖 기예(技藝)가 황폐해져 날마다 해야 할 일이 번잡하게 놓여 있
> 다. 백성은 그로 인해 일정하게 지키는 의지가 없고, 나라는 그로 인해
> 변치 않고 유지되는 법이 없다. 그러한 근본적인 원인은 모두 고식적인
> 대처에서 나온 것이다. 그 고식적인 대처가 백성을 곤궁하게 만들고, 국
> 가의 재정을 고갈시키는 해악을 끼쳐, 나라가 나라꼴이 아닌 상태로 전
> 락시켰다는 사실을 전혀 모르고 있다.26)

---

26) 『北學議』內篇「蕣」: 我國之人, 曾無朝夕之慮. 百藝荒蕪, 日事紛紛. 民以之而

초정 박제가의 이러한 진단에서 주목할 부분이 있다. 바로 기예(技藝)의 황폐에 대한 고식적인 대처이다. 과학기술 문명의 낙후는 전문적인 과학기술 교육을 도외시 한데 근본 원인이 있다는 것이다.27) 이런 상황을 인식한 이후, 초정은 선박 제조 기술, 병기 제작, 농기구 개량을 비롯한 농업 기술, 축산업, 잠업 등 민생의 여러 분야에 대한 실용적이고 전문적인 개혁을 주장하였다. 그리고 전문적인 교육을 위해 서양인들을 직접 초빙하는 방안도 검토하였다. 초정은 국가의 빈곤을 걱정하며, 자신의 의견을 다음과 같이 개략적으로 의미를 담아 국왕에게 전한다. 중국의 흠천감(欽天監)에서 역서(曆書)를 만드는 서양 사람들은 모두 기하학에 밝고 이용·후생(利用·厚生)의 학문과 기술에 정통하다고 들었다. 국가에서 관상감(觀象監)의 한 부서의 비용으로 그 사람들을 관상감에 근무하게 하고, 나라의 우수한 인재를 그들에게 보내 천문과 그 운행, 종률(鍾律, 음율)·의기(儀器, 천제 관측 기구)의 도수(度數)를 비롯하여, 농상(農桑), 의약(醫藥), 자연재해, 기후의 진리, 그리고 벽돌의 제조, 가옥과 성곽·교량의 건축, 구리와 옥의 채광, 유리 굽는 방법, 수비용 화포 설치법, 관개법, 수레 통행법, 선박 건조법, 벌목법, 바위 운반법, 무거운 것을 멀리 운반하는 방법 등을 학습하는 작업이 중요하다. 그렇게 한다면 몇 년 지나지 않아 나라를 다스리는 데 알맞게 쓸 인재가 배출될 것이다.28)

---

無定志, 國以之而無恒法. 其原皆出於姑息. 殊不知姑息之害, 至於民窮財竭, 國不爲國而後已. 假如以甓築墻, 數百年不壞, 則國中更無築墻之事, 所獲多矣. 餘可類推, 今有月壞之墻, 歲壞之屋何也.

27) 전윤준, 「朴齊家의 實學思想에 나타난 敎育觀 硏究」, 계명대학교 교육대학원 석사논문, 1997, 27~28쪽.

28) 『貞蕤文集』 卷3 「所懷」: 當今國之大弊曰貧, 何以捄貧, 曰通中國而已矣. 今朝廷馳一介之使, 咨於中國之禮部曰, 貿遷有無, 天下之通義也. 日本·琉球·安南·西洋之屬, 皆得交市於閩浙交廣之間, 願得以水路通商賈, 比諸外國焉. 彼必朝請而夕許之矣. 於是招誘荒唐船, 以爲鄕導, 荒唐船者, 皆廣寧覺化島之民, 犯法潛出, 常以四月來, 採防風八月歸也. 旣不能禁則因以爲市, 厚賂而結之, 不難也. 又募沿海諸島習水之民, 以官領之, 齎粟文以往, 使登萊之船, 泊於長淵, 金復·

1786년 정조(正租)에게 올렸던 이 상소문이 어느 정도 정책에 반영되었
는지 분명하지 않다. 그러나 초정의 이용·후생(利用·厚生)에 대한 관심이
어느 정도인지 짐작할 수 있다. 특히, 외국인 교사를 초빙하여 교육하려는
의지는 과학기술 교육과 그 효과에 대한 확신의 반영이다. 마치 21세기 국
제화나 지식 정보가 강조되는 시대에 과학기술 교류를 연상케 한다.

　과학기술의 중요성과 더불어 초정이 중요한 의미를 부여한 것은 '외국
어[通譯] 교육'이다. 특히, 관료들이 중국어[漢語]를 터득하여 선진 문물을
직접 이해하고 도입하는 작업을 통해, 나라가 부강하기를 바랐다.


　　중국어[漢語]는 문자의 근본이다. …… 역대의 임금님께서는 중국어
　　를 익히도록 명을 내리서서 조회(朝會)를 하는 자리에서 우리말의 사용
　　을 금지하는 팻말을 설치하기도 했고, 백성에게는 중국말로 소송에 임
　　하도록 하였다. 이러한 시책이 단순히 외교사절 사이의 통역에 필요해
　　서 그런 것이겠는가? 나의 생각으로는 장차 큰일을 하고자 해서 그런
　　것이었다.29)

---

海蓋之物, 交於宣川, 江浙·泉漳之貨, 集于恩津·礪山之間, 則嶺之綿·湖之苧·西
北之絲麻, 可化爲綾羅織罽, 而竹箭·白硾·狼尾·昆布·鰒魚之産, 可以爲金銀·犀
兕·兵甲·藥餌之用矣. 舟楫·車輿·宮室·器什之利, 可學矣.
29) 『北學議』 內篇 「漢語」: 漢語, 爲文字之根本. 如天直呼天, 更無一重諺解之隔.
故名物尤易辨. 雖婦人小兒不知書者, 尋常行話, 盡成文句, 經史子集, 信口而出.
蓋中國, 因話而生字, 不求字而釋話也. 故外國, 雖崇文學·喜讀書, 幾於中國, 而
終不能無間然者, 以言語之一大膜子, 莫得而脫也. 我國地近中華, 音聲略同, 擧
國人而盡棄本話, 無不可之理. 夫然後, 夷之一字可免, 而環東土數千里, 自開一
周漢唐宋之風氣矣. 豈非大快. 或曰中國, 語同於文, 故語變而字音亦變, 我國語
自語·書自書, 故能傳其初學之音焉. 中國之侵韻之混於眞韻, 我國入聲之有終
聲, 其得失取捨, 孰得而定之. 曰吾所謂然者, 以爲必如是而後, 可以與中國同,
不與中國同, 則音雖古而無用, 但令文與話, 爲一足矣. 若夫古音之變, 付之一韻,
學者之考證可也. 昔箕子, 以五千人來都平壤, 民必學其語, 在漢爲內服, 置四郡,
語之不傳者. 豈渤海之地盡入於遼, 而民遂內附不歸歟. 今土語, 多新羅如徐菀·
尼斯今之類是也. 王氏通元, 間雜蒙語, 如卜兒不花·水剌之類是也. 壬辰, 天兵
四出, 民多學之, 至今猶有存者, 祖宗朝教習漢語, 朝會設禁鄕話牌, 令民以漢語

초정은 외국어 교육을 외교적 통역의 차원을 넘어서 생각하고 있다. 즉 '큰일'을 하기 위한 도구로서 중국어 터득을 요청한다. 이때 큰일이란 중국 전통의 '한문문명(漢文文明)'과 당시 중국에 도입되어 있던 서양의 과학 기술 문명을 배워 조선을 부강한 국가로 만드는 작업이었다.30)

문제는 당시 사대부(士大夫)들의 자세였다. 청나라가 들어선 이후로, 중국어는 오랑캐 문자로 인식되면서 외면당하고, 관료들은 외교사절로 나가더라도 모조리 통역을 역관(譯官)에게 맡겨 버렸다. 초정은 모든 것을 통역관에게 맡겼을 때, 국가의 이익과 안위 문제를 고민하였다. 여기에 또 다른 외국어 교육의 목적이 숨어 있다.

> 사정이 이렇다보니 …… 역관(譯官)이 이러저러하다고 하면 그대로 따를 수밖에 없다. …… 통관(通關)이 뇌물을 요구하면 역관들은 그들의 조종을 달게 받는다. …… 혹시라도 저들의 마음에 들지 않을까 벌벌 떤다. …… 또 사신을 해마다 새로 파견하기 때문에 사신으로 가는 일이 해마다 생소하다. 다행스럽게도 평화로운 시절이라 서로 관련된 기밀이 없으므로 역관들에게 통역을 맡기더라도 별다른 큰 사건이 발생하지 않는다. 하지만 불의의 전란이라도 발생한다면 팔짱을 낀 채 역관의 입이나 쳐다보고 있을 수 있겠는가? 사대부가 이러한 문제에 대해 생각한다면, 단지 중국어를 익히는 데만 그쳐서는 안 된다. 만주어나 몽고어, 일본어까지도 배워야만 수치스런 일이 발생하지 않을 것이다.31)

---

入訟. 豈但爲交聘通話之用而已哉. 蓋將大有爲而未盡變也. 嗚呼. 今之人, 其不反以漢語, 爲侏離鴃舌者幾希矣.

30) 장우석, 「楚亭 朴齊家의 敎育思想」, 동국대학교 교육대학원 석사논문, 1989, 18~20쪽 참조.

31) 『北學議』內篇 「譯」: 清興以來, 國朝士大夫, 以中國爲恥. 雖電偋奉使, 而一切事情·文書·言語之去來, 悉委之於譯, 自人柵門至燕京二千里, 所過州縣官員, 無相見之禮, 只有通官, 接供其地方芻抹糧饌之費而已. 此未必彼之意, 亦由我之厭薄不顧而然也. 於是接之禮部, 而口能言乎哉. 譯曰如此, 鎖之舘中, 而目能視乎哉. 譯曰如此. 雖側耳聽之, 而不知咫尺之爲何語. 通官, 日索賄賂, 而甘受其操縱, 譯人承奉, 遑遑然如不及, 常若有無限機關之狀於其間者, 太疑則過, 太

초정의 외국어 교육에 대한 사고는 선진 문화의 도입에만 국한되지 않는다. 국가 안보의 문제에까지 연결시키는 애국주의적 방식에서 논의되고 있다. 이런 점에서 그의 혜안이 돋보인다. 초정이 현대 글로벌 시대를 예측한 것은 아니다. 그러나 외국과의 교류가 활발한 만큼 그들의 문화를 명확하게 파악하기 위한 수단으로서 외국어 교육을 강조한 점은, 국제화의 중심에 있는 21세기 초두에도 시사하는 바 크다.

초정은 과학 기술과 외국어 교육 외에도 상업 유통과 관련된 경제, 군사, 의약, 위생, 정서교육 등 다양한 방면의 교육철학사상을 제기하였다. 그것은 궁극적으로 민생의 안정과 국가부강과 연관되는 전문적이고 실용적인 교육철학이라는 데 특색이 있다.[32]

## 4. 닫는 글

피터 드러커(Peter. F. Drucker, 1909~2005)는 21세기를 '지식 사회(knowledge society)'라고 단언했다. 이때의 지식은 일반적인 지식이 아니라 '전문화 과정을 거친 지식'이다. 산업혁명 이후 생산성 혁명과 경영혁명을 거쳐,

---

信不可. 又使臣年年新差, 使事年年生疎, 幸而天下昇平, 無機密之相關, 故任之而不足輕重. 如有一朝之虞, 則其將袖手, 而仰譯人之口而已哉. 士大夫念及於此, 則非特習漢語而已, 凡滿洲·蒙古·日本之語, 皆可學而不爲羞矣. 今譯學衰替, 號稱名譯者, 不滿十人, 所謂十人者, 未必盡拔等第, 一經等第, 則雖口不能出一漢語, 亦必使之充行, 以食窠銀, 如是則譯之一窠, 爲譯生輪回商賈之地而設, 非所以通兩國之言, 不至於誤事失對之歸者矣. 故選其才, 毋聽其例, 則譯學自勸矣. 然則孰主其試, 委之譯則黨, 委之士大夫則聾, 譬如不知律而評曲, 其不爲工師之窃笑者幾希. 此亦士大夫之責也西路馬卒, 能漢語而識字者少, 窮不能變譯官, 能文者有之, 惟習於商賈, 不接士宦秀才. 故卒遇遠方士大夫及漂船人, 語不相曉, 蓋學話不難, 而聽人之話爲難, 解聽然後, 至樂生焉. 嘗見祝芝堂·潘蘭陀輩語, 間雜用詩賦百家語, 往拈出僻書爲話, 他亦曉得.
32) 전윤준, 앞의 논문; 장우석, 앞의 논문 참조.

지식이 사회의 중심이 되면서, 일차원적 지식은 다차원적으로 변해왔다. 그러기에 드러커는 이렇게 주장한다.

> 지금 우리가 지식으로 간주하고 있는 '지식'은 행동을 통해 스스로를 증명한다. 우리가 지식이라고 말할 때, 그 의미는 행동을 하는 데 효과가 있는 정보이고, 결과에 초점을 맞춘 정보이다. 그 결과들은 개인의 내면이 아니라 '외면'에 드러난다. 사회적으로 그리고 경제적으로 나타나며, 또는 지식 그 자체의 진보로도 나타난다. 어떤 일을 성취해내기 위해 필요한 지식은 고도로 전문화된 지식이다. 이것이 바로 전통적인 지식[고대로부터 지금까지도 '교양 교육'으로 남아 있는]이 그 지위를 '테크네(technē)' 또는 기능에 물려주게 된 이유이다. 과거의 기능은 배울 수도 없었고 가르칠 수도 없었다. 뿐만 아니라 그것은 일반적인 원리를 전혀 내포하고 있지 않았다. 그것은 구체적이었고 전문화 되었다. 그것은 학습보다는 경험을 통해, 학교 교육보다는 훈련을 통해 얻어질 수 있는 사안이었다. 물론 오늘날에는 이러한 전문화된 지식을 과거처럼 기능이라고 부르지 않는다. 이제 우리는 체계적인 전문지식을 '원리'라고 부른다. …… 일반지식에서 전문지식에로의 이동은 지식에게 새로운 사회를 창조할 수 있도록 힘을 부여해 주었다. 이 새로운 사회는 전문화된 지식에 기초하여 건설되어야 하며, 전문가로서의 지식을 가진 사람들로 구성되어야 한다.[33]

이 인용문은, 조선 후기 초정 박제가의 교육철학사상을 더듬어 보는 자리에서는, 낯설게 보일 수 있다. 더구나 결론 부분에서 왜 이런 내용을 다시 삽입하는가? 지금까지 논의한 내용을 요약하고 그 의의와 한계점을 지적하면 될 것이지. 우리는 초정의 교육철학사상을 단순히 '실학적'이라거나 '근대성', 또는 '이용후생'의 강조 차원을 넘어서, 현대적으로 의미부여할 필요가 있다. 그래야만 그의 개혁 마인드가 구체적이고 의미 있게 드러

---

33) Peter. F. Drucker, 이재규 옮김,『프로페셔널의 조건―어떻게 자기실현을 할 것인가), 서울: 청림출판, 2001, 63~64쪽.

난다.

조금만 심사숙고해 보면, 지금까지 단편적으로 살펴보았던, 초정이 지향하는 인간의 모습과 교육의 본질이 피터 드러커가 지적하는 것과 상당히 닮아 있음을 발견할 수 있다. 지식사회를 대표하는 '교육받은 사람(educated person)'은 전문적 직업 훈련을 받았거나 고도의 전문지식을 갖춘 전문인을 의미한다. 이는 초정이 그토록 강조했던 과학 기술의 도입 및 실용화를 실천할 인간과 동일한 맥락이다. 교육받은 지식인들은 17~18세기적 상황이건 21세기적 상황이건, 시대정신에 충실하며, 당대 삶의 근본을 인식한 일하는 존재이다. 그것이 '정덕(正德)'과 통한다. 또한 실용성과 전문성을 겸비한 테크네의 터득자로서 '이용·후생(利用·厚生)'을 실천한다.

총괄해 보건대, 초정 박제가는 인간의 삶을 근본적으로 고민한 교육사상가이다. 그러기에 이용(利用)과 후생(厚生)을 현실적 삶의 담보로 정덕(正德)을 보존하고, 이 세 가지의 조화를 고려한다. 동시에 과거제라는 인재 선발의 비효율성을 비판하면서 교육과 학문의 본질을 재확인하며 새로운 암시를 보여주었다. 그것은 도덕성과 문학, 기술을 갖춘 인간 양성이다. 다시 말하면, 도덕적 인간, 지식을 갖춘 인간, 테크닉을 지닌 인간이다. 이는 실용성과 전문성을 갖춘 테그네의 구유를 통해 완결된다. 이런 점에서 볼 때, 초정 박제가는 17~18세기에 이미 지식사회의 대두를 예견한 셈이다.

# 5장 효의 교육철학과 현대성

## - 정조 이산과 여유당 정약용의 효 사상 -

## 1. 여는 글

조선 후기의 학자 군주(學者 君主)인 정조(正祖, 재위: 1776~1800) 이산(李祘, 1752~1800)을 거론할 때, 우리는 '화성(華城)'을 빼놓을 수 없다. 그 이유는 다양하다. 특히 정조가 '아버지(思悼世子)에 대한 효심(孝心)의 발로에서 화성을 성역화 했다'는 논의들은 상당한 설득력을 확보한다. 주지하다시피 정조는 11년간 모두 13차례의 원행(園幸)을 했다. 원행은 비명(非命)으로 세상을 떠난 아버지의 묘소를 이장하면서 시작된다. 이는 『논어(論語)』의 언급처럼, "부모님이 살아 계실 때는 예(禮)로써 섬기고, 돌아가시면 예(禮)로써 장사지내며, 그 후에는 예(禮)로써 제사 지낸다"라는 효(孝)의 시작과 종결, 그 중에서도 효의 종결을 실천하려는 의도와 연관되는 것으로 판단된다.[1]

정조는 분명 그랬다. 개인적 차원이라고 할지라도, 군주의 자리에서 자기 분수에 맞게, 최고의 예로써 아버지의 장례식을 치렀다. 그리고 다시 그

---

1) 물론 正祖가 華城 신도시를 계획하고 추진한 의도는, 당시의 시대 상황으로 비추어 볼 때, 王室의 權威回復과 王權强化라는 차원에서 이해할 수 있다. 정조는 즉위 이래 아버지 思悼世子의 追崇事業을 꾸준히 추진하였다. 英祖로부터 죽임을 당하여 불륜의 죄인이 되었던 사도세자의 명예 회복 뿐만 아니라 國王의 지위 부여까지도 겨냥하였다. 이를 통해 정조 자신에 대한 비난, 즉 죄인의 아들이므로 王位繼承의 자격에 시비를 거는 일각의 움직임에 쐐기를 박으면서 왕실의 권위 회복과 왕권 강화를 기획하였다. 이는 정치적 차원의 장기적 정국 구상이기도 하지만, 다른 한편으로는 부자간의 윤리인 孝를 국가적 차원으로 승화하는 儒學의 질서를 새롭게 회복하는 차원이기도 하다.

주변을 성역화 하여 효도(孝道)를 다하려고 했다. 한 인간으로서 정조가 실천했던 거사는 일상적인 효도의 차원에서 이해할 수도 있다. 그렇다면 그것은 부모―자식 사이의 가족주의적인 도덕 질서에 불과하다. 물론, 효(孝)는 '부모에 대한 자식의 경애'를 의미하는 말로, 부자 관계를 규정하는 대표적인 가족 윤리이다.

『논어(論語)』나 『맹자(孟子)』 등 원시유학의 기본 경전에서도 '부모―자식' 관계를 중심으로 하는 효의 모습을 여러 차례 노정하고 있다. 예를 들면, "효는 자신이 병에 걸리지 않도록 함으로서 부모에게 걱정을 끼쳐드리지 않는 일", "지금의 효행은 부모를 부양하는 일", "젊은이는 집안에서는 효행을 다하고 집 밖에서는 어른을 따르라'라고 한 것이나, "'효·제·충·신(孝·悌·忠·信)'을 다하고 집안에서는 자신의 부모님을 섬기며 바깥에서는 윗사람을 섬긴다'라는 표현 등이 그런 부류에 해당한다.

그러나 『효경(孝經)』이 경전으로 성립하면서 문제는 달라진다. '효'는 가정 윤리나 가족 도덕의 차원을 넘어 교육과 정치의 요체가 되는 기본 바탕으로, 그 의미가 확장되었다. 혈연적 차원의 가족 윤리에 머물러 있던 '효'가 새로운 차원의 인간 질서로 인식되면서 사회·국가적 이데올로기로 전환한 것이다. 이러한 『효경』은 유학을 기본 토대로 했던 신라의 국학(國學)이나 고려 시대의 국자감(國子監)에서 필수과목으로 자리하여 우리의 전통을 형성하는 데 결정적 기여를 한다. 국학에서는 『효경』과 『논어』가 필수과목으로 존속했고, 국자감의 교육과정에서도 "경전을 읽되 반드시 『효경』과 『논어』를 동시에 통달하게 한다." "『효경』과 『논어』를 먼저 읽고 다음으로 여러 경전을 읽는다'라고 하여 『효경』을 핵심 교육과정으로 구성하였다.[2] 통일 신라의 국학에서 고려 시대의 국자감에 이르기까지 최고 교육기관에서 『효경』과 『논어』가 필수과목이었다는 것은 한국 교육의 역사에서 『효경』의 비중이 어느 정도였는지 가늠하게 한다. 이는 『효경』

---

2) 『增補文獻備考』「學校考」 참조.

과 '효' 정신이 정치와 교육의 기본 바탕을 이루는 데 결정적 역할을 했다
는 증거이다. 조선시대의 경우, 신라나 고려 때처럼 교육과정에서 『효경』
이 구체적인 과목으로 명시되어 있는 경우는 드물다. 하지만 조선은 유학
을 국가의 표준 이데올로기로 정립하면서 출발한 국가이기에, 유학의 알맹
이를 담고 있는 『효경』의 정신이 교육과정에서 기본적으로 전제되어 있는
것은 분명하다.

　『효경』의 내용은 매우 짧으면서도 유학의 핵심을 담고 있다. 조선 유학
의 기반을 제공한 주자(朱子)도 그 내용의 대부분을 『소학(小學)』과 『근사
록(近思錄)』, 사서오경(四書五經) 등 주요 경전의 기본 바탕으로 녹여내
어 주석하고 편집하였다. 그런 사유를 철저하게 계승한 율곡(栗谷)의 경우
『격몽요결(擊蒙要訣)』의 「사친(事親)」이나 「상제(喪制)」장에서 『효경』과
동일한 맥락의 사고를 구체적으로 담고 있다. 그러므로 우리가 유학의 사
유양식을 논의하는 한, 『효경』은, 삼국시대 이후 고려·조선시대를 거쳐 서
구식 근대사회가 발흥하기 이전까지, 우리 전통 사회를 지탱하는 의식의
근거이다.

　조선사회는 유학[朱子學]적 사고로 무장된 국가이다. 특히, 정조(正祖)는
엄청난 학식을 지닌 학자 군주로 유학적 사고에 철저했던 통치자였다. 그
렇다면, 유학에 정통하면서,[3] 그 이념을 토대로 정사(政事)를 베풀었던 최
고 통치자는 어떤 정치적 실천을 기획했을까? 그것은 명약관화하게 유학
적 상인군자(聖人君子)의 길이다. 그렇다면 군주인 정조가 단순히 아버지
의 묘소를 이장 하는 차원[부모-자식 간]의 가족주의적 윤리 의식 수준에
서 효를 인식했을까? 보다 거국적이고 통치자다운 '효' 사상과 그것의 실
천을 염두에 둔 것은 아닐까?

　우리는 정조의 '효'에 대해, 근원적으로 접근할 필요가 있다. 단순히 아

---

3) 正祖는 역대 제왕 중에서 거의 유일하게, 어떤 학자에 못지않은 방대한 문집을 남
　긴 유학자이다.

버지 묘소의 이장과 그에 따른 화성 신도시 건설의 차원을 넘어, 군주이자 학자로서 취할 수 있는 '효'의 본질을 중심으로 고민해야 한다. 따라서 당시에 정조가 취한 '정교(政敎)'의 정신을 읽어낼 때, 정조의 '효'는 새롭게 규명될 수 있다.

그런데 문제가 있다. 정조가 남긴『홍재전서(弘齋全書)』에서 '효(孝)'만을 집중적으로 다룬 글을 찾아보기 어렵다. 더구나 단순하게 부모─자식 간의 관계에 대해 구체적으로 분석하고 의미를 부여한 기록은 부재하다. 유학은 이미 오륜(五倫)의 학(學)이기에, 부자유친(父子有親)의 실천 덕목을 새삼 거론할 필요가 없었기 때문일 수도 있다.4) 그렇다면 어떻게 정조의 '효'에 관한 인식을 도출할 수 있는가? 그것은 '효'에 대한 단편적인 이미지, 즉 부모 자식 사이의 윤리 질서라는 가족주의적 질서를 불식할 때 가능하다.『효경』이 그 기준을 제공한다. 그렇다고 정조가『효경』을 직접 인용하지는 않는다. 정조는 유학의 전통적인 학문 방법론을 재차 강조하며 실천을 고민한다. 그 가운데 '효(孝)'의 원리와 내용, 방법이 자연스럽게 교육철학으로 드러난다. 그리고 그것은『효경』과 만나게 되고, 여유당 정약용(與猶堂 丁若鏞, 1762~1836)5)이 효(孝)에 대해 구체적 해석하면서 교육철학사상의 내용을 풍부하게 만들었다.

---

4) 아니면, 비명에 숨진 아버지 사도세자를 둘러싸고 정조에게 가해진 상황이 부자 관계의 상징인 '효'에 대한 언표를 차단했는지도 모른다. 죄인으로 죽은 아버지를 둔 군주로서 '효'에 대한 어떤 표출도 금기시 되었기에, 그에 관한 언급을 극도로 자제했을 수도 있다.

5) 丁若鏞은 茶山·俟菴·籜翁)·紫霞道人·鐵馬山人 등 여러 가지가 있고, 堂號는 與猶堂이다. 丁若鏞의 문집은 당호를 따서『與猶堂全書』로 되어 있고, 丁若鏞도 茶山보다는 俟菴이나 與猶堂으로 불리길 선호했다. 여기서는 學界에서 일반적으로 많이 사용하는 茶山으로 표기한다.

## 2. 효의 본질적 맥락

어떤 의미의 원상(原象)을 파악하기 위해서는 어원(語源)을 살펴볼 필요가 있다. 따라서 '효(孝)'의 원형을 이해하려면 '효(孝)'자를 분석하는 작업이 중요하다. 문자적으로 '효(孝)'는 다음과 같은 뜻을 지닌다.

> '효(孝)'는 부모를 잘 섬기는 일이다. '노(老)'의 생략형인 '노(耂)'를 따르고, '자(子)'를 따랐는데, 아이[젊은이]가 노인[어른]을 업고 있는 형상이다.6)

이런 영향 때문인지, '효(孝)'는 흔히 '부모에 대한 자식의 도리,' 또는 '연상자(年上者)에 대하여 연하자(年下者)가 잘 받드는 일' 정도로 이해되어 왔다. 그러나 『효경』에서는 사람이 처해 있는 위치에 따라 효의 범위를 다르게 설정하고 있다. 그것은 사회의 정황 변화와 국가적 차원의 교육의 양식이 체제를 갖추면서 '효' 의미에 변화가 생겼다는 뜻이다. 즉 가족 윤리나 도덕을 넘어 새로운 차원의 사회 질서 체계를 포함하게 되었다.

『효경(孝經)』은 13경(十三經)의 하나로, 효(孝)를 중심 문제로 다루고 있기 때문에 붙여진 이름이다. 『효경』은 모두 1,799자에 불과한 짧은 글이지만, 13경 가운데 처음부터 유일하게 '경(經)'이라 명명된 경전이다. 이는 『효경』이 유학을 주축으로 하는 동아시아 사상에서 핵심적 지위에 있음을 반증한다.

그렇다면 초기유학의 집대성자인 공자(孔子)는 어떤 양식으로 '효'의 문제를 표출하고 있는가? 공자의 사유를 잘 드러내고 있는 『논어』의 첫마디는 '학(學)'이다.7) 왜 '학(學)'이라는, 배움의 문제가 핵심 화두로 설정되었

---

6) 『說文解字』: 孝, 善事父母者. 從老省, 從子, 子承老也. 효의 문자적 의미와 용례에 대해서는 池澤 優, 『孝思想の宗敎學的研究』, 東京: 東京大出版會, 2002, 44~55쪽 참조.

을까? 그것은『논어』전편에 흐르는 사유의 방향과 내용을 보면 쉽게 알 수 있다. 공자는 죽을 때까지 '자기이해[修己]'와 '타인에 대한 배려[治人]'를 삶의 중심에 두고 배움으로 일관했다. 이른바 '충서(忠恕)'라는 도리의 실천이 그것이다. 충서(忠恕)는 삶의 실천 가운데 다양하게 표현되었다. 그 대표적인 문자적 상징이 '인(仁)'이고, 인의 본질을 구성하는 것은 효제(孝悌: 孝弟)이다. 효제(孝悌)의 실천은 '삶의 예술'로서 공자의 학문 세계를 일생동안 지배했다.

효제(孝悌)는 인(仁)을 실천하는 근본이다.[8] 효제(孝悌)는 다시 '효(孝)'로 대표되며, 인(仁)과 동일한 맥락에서 이해된다.『효경』의 내용은 기본적으로 이런 사유와 실천을 벗어나지 않는다.『효경』의 전문을 통해 볼 때, '효'의 총체적 모습은, 우리가 흔히 이해하고 있는 부모−자식 관계에 한정되는 가족 윤리의 차원을 넘어서 있다. 먼저『효경』의 앞 대목을 보자.

사람은 몸뚱이와 팔 다리, 털과 피부, 이 모든 것을 부모로부터 받았다. 그러므로 자신의 몸을 소중히 여겨서 함부로 다치거나 상하지 않게 해야 한다. 이것이 '효'의 첫걸음이다. 사회[공동체]에 나아가 올바른 길을 따라 일을 실천하고 후세에 이름을 드날려 부모까지도 빛나게 하는 것이 '효'의 완성이다. '효'의 첫 번째 차원은 가정에서 부모를 잘 모시고, 다음 차원은 사회에 나가서 조직의 지도자[leader]를 합리적으로 존경하며, 가장 높은 차원은 사회에 나아가 올바른 길을 따라 열심히 일하는 것이다.[9]

여기에서 '효(孝)'는 차원에 따라 인간 실현의 근본으로 이해된다. 또한

---

7) 『論語』「學而」: 學而時習; 여기에서 學의 대상은 이른바, 禮·樂·射·御·書·數의 六藝이다. 육예는 인생의 양식을 통관해 있는 삶의 기술이자 예술이며, 이는 평생을 걸쳐 지속되는 배움의 과정에서 획득된다.
8) 『論語』「學而」: 孝悌也者, 其爲仁之本與.
9) 『孝經』「開宗明義章」第一: 身體髮膚, 受之父母, 不敢毁傷, 孝之始也. 立身行道, 揚名於後世, 以顯父母, 孝之終也. 夫孝始於事親, 中於事君, 終於立身.

정치와 교화의 근원으로 인식되기도 한다. 그것은 부자, 군신 관계 등 개인적·사회적 행위의 근원적 원리이자, 윤리 체계의 초점이라고 볼 수 있다.[10] 다시 말하면, 효는 가정에서 부모를 모시고 봉양하는 일에서 시작하여, 사회에 봉사하고 이바지 하는 과정을 거쳐, 종국적으로는 효도와 충성을 온전하게 실천하고 입신출세하여 완전한 사람으로서 의의 있는 생활을 보내는 인물이 되는 작업이다.[11]

때문에 『효경』은 '효'의 본질을 제시하면서도, '효'를 핵심으로 인간을 경영해야 하는 당위성을 강조한다. 그리고 인간에게 주어진 본분이자 의무로서 다양한 계층의 효를 자세하게 설명하고, 그 방법론을 구체적으로 제시한다. 예컨대 최고지도자[天子]의 '효'는 '덕행과 교화를 베풀어 온 세상에 모범을 보이는' 작업이다. 고위관리자[諸侯]의 경우, '욕망을 절제하고 법도를 성실히 지켜 나라를 보전하고 백성을 잘살게 하는 일'이며, 중간관리자[卿大夫]는 '도덕성을 갖추고 자기에게 주어진 녹봉과 조상을 모실 수 있는 능력'을 그에 적합한 효로 인식하였고, 하급관리자[士]의 효는 충성과 순종을 기본으로 자신의 지위와 녹봉의 보존, 집안의 제사를 지속적으로 모실 수 있는 것을 기초로 제시하였다. 일반 국민[庶人]의 경우, '의식주의 생산력을 높이고, 재물을 절약하며 부모를 잘 봉양하는 일'을 효의 본분으로 삼았다.

천자(天子)에서 서인(庶人)에 이르기까지 인간의 계층을 다섯으로 분류하고, 이른바 '명분(名分)'에 따라 의리(義理)를 실천하는 일이다. 이것은 궁극적으로 모든 인간이 자기가 처한 상황에 따라 '인간됨'을 지향하는 교육과 정치로 귀결된다. 그러기에 『효경』에서 "효는 도덕을 실천하는 근본이고 교육[敎化]이 발생하는 근원이다."[12] 그 실천의 다른 이름이 '효치(孝治)'이다. 다시 말하면, 효치(孝治)는 효(孝)를 기저(基底)로 하는 도덕의 실

10) 금장태, 『韓國儒敎의 再照明』, 서울: 전망사, 1982, 28쪽.
11) 김익수, 『韓國의 孝思想』, 서울: 서문당, 1977, 80쪽.
12) 『孝經』「開宗明義章」第1: 夫孝, 德之本也, 敎之所由生也.

천이자 교화의 근거이다. 최고지도자인 천자의 교육철학사상이다.

　　효는 천지자연의 불변적 원리이고, 합리적인 인간의 일이며, 모든 사
람들이 실천해야 할 길이다. 불변적 원리이자 합리적인 인간의 일이므
로 모든 사람이 기꺼이 기준과 법도로 삼아야 한다. 자연의 질서를 잘
따르고 육지와 바다의 특성을 잘 살려 생산력을 높여 세상을 잘 살게
한다. 그러므로 교화가 엄숙하지 않아도 이루어지고, 정치가 엄격하지
않아도 다스려진다. 옛날 훌륭한 임금은 효를 핵심 내용으로 삼아 교화
를 할 때만이 모든 백성이 감화한다는 것을 알았다. 따라서 솔선하여
백성을 두루두루 사랑하자, 백성도 자기 부모를 버리는 자가 없었다. 도
덕적인 행동과 옳은 일을 베풀자, 백성이 고무되어 착한 행동을 하였다.
앞장서서 공경과 겸양을 실천하자, 백성이 다투지 않았다. 예와 악으로
백성을 인도하자, 백성이 화목하게 되었다. 좋아하고 미워하는 태도를
분명히 밝히자, 백성이 하지 말아야 할 것을 알게 되었다.13)

　　효에 대한 이러한 인식은 자연스럽게 '효치(孝治)'를 잉태하고, 인간의
삶을 지속시키는 정치와 교육으로 자리하게 된다. '효치(孝治)'는 임금이
효(孝)를 핵심으로 나라를 다스리는 행위이다. 이는 국가(國家)를 일가(一
家)로 간주하고 임금과 백성 사이의 관계를 부모와 자식 사이의 관계와 동
일시한다. 다시 말하면, 가족이나 가문에서 이루어지는 '부자·친친(父子·
親親)'의 사적 관계 구조인 효(孝)를 국가·사회에서 이루어지는 군(君)－민
(民)[君－臣]이라는 공적 관계의 영역으로 끌어 올린 차원이다.

　　정조(正祖)가 실천했던 정교(政教)의 차원도 이런 맥락에서 이해할 필요
가 있다. 왜냐하면 정조는 유학으로 무장한 학자 군주이므로, 단순한 개인

---

13)『孝經』「三才章」第7: 夫孝, 天之經也, 地之義也, 民之行也. 天地之經, 而民是
　　則之. 則天之明, 因地之利, 以順天下. 是以其教不肅而成, 其政不嚴而治. 先王
　　見教之可以化民也. 是故先之以博愛, 而民莫遺其親. 陳之於德義, 而民興行. 先
　　之以敬讓, 而民不爭. 導之以禮樂, 而民和睦. 示之以好惡, 而民知禁.

의 차원-가족주의적 도덕 윤리-에서 효(孝)를 논의하지 않기 때문이다. 결국 정조의 의도는 『효경』에서 제시하는 정치와 교육의 원리에 충실한 작업이다. 그것은 당시의 시대 상황에 기초한 교육철학사상이다.

## 3. 효사상의 인식과 실천

### 1) 교육태도

조선 후기에 들어서면서 『대학(大學)』·『중용(中庸)』과 더불어 『효경(孝經)』의 가치를 재조명하는 사조가 등장했다. 앞에서 언급한 17세기 백호 윤휴(白湖 尹鑴, 1617~1680)의 경우, 『효경』을 "요·순(堯·舜)의 도(道)는 효제(孝弟)이다"로 요약되는 육경(六經)의 이념과 정신이 담겨 있으며, 또한 천하국가를 경영하는 데 필수적인 경전으로 인식하였다. 그것은 효치(孝治)를 강조하는 새로운 정치관과 교육철학의 등장을 의미한다. 그러기에 당시의 정치적 분위기 가운데 『효경』의 중심이념인 효치(孝治)를 정치사회의 운영 이론으로 체계화할 것을 주장하는 부류가 나타나기도 하였다.[14]

뿐만 아니라 영조(英祖, 1694~1776)는 후계자였던 정조의 아버지 사도세자에게 당부한 훈계문에서 효제(孝弟)를 매우 강조한다.

> 요순(堯舜)의 도(道)는 효제(孝弟)일 뿐이다. 우리 조정(朝廷)의 가법(家法) 또한 이것이다. 효(孝)는 모든 행위의 근본이다. 부모에게 효도하고 형제간에 우애하면 이로써 나라를 다스릴 수 있고 백성을 교화할 수 있다. 내가 지금 효제(孝弟)를 여섯 가지 경계문의 으뜸에 놓았으니 그 뜻을 깊이 새겨라.[15]

---

14) 정호훈, 『조선후기 정치사상 연구』, 서울: 혜안, 2004 참조.
15) 英祖撰, 『春宮六箴及戒諭集』 "春宮六箴": 堯舜之道, 孝弟而已. 我朝家法, 其亦

이런 영향 때문인지, 영조 때부터 정치는 군주가 모든 사대부와 함께 하고, 나아가 백성과 더불어 하는, 원칙적이고 전통적인 권위를 바탕으로 군주권이 우위에 서는 방향으로 나아갔다. 이른바 '왕권강화(王權强化)'의 차원이다. 이 과정에서 붕당(朋黨)보다는 인물과 백성을 우위에 두는 탕평정치(蕩平政治)의 방식이 나타났다. 특히, 정조의 경우, 매사에 신중하여 어떤 일이든 사태를 꼼꼼히 분석하였고, 계획을 세워 행동에 옮겼다. 모든 일에 조용하게 대처하였고, 반드시 학문적 뒷받침을 받아 일의 전후과정을 전면적으로 검토하였다. 이런 정사(政事)의 방식을 거쳐 결정된 사업은 지속적으로 추진되어 교육철학사상으로 드러났다.

정조는 제도개혁에 앞서 운영방식이나 관행을 먼저 개혁하여 일을 진척시켰다. 점진적인 변화를 통해 제도개혁에 이르도록 사업을 추진하였고, 성품이 활달하여 적과 동지를 가리지 않고 누구에게나 성심성의껏 대하였다. 이러한 성격 덕분에 정적(政敵)의 위치에 있을지라도 당파의 최고지도자들을 함께 기용하여 조화시키는 청류당 중심의 탕평을 추진할 수 있었다.

이와 같은 정치적 성향과 더불어 더욱 중시해야 할 부분이 있다. 정조가 벌인 정치적 사안들이 뛰어난 권모술수나 과단성을 과시하기 위한 사업이 아니라는 점이다. 정교(政敎)의 상당 부분이 비명에 죽은 아버지 사도세자에 대한 지극한 효성과 연관되어 있다. 나아가 그 효성은 다른 차원으로 승화된다. 정조는 사도세자의 능행길에서 많은 백성을 만났다. 그것은 자연스럽게 백성에게 자애로운 아버지[君主]라는 인상을 심어 주었다. 다시 말하면 정조는 백성과 거리를 좁히는 데 전력을 다하였고, 사망 직전까지도 백성의 일반 민원사항을 직접 보고 판결할 정도였다.[16] 이런 정교(政敎)는 백성의 부모로서 군주의 위상을 확보하는 '효치(孝治)'의 실천이다. 최고지도자로서 백성을 향해 교육철학사상의 구현한 상황이다.

---

惟此. 孝者百行之本, 孝於親, 友於同氣, 則以此而可以於國, 以此而可以化民. 予今冠於六箴之首者, 其義深也.

16) 박광용, 『영조와 정조의 나라』, 서울: 푸른역사, 1998 참조.

 동시에 정조는 왕위에 오른 후, 신하들과의 토론과 대화를 통해 다양한
문제 해결을 고민하였다. 특히, 해이해지려는 사회 기강을 바로잡기 위해
끊임없이 신하들을 일깨우고 자신의 각성을 위해 학문 연마를 게을리 하
지 않았다. 학자이자 최고통치자로서 정조가 이상으로 삼은 인간형은 군자
(君子)였다. 자신이 군자가 되기 위해 끊임없이 노력했고, 자신을 보좌하는
신하들을 어떻게 교육하여 군자로 만들 것인가에 목표를 두었다.[17] 정조
는 군주로서 해야 할 자신의 책무(責務)를 다음과 같이 인식한다.

> 군주는 하늘을 공경하고 백성을 구휼하는 일에 핵심적 가치를 두어
> 야 한다. 그 다음은 어진 사람을 존숭하는 일이다.[18]

 이는 정조가 군주로서 자신의 책무성(責務性)과 본분(本分)을 강조한 대
목이다. 군주(君主)－신하(臣下: 百姓) 관계에서 백성을 위해 헌신하고 어
진 사람을 존숭·등용하여 함께 일하는 것은 군주로서의 기본 직무이다. 정
조가 직접적으로 언급하지 않았다고 하더라도 이런 태도는 인간의 본분을
강조하는 『효경』의 사고와 맞물린다.

## 2) 언어와 행위

 정조는 학자 군주로서 자신의 수양에 매우 엄격하였다. 수신(修身)의 기
초로 주자(朱子)의 "경재잠(敬齋箴)"을 중시하고, 자기 공부의 이념적 지표
로 '인의예지(仁義禮智)'나 '성·경(誠·敬)'을 핵심으로 내세우는 교육철학
이 문집 곳곳에서 확인된다. 이는 '위기지학(爲己之學)'으로서 유학의 본래
정신인, 이른바 '수기치인(修己治人), 성기성물(成己成物), 내성외왕(內聖外
王)'을 이루려는 노력이다. 특히, 군주를 섬기는 도리인 '사군(事君)'과 부

---

17) 정옥자, 『정조의 수상록 일득록 연구』, 서울: 일지사, 2000, 46～47쪽 참조.
18) 『弘齋全書』 卷178: 人主之職, 在於敬天恤民, 其次尊賢也.

모를 모시는 도리인 '사친(事親)'에서 '성(誠)'과 '경(敬)'을 수양의 핵심으로 제시한다. 그런 교육철학을 통해 정조가 어떻게 정치와 교육에 임하는지 가늠할 수 있다. 뿐만 아니라 군주로서 '타자[百姓; 臣下]에 대한 이해이자 배려'인 '서(恕)'를 자기 삶의 핵심으로 강조하면서, 유학의 근본인 공자의 '충서(忠恕)'를 본질적으로 이행하고 있다. 이 '사군(事君)'과 '사친(事親)', 그리고 '충서(忠恕)'의 내용이 바로 『효경(孝經)』이 지시하는 '효(孝)'의 표준이다.

그렇다면, 정조는 왜 자신이 군주이면서도 군주 섬기는 도리인 '사군(事君)'을 강조했을까? 이는 당시 사대부(士大夫: 臣下)들의 행위와 관련된다. 사대부들의 풍속과 사회 기강은 이미 무너질 만큼 무너졌다. 게다가 천주교(天主敎: 西學)와 서구의 과학(科學)을 필두로 하는 외래풍조가 만연하면서, 정조 스스로 위기의식을 느끼게 되었다.[19] 유학자 군주인 정조가 선택해야 하는 최선의 길은 유학적 질서의 회복이었다. 이 과정에서 정조는 가까운 신하들의 정치적 자문과 자신의 정치적 결단이 필요했다. 그런데 주변 사대부들의 풍습은 개탄하기 이를 데 없었다. 정조는 다음과 같은 진단을 내린다.

> 요즘 사대부들은 평소에 의리(義理) 공부를 게을리 한다. 그러니 어찌 식견(識見)이 높고 지성인다운 사람이 나올 수 있겠는가? 관직에서 일을 처리할 때, 갑자기 의외의 일이 발생하면 한편으로는 놀라서 눈이 휘둥그레지기도 하고, 한편으로는 남들 하는 대로 대충 따라 하기만 한다. 그렇게 살아온 그들의 반평생을 곰곰이 살펴보면, 모두 부산스럽고 혼란한 곳으로 떨어져 그런 폐단에 빠지게 되고, 결국 조그마한 일 하나도 제대로 처리하지 못하게 된다. 사대부의 기풍이 무너지고 나약한 것이 요즘처럼 심한 때가 없었다. 사람들은 인재난이 지금처럼 심한 적이 없다고 한다. 그러나 나는 그렇지 않다고 생각한다. 지금 사대부들의

---

19) 정옥자, 앞의 책 참조.

풍기는 실로 한심한 지경이다. 경전의 뜻을 풀이할 때는 구두를 분간하지 못하고, 문장을 할 때는 대강 어물쩍거리며, 언행은 조금도 삼가 하지 아니한다. 몸가짐이 방자하여 예의에 어긋나도 고칠 줄 모르고, 입을 열면 말이 천박하며, 안락하게 지내는 것이 부끄러운 일인지도 알지 못하여, 마침내 고칠 수다 없는 풍속을 자아내었다. 이는 실제로 지도하여 이끌어 주지 못한 데 그 이유가 있으니, 나는 매우 부끄럽다. 그러나 정말 이를 고칠 수 없을까? 먼저 너희 측근들이 서로서로 힘쓰고 격려하여 이러한 풍습을 온전하게 혁파한다면, 멀리 있는 신하들도 그것을 보고 느껴 반드시 몇 년 안에 효과가 있을 것이다.[20]

풍기 문란의 수준으로 떨어진 사대부, 그들의 본분(本分)에 관한 사군(事君)의 문제는 궁극적으로 사대부의 수신(修身)으로 귀결된다. 그런데 수신(修身)은 사군(事君)과 서로 다른 일이 아니다. 유학의 기본이 수기치인(修己治人)인데, 수신(修身)도 하지 못한 사람이 어찌 사군(事君)을 할 수 있겠는가? 수신(修身)은 이른바 『대학(大學)』의 명덕(明德)을 밝히는 일[21] 이외

---

20) 『弘齋全書』卷174~178: 近世士大夫, 平居乏研義講理之工, 何由有高見達識之人乎? 出而試諸注措, 事或生於所慮之外, 卒然邂逅, 遂不免一邊瞠然, 一邊靡然. 夷考其半生, 都歸於搖攘, 沒著落此弊, 滔滔有非一葦可抗. 士夫風氣之衰懦, 未有如近日之甚. 人皆言才難, 未有如今之甚焉云. 而予則以爲不然. 卽今士大夫風氣, 實多寒心, 經義則不辨句讀, 文章則耽看小品, 制行出言, 初不近似於謹飭. 持身倣倒, 了不知改, 開口鄙悖, 恬不知恥, 遂成莫可矯之俗. 是固由於導率之失其方, 予甚愧之. 雖然, 其終不可矯乎? 先自爾等近臣, 交相勉勵, 痛祛此習, 則遠臣觀感, 其必有歲計之效矣.

21) 이 지점에서 正祖와 茶山 丁若鏞의 관계를 생각해볼 필요가 있다. 정조와 다산은 다양한 차원에서 논의할 수 있겠지만, 특히 주목해야할 부분은 『大學』의 이해와 연관된다. 정조 15년, 1791년 內閣의 月課에서 정조는 『大學』을 시험 과목으로 정한다. 이때 다산은 그 시험에서 『大學』의 궁극적 목표와 실용성을 제시한다. 그 것이 바로 다음에 논의할 '孝·弟·慈' 세 가지이다. 다산이 이렇게 주장한 이유는 『大學』의 明明德을 平天下의 기본적이고 구체적인 人倫으로 파악했기 때문이다. 정조는 다산의 답변에 대만족을 느꼈고 다산을 壯元으로 발탁하도록 명하였다. 그러나 당시 시험관이었던 蔡濟恭은 다산의 해석이 朱子의 章句와 어긋난다고 하여 2등으로 강등시켜 버렸다. 『大學公議』: 乾隆辛亥, 內閣月課, 親策問大

에 그 무엇도 아니다. 명덕(明德)을 밝히는 구체적 행위는 말소리를 근엄하
게 하고, 용의를 단정히 하며, 윗사람을 공경하고, 자신의 행동을 공손히 하
는 데서 이루어진다. 그러므로 수신(修身)이란 머무를 곳을 찾는 일이다.22)
　여기에서 머무를 곳을 찾는 일은 바로 사대부로서 자기의 본분(本分)에
대한 깨달음이다. 그것은 군주를 속이지 않는 일이 첫 번째 임무이다. 이른
바 '숨김이 없는', 성(誠)을 핵심으로 한다. 정조는 이렇게 강조하였다.

　　신하가 군주를 섬길 때는 '숨김이 없는 일'을 첫 번째 의리(義理)로
　　삼아야 한다. 숨김이 없는 일은 성(誠)이다. 세상의 모든 일은 성(誠)이
　　아니면 사물이 없다.23)

　정조는 이처럼 숨김이 없는, '진실함[誠]'으로 사대부의 수신(修身) 교육
을 시도했다. 그런데 신하를 등용하는 문제에서 중요한 한마디를 던진다.
"충실한 신하는 반드시 효성 있는 자제 가운데 구해야 한다."24) 이것은 효
(孝)의 가치에 대한 역설(力說)이다. 충신(忠臣)과 효자(孝子)가 동일선상에
서 이해되는, 개인적 효(孝)와 국가 사회적 충(忠)의 일치를 드러낸다. 위에
서 언급하였던 효치(孝治)와 맥락을 같이 한다. 다산도 이러한 사고를 드러
낸다. 가(家)와 국(國)의 관계에서, 국가를 관장하는 군주의 역할과 책임을
가(家)의 가부장권을 연장한 것으로 파악한다. 다음은 다산의 생각이다.

---

　學. 臣對曰, 臣妄竊以爲大學之極致, 大學之實用, 不外乎孝弟慈三字. …… 命
　擢置第一, 時蔡樊翁爲讀卷官, 謂所言明德之義, 違於章句, 降爲第二.
22)『弘齋全書』卷177: 修身卽明明德之事. 雖難人人, 而責其明明德之事, 謹其辭
　氣, 飭其容儀, 事長以敬, 處己以恭, 則便是修身. 推以事君, 當爲藎臣, 所謂修
　身, 卽求得其所止者也.
23)『弘齋全書』卷175: 人臣事君, 當以無隱爲第一義. 無隱者誠也. 天下萬事, 不誠
　無物.
24)『弘齋全書』卷176: 求忠必於孝, 予之用人, 必先問其內行之如何者, 此也.

충효는 본래 다른 의도나 목표를 지니고 있는 것이 아니다. 효를 잘 실천하여 충으로 삼고, 충은 효에서 구해야 한다. 어찌 나누어서 말할 수 있겠는가?[25]

이는 정조가 효자(孝子) 가운데서 충신(忠臣)을 구해야 한다는 언급과 일치한다. 즉 개인[家]과 공동체[國]의 관계에서 공동체적 개인을 지향하는 개인과 공동체의 일체성을 추구한다. 나아가 정조는 부모를 섬기는 사친(事親)의 도리를 언급하면서, 효(孝)에 대한 그의 사고를 구체적으로 제시한다. 중요한 대목은 '효(孝)'를 '경(敬)'과 밀착시켜 설명한다는 점이다.

어버이를 섬기는 도리는 한 결 같이 경을 따라야 한다. 규범과 법도를 준수하고 엄격하게 지켜서 받들고 섬기는 예절을 소홀히 해서는 안 된다. 자칫 잘못하면 지나치게 준수하여 화합에 방해가 되고, 지나치게 엄격하여 인정이 메마르게 되어, 지나치고 구속하고 은애(恩愛)가 부족할 수도 있다. 그것은 오히려 화기애애한 분위기와 도리를 부족하게 만든다. 어버이 봉양(奉養)과 경(敬)의 문제를 올바르게 해결할 때, 어버이를 잘 섬긴다고 할 수 있다.[26]

경(敬)은 『논어』에서 공자가 자기 공부의 핵심으로 제시한 수양법(修養法)이다. 주자(朱子) 이후 조선조 유학자들도 한결같이 중시하던 공부의 핵심이다. 다시 말하면, 유학에서 학문의 기초로 자리매김되는 수양의 상징이다. 경(敬)이 표출되는 『논어』의 정황(情況)은 다음과 같다.

자로: 어떻게 하면 군자가 될 수 있습니까?

---

25) 『大學公議』: 忠孝本無二致, 以孝爲忠, 求忠於孝, 其可分而言之乎?
26) 『弘齋全書』卷175: 事親之道, 一從於敬, 則其將謹其規度, 嚴於持守, 不敢小忽於承事之節. 然則謹傷於和, 嚴傷於情, 不免拘檢太過, 恩愛不足, 反有欠於和氣愉色之道矣. 養與敬之間, 能得其宜者, 始可謂善事親也.

공자: 몸을 닦아서 경(敬)으로 자신을 다스려야 한다.

자로: 이렇게만 하면 됩니까?

공자: 몸을 닦아서 다른 사람도 편안하게 해야 한다.

자로: 정말 이렇게만 하면 됩니까?

공자: 몸을 닦아서 모든 백성을 편안하게 해야 한다. 이것은 천하의 태평성대를 이루었던 요임금과 순임금도 힘들어했던 것이다."27)

공자는 자기 공부[修己]를 중심으로, 자기 다스림인 경(敬), 타자에 대한 배려인 안인(安人), 모든 인간에 대한 관심과 이해인 안백성(安百姓)으로 인간의 실천을 확장했다. 다시 말하면, 나의 몸을 닦고 스스로 깨달으면서 다스려 나가는 일[敬]과 남까지 편안하게 해주는 대인관계[安人], 그리고 전체 사회, 공동체적 관계[安百姓]에 이르기까지 그 망을 넓혀 놓았다. 이는 공자 이래 유학의 수기(修己) 교육이 개인적 차원을 포함하여 사회적으로 확산된 공동 생존의 원리임을 암시한다. 인간에게서 수기(修己)가 전제되지 않고는 어떠한 행동의 원리나 이론적 근거도 제시할 수 없다. 이런 수기의 1차적 조건이 자기 다스림인 경(敬)이다.

경(敬)은 원래 주나라 초기 철학사상의 중심 개념이었다. 경(敬)은 직접적으로는 어떤 사태에 대한 걱정과 근심, 즉 '우환의식(憂患意識)'의 경각성과 연관된다. 걱정과 근심이 있을 때, 자기 단속을 하고 정신을 집중하는 등, 사물에 대한 근신과 성실한 마음 상태로부터 온다. 그래서 '경'의 관념은 주동적이고 반성적인 성격을 지닌다. 따라서 '경'은 안으로부터 밖으로 발출되어 나가는 심리 상태이다. 이는 경(敬)자의 모양과 의미의 전이 과정에서 찾을 수 있다. '경(敬)'자는 첫 단계가 '동물적인 놀라움'을 나타내는 '경(驚)'에서 출발하여 '인간 자신이 지니고 있는 지식이나 경험 등에 의거하여 어떤 일이나 문제에 부딪치기 전에 미리 스스로 경계하거나 응변의

---

27) 『論語』「憲問」: 子路問君子, 子曰, 修己以敬. 曰, 如斯而已乎, 曰, 修己以安人. 曰, 如斯而已乎, 曰, 修己以安百姓, 堯舜其猶病諸.

태세를 갖추고 있는 것'으로서의 '경(警)'으로 발전했다. 그리고 종국에는 '자기 속에서 스스로 의지할 수 있는 진짜배기의 발견인 깨달음'을 나타내는 경(敬)으로 진보했다. '경(驚) → 경(警) → 경(敬)'의 전환과정에서 '경(敬)'은 바로 개인적 깨달음을 통한 인간성의 발현, 그 가운데서도 '마음'을 펼쳐내는 공부이다.[28]

정자(程子)는 '경(敬)'을 "오로지 하나를 주체적으로 실현하고 다른 곳으로 나아감이 없다"는 의미의 '주일무적(主一無適)'으로 이해했다. 이는 '마음을 오로지 한결같이 하여 다른 생각이 섞이지 않게 하고 다른 데로 달아나서 무언가를 일으키지 않는다'는 말이다. 경(敬)은 또한 "가지런히 하고 엄숙한 모습"인 '정제엄숙(整齊嚴肅)'으로 표현된다. 마음을 하나로 모으고 자세를 가다듬은 사람의 외모는 흐트러짐이 없다. 그리고 '경'은 "항상 마음을 깨어 있게 하는 법"인 '상성성법(常惺惺法)'에서 더욱 뚜렷하게 설명된다. 밤하늘에 빛나는 별은 반짝반짝거리며 자신의 마음을 호소하는 듯하다. 이처럼 또렷또렷하게 마음을 깨우고 있는 작업, 그것이 경(敬)공부이다. 다시 말하면, 경공부는 깨달음과 성찰을 통해 자기를 다스려 가는 방법이다. 이 경이 바로 유학교육의 시작이자 마침이며, 인간의 마음을 주재하며 온갖 행위의 근본이 된다.[29]

이러한 경(敬)은 다음과 같은 특성을 지닌다. 첫째, 자기 자신이 스스로 느끼는 일종의 두려운 감정이다. 둘째, 마음이 하나로 수렴되는 상태이다. 셋째, 한 마음으로 일을 수행하는 일이다. 넷째, 일을 수행하면서 하나하나 세밀하게 점검하는 작업이다. 다섯째, 마음을 흐리지 않고 항상 또렷하게 맑게 하는 방법이다. 여섯째, 행위나 용모가 항상 단정하고 엄숙한 모습이다.[30]

정조는 이런 유학교육의 공부 전통을 엄밀하게 계승하고 있다. 그러기

---

28) 신창호,『修己, 유가 교육철학의 핵심』, 서울: 원미사, 2004, 31쪽; 金忠烈,『중국 철학사 1-중국철학의 원류』, 서울: 예문서원, 1994, 149~152쪽 참조.
29)『大學或問』: 敬者, 一心之主宰而萬事之本根也.
30) 錢　穆,『朱子新學案』, 臺北: 三民書局, 1971, 302~330쪽.

에 경(敬)에 관한 자신의 견해를 자신 있게 밝힌다.

> 경(敬)은 위로도 통하고 아래로도 통하는 도리이다. 그러기에 유학교
> 육에서 가장 중시해야 할 일이다. 처음 배우는 사람이 덕에 들어가는
> 것도 이것을 버리고는 얻을 수 없다. 그러므로 '경'의 뜻이 아주 크다.
> 주자가 "경재잠"을 지을 때, '의관을 바르게 하고 시선을 높게 한다'라
> 고 말과도 같다. 안을 다스리려는 사람은 먼저 밖을 조절해야 한다. 세
> 상에 다리를 뻗고 앉아 방종한 녀석 가운데 마음이 장중하고 공경스런
> 사람은 없다. 마찬가지로 외모가 정제되고 엄숙한 사람 가운데 그 마음
> 이 태만하고 방종한 자도 없다.31)

정조는 경(敬)의 수양을 통해 교육에 임하는 자세를 재차 강조하였다.
또한 내외(內外)의 다스림이라는 인간의 행위를 통해 사람됨의 자세를 깨
우쳤다. 이런 삶에 대한 태도를 지니는 것이 '사친(事親)의 도리', 즉 효(孝)
로 인도하는 지름길이다.

사군(事君)에서의 성(誠)과 사친(事親)에서 경(敬)은 개인의 수양을 강조
한다. 이는 유학교육의 관점에서 볼 때, 자기 충실에 해당하는 충(忠)으로
분류할 수 있다. 수기치인(修己治人) 가운데 수기(修己)로 이해할 수 있고,
공자의 충서지도(忠恕之道) 중에서 충(忠)에 귀속시킬 수 있다. 이때 수기
(修己)나 충(忠: 誠·敬)은 유학교육의 핵심이자 근본이기는 하지만, 궁극적
지향처인 치인(治人)으로 연결될 때 교육철학적 의미가 살아난다. 치인(治人)
은 타인에 대한 이해와 배려, 관심의 차원에서 논의되는 정치의 문제이다.

정조는 군주(君主)로서 치인(治人)의 실천가답게, 자신의 평생교육이 '서
(恕)'자 하나에 있다고 고백하였다.

---

31) 『弘齋全書』 卷177: 敬字徹上徹下底道理, 乃學問之極功, 而初學入德, 亦舍此不
得, 敬之義大矣. 而朱子作敬齋箴, 則不過曰, 正其衣冠, 尊其瞻視. 夫欲治其內
者, 先制其外, 世未有箕踞放肆, 而其中莊敬者, 亦未有整齊嚴肅, 而其中怠傲者.

나는 사람을 대우할 때, 성실하게 최선을 다한다. 그래야 다른 사람 또한 나를 대우할 때, 성실하게 대할 것이다. 내가 성실하게 대하지 않았는데, 남에게 성실하라고 주문하는 것은 서(恕)에 대한 의미도 제대로 파악하지 못하고 그에 관한 공부도 제대로 하지 않은 결과이다. 내가 평생 동안 공부한 것을 돌아본다면, '서(恕)' 이 한 글자에 있다.[32]

서(恕)는 나 이외의 모든 사물에 대한 배려(配慮: caring)이다. 그것은 '기소불욕 물시어인(己所不欲, 勿施於人)'의 인(仁)이나 '혈구지도(絜矩之道)'로도 풀이된다. 인간이 구사하는 언어와 행위의 '관계'와 '헤아림'의 실천 가운데 이루어진다. 유학에서 모든 교육의 과정은 '자기 충실과 타자에 대한 배려'를 일상 속에서 추구하는 일이다. 주자는 서(恕)에 대해 다음과 같이 주석했다.

자기의 마음을 다하는 것을 충(忠)이라 한다. 자기 마음을 미루어 남에게 미치는 것을 서(恕)라 한다. …… 자기 몸에 베풀어 보아 원하지 않는 것을 나 또한 남에게 베풀지 않음은 충서(忠恕)의 일이다. 자기의 마음으로써 남의 마음을 헤아려 봄에 일찍이 똑같지 않음이 없으니, 도(道)가 사람에게서 멀지 않음을 알 수 있다. 자신으로써 남에게 미침은 인(仁)이고, 자기 마음을 미루어서 남에게 미침은 서(恕)이다. 충서(忠恕)는 하나로 꿰뚫어져 있으니, 충(忠)이란 천도(天道)이고, 서(恕)란 인도(人道)이다. 충(忠)이란 거짓이 없음이고, 서(恕)란 충(忠)을 실천하는 근거이다. 충(忠)은 본체이고, 서(恕)는 작용이니, 큰 근본이고 보편적 도리이다.[33]

---

32) 『弘齋全書』卷177: 吾於待人, 若能推誠置腹, 人亦待予以誠. 不盡在吾之誠, 而責人之誠於我者, 全欠恕字工夫. 顧予平生需用, 在此一字.

33) 『中庸章句』13章: 盡己之謂忠, 推己及人爲恕. …… 施諸己而不願, 亦勿施於人, 忠恕之事也. 以己之心, 度人之心, 未嘗不同, 則道之不遠於人者, 可見. 『論語集註』「里仁」: 程子曰, 以己及物, 仁也. 推己及物, 恕也. 忠恕一以貫之, 忠者, 天道, 恕者, 人道, 忠者, 無妄, 恕者, 所以行乎忠也. 忠者, 體, 恕者, 用, 大本達道也.

인간의 보편적인 감정으로 미루어 볼 때, 내가 싫어하는 것은 타인도 싫어하며 내가 좋아하는 것은 타인도 싫어할 가능성이 높다. 그런데 내가 원하지 않는 일을 타인인들 원하겠는가? 배려(配慮)는 자기 충실과 타인에의 성실 가운데 싹트는 사랑의 윤리이다. 인간의 자기 충실성은 바로 수기(修己)에 기초하며, 타인에의 배려는 치인(治人)으로 연결된다. 자기 충실[忠]은 인간의 필연적 의무이며 타인에의 배려[恕]는 당위적 임무이다. 중요한 것은 인간의 노력이 더욱 요구되는 타인에의 배려이다.

사회적 질서 가운데, '배려'는 구체적으로 부모와 자식, 형과 아우, 친구 사이, 사회 성원으로서 다양한 관계를 유지할 때 요구된다. 다산 정약용 또한 타인의 배려에 관한 서(恕)의 개념을 매우 중시한다. 가족 간에는 물론 국가 내에서의 인간관계도 서(恕)를 기본으로 해야 한다는 입장이다. 그것은 인(仁)으로 포괄되는 가족 간의 '효·제·자(孝·弟·慈)'에서 이루어지는 서(恕)를 국가적 차원, 즉 군주가 행해야 하는 서(恕)로 표출되었다. 다산은 군주(君主)의 서(恕)에 대해 적극적으로 해석한다.

정조는 유학교육의 과정에서, 수기(修己)라는 자기 충실을 근원으로 하여, 치인(治人)이라는 타자에 대한 배려로 군주로서의 교육철학을 확립하려고 노력했다. 이는 『효경(孝經)』의 언급처럼, 최고지도자[君主]가 발휘하는 효의 교육철학이 된다.

> 자기 부모를 사랑하는 사람은 함부로 다른 사람의 부모를 미워하지 않고, 자기 부모를 공경하는 사람은 함부로 다른 사람의 부모를 멸시하지 않는다. 사랑과 공경을 다하여 부모를 모시고, 그런 다음에 덕행과 교화를 백성에게 베풀어, 온 세상에 모범을 보인다. 이것이 바로 최고지도자의 본분이다.[34]

---

34) 『孝經』「天子章」第2: 愛親者, 不敢惡於人. 敬親者, 不敢慢於人. 愛敬盡於事親, 而德敎加於百姓, 刑于四海. 蓋天子之孝也.

앞에서 간략하게 언급하였지만, 다산 정약용은 정조의 사군·사친(事君·事親)과 같은 사고를 『대학(大學)』을 이해하는 과정에서 구체적으로 제시하였다. 다산은 여러 가지 덕행 가운데, 효도와 공경, 그리고 자애[孝·弟·慈]를 핵심적인 교육철학사상으로 규정하였다. 이는 "나의 곧은 마음을 시행하는 작업"이라는 점에서 실천적 윤리로 부각된다. 다산은 '효·제·자(孝·弟·慈)'의 관계를 이렇게 설명한다.

> 효·제·자(孝·弟·慈) 세 가지 가운데 자애로움은 사람들이 쉽게 실천할 수 있다. 때문에 자애로움을 통해 효제(孝弟)에 힘쓰게 해야 한다. 자식을 길러 주어야 부모의 은혜를 알아서 효도를 깨닫고, 효도하면서 부모를 공경하여야 자식이 공경을 깨닫는다. …… 효제는 임금을 섬기고 어른을 섬기는 근원이다.35)

그리고 다산은 『대학』의 강령인 '명덕(明德)'을 '효·제·자(孝·弟·慈)'로 규정하였다. 『대학』은 어른인 군주의 도리와 본분을 정치 이론이자 교육철학으로 고스란히 담은 경전이다. 여기에서 자신의 마음을 밝히는 명덕(明德)의 내용을 효·제·자(孝·弟·慈)로 구명했기에, 백성에게 다가가는 친민(親民: 新民) 또한 효·제·자(孝·弟·慈)의 실천으로 귀결된다.

> 백성에게 효도를 가르치면 백성의 자식들이 부모를 사랑하게 된다. 백성에게 공경을 가르치면 백성의 자제들이 형을 사랑하고 아이들은 어른들을 존경하게 된다. 백성에게 자애로움을 가르치면, 부모는 자식을 사랑하고, 어른들은 아이들을 사랑하게 된다. 어찌 『대학』의 길이 백성을 사랑하는 일[親民]에 있지 않겠는가?36)

---

35) 『大學講義』: 三者之中, 惟慈人所易有, 故必因此立喩, 而勉其孝弟. 古人云, 養子方知父母恩, 是喩於孝也. 因孝而敬父母, 所生之子, 是喩於弟也. …… 孝弟, 所以事君事長也.

36) 『大學公議』: 教民以孝, 則民之爲子者, 親於其父. 教民以弟, 則民之爲弟者, 親

이처럼 다산 정약용은 명명덕(明明德)과 친민(親民), 달리 말하면 자기 충실[明明德]과 타자에 대한 배려[親民], 충서(忠恕)의 정신을 효도[孝]·공경[弟]·자애로움[慈]의 교육철학으로 설명하고 있다.37) 효도가 무엇이던가? 자식이 부모에게 행하는 가장 중요한 예이다. 즉 아래가 위를 향해 실천하는 기본적인 예이다. 공경이 무엇이던가? 인간과 인간 사이에 형과 아우라는 상하-수평적 관계에서 행해지는 가장 중요한 예이다. 자애로움이 무엇이던가? 부모가 자식에게, 위가 아래에 베푸는 가장 성스러운 예이다. 이는 인간 사이에 이루어질 수 있는 쌍무적 윤리관계를 말한다. 포괄적으로 이해하면 이 세 가지는 효(孝)의 차원으로 대표되고, 국가에서 '군주→백성', '신하↔백성', '군주←백성'으로 확장된다. 이런 인식 아래 다산은 "사람마다 어버이를 사랑하고 어른을 어른으로 모시니 이 세상이 평화롭다"라는 맹자의 말을 인용하여, 친민(親民)을 이해했다. 또한 다산은 인간 사이의 화목(和睦)과 친애(親愛)를 매우 중시했다. 이는 사람과의 친함, 그 실천성을 담보한 교육철학이다.

다산의 친민(親民)에 대한 이해는 앞서 살펴보았던 정조의 사친(事親)이나 서(恕)의 사고와 연결되어 있다. 그러기에 다산은 친민(親民)을 이렇게 정리한다.

> 노인을 노인으로 대접하여 백성이 효도 의식[孝]을 일으키고, 어른을 어른으로 모셔 공경 의식[弟]을 일으키며, 고아와 같은 외로운 이를 불쌍히 여겨 백성들이 등 돌리지[倍] 않게 하여, 한 가정이 사랑으로 화목하고[仁] 한 국가가 화평하도록 하는 일이다.38)

---

於其兄, 民之爲幼者, 親於其長. 敎民以慈, 則民之爲父者, 親於其子, 親之爲長者, 親於其幼. 太學之道, 其不在於親民乎?

37) 이을호, 『茶山學의 理解』, 서울: 현암사, 1975, 75쪽.

38) 『大學公議』: 上老老而民興孝, 使民興孝者, 親民也. 上長長而民興弟, 使民興弟者, 親民也. 上恤孤而民不倍, 使民不倍者, 親民也. 上老老而民興孝者, 親民也.

다산에게서 친민(親民)은 앞에서 말한 명덕(明德)을 바탕으로 한다. 한 가족 내에서의 효·제·자의 윤리 도덕이 사회 국가의 효·제·자의 정치철학이나 교육사상으로 확장되어 드러난다. 이는 정조가 지향했던 가족 윤리의 사회·국가적 적용과 동일한 맥락이다.

### 3) 의리와 본분

효치(孝治)를 중심으로 이해할 때, 군주(君主)로서 정조의 효(孝)사상은 의리(義理)와 연관되어 드러난다. 정조는 「일득록(日得錄)」 "훈어(訓語)"의 앞부분에 다음과 같이 기록하고 있다.

> 의리를 천명하고 백성을 보전하는 일은 내가 밤낮으로 고민하는 것이다. 오늘날 여러 신하가 특별한 일이 없을 때는 편안히 즐기고 한가롭게 쉬면서 의리마저도 잊는다. 그러다가 한 번 일을 만나면 난잡하고 떠들썩하면서 앞 다투어 일을 독려하다가 그럭저럭 일이 지나가면 또 잊어버린다. 이런 상황에서 국가의 기강은 준엄하지 않게 되고 백성의 뜻도 정해지지 않는다. 일찍이 조정에서 시험을 보았는데, 본분과 의리에 위배 되는 말이 분연히 틈을 타고 일어나 사람들을 중죄에 빠뜨렸다. 이와 같은 일이 그치지 않는다면 의리가 천명되지 못할 뿐만 아니라 백성도 보존할 수 없을 것이 뻔하다. 나는 이를 매우 민망하게 여긴다. 신하들은 내 뜻을 알고 마음을 깨끗이 하여 잊지 말고 조장하지 말라. 엄하게 할 것에는 엄하게 하고, 늦게 할 것은 늦게 하며 징벌하거나 성토할 것은 성실한 마음과 바른 의논으로 하되 뇌동하지 말아야 하며, 귀하게 여길 것은 아직 드러나지 않았을 때 미리 방지하고 차츰 나아갈 때 막아야 한다. 어지러운 싹이 자라나지 못하도록 꺾을 뿐만 아니라 마음과 얼굴을 고쳐서 큰 교화가 이루어지도록 할 것이다. 그렇게 되면 의리를 천명하는 공과 백성을 보존하는 은혜가 동시에 행해질 것이다.[39]

---

39) 『弘齋全書』 卷174: 闡明義理, 保全世臣, 卽予夙夜苦心也. 今日諸臣當無事時, 恬嬉玩愒, 並與義理而忘之, 一遇事會, 撓攘鬧聒競務峻激纔過了, 便又忘了職,

정조가 생각하는 의리(義理)는 군주로서 감당하는 책임감이다. 군주는 백성의 군사(君師)로서 그들을 교육하는 올바른 도리에 관한 지침, 즉 교육철학사상을 제공한다. 그러기에 무엇이 옳고 그른지에 대한 이치를 구체적으로 드러내어 교육의 내용으로 삼는다. 그것은 군주로서의 본분을 실천하는 작업이다. 군주이면서도 학자였던 정조는 정말 진정한 군자가 되고 싶어 했다. 그 군자의 상징이 바로 '의(義)'이다. 의(義)는 군자가 행해야 할 덕목으로 군주로부터 서민에 이르기까지, 모든 인간에게 통용되는 본분이자 의무이다. 그것이 바로 『효경』에서 일러주는 '효(孝)'의 교육철학이다. 인용문에서 보았듯이, 정조의 의리관(義理觀)도 이를 벗어나지 않는다. 동시에 다음과 같은 유학 정통의 '의(義)'에 대한 언급과 맥락을 같이 한다.

> 군자는 세상일에 대하여 반드시 어떻게 해야 한다는 것도 없고 반드시 해서는 안 된다는 것도 없다. 의(義)를 따를 뿐이다. 공자께서 자산을 평가하여 말씀하셨다. '자기 행실은 공손했고, 윗사람 섬김에 공경스러웠으며, 백성을 보살핌에 은혜로웠고, 백성을 다스림에 의(義)로 하였다. 백성을 올바로 이끄는 의(義)에 힘쓰고 귀신을 공경하되 가까이 하지 아니하면 지혜롭다고 할 만하다. 덕이 닦아지지 않는 것과 학문이 익혀지지 않는 것과 의(義)를 듣고 실천하지 못하는 것과 잘못을 고치지 못하는 것이 나(공자)의 근심이다. 군자는 의(義)를 바탕으로 하고 예를 갖춰 행하며 겸손하게 표현하고 신의 있게 완성한다. 군자는 의(義)를 으뜸으로 여긴다. 군자가 용맹은 있으나 의(義)가 없다면 난을 일으키고, 소인이 용맹은 있으나 의가 없으면 도둑질한다.[40]

---

此之故國綱不嚴, 民志靡定. 嘗試朝廷背馳名義之說, 又紛然闖作, 相率而陷於重辟. 若此不已, 則不但義理之不得闡明, 世臣亦不可保全, 予甚愳焉. 諸臣宜體予意, 精白一心, 勿忘勿助, 當嚴而嚴, 當緩而緩, 凡係懲討之擧, 亦順實心正論, 毋苟雷同, 所貴防於其微, 杜於其漸, 不但逆折亂萌, 將使之革其心面, 同歸大化, 則闡明之功, 保全之恩, 可以並行矣.

40) 『論語』「里仁」: 君子之於天下也, 無適也, 無莫也, 義之與比;「公冶長」: 子謂子産, 其行己也恭, 其事上也敬, 其養民也惠, 其使民也義.「雍也」: 務民之義, 敬鬼

『논어』에 나오는 의(義)는 대부분 '바르고 마땅하다'는 뜻으로 이해된다. '정당(正當)'이나 '의당(宜當)'에 가깝다. 공정성(公正性)을 기반으로 하는 책임의식(責任意識)을 담고 있다. 이것이 의리(義理)나 도리(道理)로 표출된다. 그러므로 공자 또는 그 문하에서 의(義)는 '정(正)이나 의(宜), 책임(責任)'이 '의리'나 '도리'라는 의미로 확대된다. '인간관계' 또는 '인간이 마땅히 행해야 하는 사회의 실천적 의무'로 전환된다. 다시 말하면, '사회성'을 띤 가치와 윤리로 드러난다.

정조의 '의리(義理)' 정신은 교육철학의 차원에서 이러한 측면을 충분하게 담아 내고 있다. '올바름'은 인간의 자기 위치를 확인하는 잣대가 된다. 인간은 자기 직분에 충실할 때, 만족을 느끼고 안정감을 찾는다. 자기 직분에 대한 인식은 올바른 자신의 도리를 확인하는 데서 시작한다. 정조는 인간의 감정을 안정적으로 이끄는 요인으로 '의리(義理)'를 상정했다. 특히, 마음을 차분하게 이끄는 지름길을 '효심(孝心)'에서 찾았다.

> 인간의 감정이 편안해지는 것은 의리가 있기 때문이다. 어버이의 마음으로 자신의 마음을 삼은 후에야 효자의 마음이 편안하게 된다. 나는 마음이 편안하게 여기는 곳에서 의리를 구할 따름이다.41)

정조는 '마음이 편안하게 여기는 곳에서 의리를 구한다!'라고 언급한다. 그것은 군주로서 자신의 의리를 수행했을 때의 심리상태이다. 그런데 마음의 안정을 꾀할 수 있는 가장 적절한 공간은 '집안'이다. 집안에서 이루어지는 가정의 윤리는 '효(孝)'를 기초로 성립한다. 특히, 자신의 존재 근거인 부모와 형제자매에 대한 예의를 적절하게 갖출 때, 인간은 즐거움을 누릴

---

神而遠之, 可謂知矣.「述而」: 德之不修, 學之不講, 聞義不能徙, 不善不能改, 是吾憂也.「衛靈公」: 君子義以爲質, 禮以行之, 孫以出之, 信以成之.「陽貨」: 君子義以爲上, 君子有勇而無義爲亂, 小人有勇而無義爲盜.
41)『弘齋全書』卷177: 人情之所安, 卽義理之所存也. 以親心爲心, 然後孝子之心安. 予則求義理於予心之所安處而已.

수 있다.42) 이것은 가족 관계에서 '효·제(孝·弟)'에 해당한다. 다산은 '효
(孝)'와 '제(弟)'를 '인(仁)'으로 파악한다. 인(仁)은 총괄해서 말하였고, 효
(孝)와 제(弟)는 나누어서 말한 것이다. 가족 내의 인간관계를 '효·제(孝·
弟)=인(仁)'으로 풀어내는 다산의 생각을 구체적으로 살펴보면 다음과 같다.

> 인(仁)이란 두 사람 사이의 관계망이다. 부모를 효도로 모시는 일을
> 인(仁)이라고 하는 데, 자식과 부모 사이는 두 사람의 관계이다. 형을
> 공경으로 섬기는 일을 인(仁)이라고 하는 데, 형과 아우는 두 사람의
> 관계이다. 자식을 사랑으로 기르는 일을 인(仁)이라고 하는 데, 부모와
> 자식은 두 사람의 관계이다.43)

인(仁)은 가족 관계에서 자신의 의리와 본분을 다함으로써 마음의 평화
를 가져다주는 기본 윤리이다. 이는 곧바로 사회·국가라는 공동체의 인간
관계로 승화한다.44) 다시 말하면, 개인으로서 효제(孝弟)의 윤리를 공동체
의 지도자인 군주의 의리로 확장한 것이다. 이런 다산의 생각은 정조가 아
버지를 향한 효심으로부터 백성의 군주에 이르는, 광범한 효의 스펙트럼을
동시에 관통할 수 있었던 사고와 맞닿아 있다. 정조는 보다 구체적으로 의
리의 본질을 언급한다.

> 의리(義理)라는 명칭은 일을 처리할 때, 마땅함에 합치되어 조리가
> 밝게 있음을 말한다. 이것이 저절로 부응하여 바뀌지 아니하면, 인심에
> 갖추어지고 사물에 내재하여 천지와 함께 길이 보존된다.45)

---

42) 『孟子』「盡心」: 父母俱存, 兄弟無故, 一樂也.
43) 『大學公議』: 仁者, 二人也. 事父孝曰仁, 子與父二人也. 事兄悌曰仁, 弟與兄二
人也. 育子慈曰仁, 父與子二人也.
44) 『大學公議』: 君臣二人也.
45) 『弘齋全書』卷178: 夫義理之名, 卽制事合宜, 燦有條理之謂也, 此自有一副不易
之, 則具於人心, 在於事物, 與天地而長存.

의리는 일에서 내용과 형식의 일치, 조리의 선명함이다. 그것이 인간의 행위에 그대로 적용되고 사물에 내재된다면, 의리는 그 가운데 함께 존재한다. 그러기에 의리는 지극히 중요하고 큰 것이다.46) 이런 점에서 누구보다도 의(義)를 강조했던 맹자를 보면 마땅함의 기준을 확인할 수 있다. 『맹자』의 첫 구절은 다음과 같이 시작된다.

> 양혜왕: 노인께서 천리를 멀다 않고 오셨으니, 내 나라에 이로움[利]이 있겠습니까?
> 맹자: 왕은 어째서 이익[利]만을 말씀하십니까? 인의(仁義)가 있을 뿐입니다. 왕께서 어떻게 하면 내 나라를 이롭게 할까 하시면, 대부들은 어떻게 하면 내 가문을 이롭게 할까 할 것이고, 사(士)·서인(庶人)들은 어떻게 하면 내 몸을 이롭게 할까 하고 자기 이익을 노릴 것입니다. 윗사람과 아랫사람이 서로 이익[利]만을 취한다면 나라가 위태로울 것입니다. …… 인(仁)하고서 그 어버이를 버리는 자는 있지 않으며, 의(義)를 행하고서 그 군주를 뒤로 하는 자는 있지 않습니다. 왕께서는 인의(仁義)를 말씀하실 따름이니, 어째서 리(利)만을 말씀하십니까?47)

양나라 혜왕과의 대화에서 맹자가 충고한 의(義)는 사회 공동체를 다스리는 기준이다. 그것은 개인의 사사로운 이익이 아니다. 인간의 행위에서 공동체의 존립을 위해 가장 타당하고 적절한 원리이다. 그러기에 맹자는 "대인(大人)은 말을 믿게 하기를 기필하지 않으며 행실은 과단성 있게 하기를 기필하지 않고, 오직 의(義)에 비추어 행동한다"48)라고 하였다. 우리는 흔히 의(義)와 짝하는 개념의 하나로 예(禮)를 붙여서 '예의(禮義)'라는

---

46) 『弘齋全書』卷177: 莫重莫大之義理. 而以不忍不敢而不言者, 卽義理也, 有時乎不得不言者, 是亦義理也. 斯義也參前倚衡, 至精至微.
47) 『孟子』「梁惠王」上: 王曰, 叟不遠千里而來, 亦將有以利吾國乎 …… 未有義而後其君者也. 王亦曰仁義而已矣, 何必曰利.
48) 같은 책, 「離婁」下: 大人者, 言不必信, 行不必果, 惟義所在.

말은 쓴다. 이는 인간이 구체적인 행위를 할 때, 도리에 맞는 임기(臨機)의 조치인 권도(權道)나 중도(中道), 때를 인식하고 행하는 제반 사항을 내포한다. 예의가 '있다 없다'는 말은 바로 행위의 올바름이나 마땅함을 얻었느냐 그렇지 않으냐의 문제이다.

의(義)는 때에 따라 가장 적절하고 마땅한 사회적 실천력이다. 그러기에 맹자는 사단(四端)에서 올바르지 않거나 마땅하지 않음을 인식하고 부끄러워할 줄 아는 마음을 의(義)의 단(端)으로 분류하였고, 주자(朱子)는 의(義)를 "마음의 조절이자 일의 마땅함"[49]이라고 해석하였다. 맹자에 의하면, 이런 의(義)가 쌓이고 쌓여 '호연지기(浩然之氣)'가 되고, '지언(知言)'을 연마하여 '부동심(不動心)'의 상황이 되었을 때, 인격의 성숙은 물론 사회적 실천을 담보할 수 있게 된다.

정조가 꿈꾸던 인간이 바로 의(義)를 실천하는 '진인(眞人) 군자(君子)'였다. 군자는 의를 기준으로 명분을 실천한다. 명분은 자신의 이름에 맞는 분수이다. 직위나 직분에 따라 그 행위의 준칙이 적절해야 의리에 합당하다. 군주[군자]는 명분을 밝혀 인식하게 하는 교화를 주요 임무로 삼는다. 그것이 군자의 '효치(孝治)'이다. 앞에서 사군(事君)과 사친(事親)에서 밝힌 것처럼, 정조는 자신의 정사(政事)를 바르게 충고해 줄 진정한 사대부(士大夫)를 갈망했다. 명분과 의리를 함께 구유한 군자를 모색했다. 그러기에 끊임없이 학자 군으로 분류될 수 있는 사대부에 대한 아쉬움을 토로한다.

> 정치의 길은 명분과 교화가 근본이다. 사대부가 평소에 거처함에 의리를 밝히고 실천하면 조정에서 일을 주관할 때 반드시 볼만한 일이 있을 것이다. 장부를 다루는 것 같은 자질구레한 사무로 힘을 쓰는 일은 말단에 속한다.[50]

---

49) 『孟子集註』「梁惠王」上: 義者, 心之制, 事之宜也.
50) 『弘齋全書』卷174: 政治之道, 名教爲本. 士大夫平居, 講明義理, 砥礪行檢, 則立朝做事, 必有可觀, 苟徒以簿書, 期會取辨, 則末矣.

우리 조정의 법은 명분과 교화를 돈독히 숭상한다. 사대부들이 조정에서 군주를 섬길 때 모두 스스로 지켜야할 기본적인 예의가 있다. …… 그리하여 나라에 있으면 삼가 하고 힘써서 지위에 따른 명예가 있고, 집에 있으면 효제(孝弟) 하여 집을 다스린다는 아름다움이 있으며, 이를 미루어서 일을 베풀 때에 쓰고 버리고 조처하는 것이 모두 그 배운 것으로부터 나왔다. 요즘 오래된 명문가문에서 독서하는 녀석들이 있다는 말을 듣지 못하였다. 이에 명분과 절제하는 의식이 날로 천해지고 세도가 날로 무너져서 의리를 필요 없는 것으로 여기고 세리를 추구하여 세상에 부끄러운 일이 있음을 알지 못하게 되었다. …… 내 생각에는 지금 벌어지는 수많은 일 가운데 사대부의 명분과 절제, 이 두 가지보다 먼저 할 것은 없다. 비유하면 그 본원이 맑으면 그 나머지 물결은 통하기를 기약하지 않아도 저절로 맑아지는 것과 같다.[51]

최고지도자는 아닐지라도, 고위관리자 또는 중간관리자 이상에 속하는 사대부(士大夫)들이 제 역할을 해야 국가의 기강이 바로 선다. 이때 제 역할은 명분과 절제이다. 사대부가 사대부다워야 하는 명분, 그리고 그에 따라 삶의 다방면에서 절제의 미덕을 보일 때, 그들의 '효(孝)'의 모습이 드러난다. 『효경』에서 제시하듯이, 고위직에 있으면서 교만하지 않아야 높은 자리를 지키고 위태롭지 않고, 욕망을 절제하고 법도를 성실히 지켜야 재물이나 권세가 충만해도 넘치지 않으며, 권세가 충만해도 넘치지 않게 되면 오래도록 풍족한 생활을 간직한다. 이러한 풍족한 생활과 귀한 신분이 그 몸에서 떠나지 않아야, 나라를 보전하고 백성을 잘 살게 할 수 있다.[52]

---

51) 『弘齋全書』 卷177: 我朝規模, 敦尙名教, 卿士大夫之立朝事君者, 皆自有根基本末. …… 在邦則有靖恭, 乃位之譽, 在家則有孝悌克家之美, 推而施之用捨注措之間, 皆從這所學中出來. 近日故家華閥, 未聞有讀書種子, 於是乎名劍日賤, 而世道日壞, 弁髮義理, 鶩鶩勢利, 不夏知世間有羞恥之事. …… 予則曰, 凡今之百千事爲, 莫先於士大夫名檢二字, 譬如本源清, 則餘波不期疏而自淨.

52) 『孝經』「諸侯章」 第3: 在上不驕, 高而不危. 制節謹度, 滿而不溢. 高而不危, 所以長守貴也. 滿而不溢, 所以長守富也. 富貴不離其身, 然後能保其社稷, 而和其民人. 蓋諸侯之孝也. 詩云: 戰戰兢兢, 如臨深淵, 如履薄冰.

의리와 명분에 대한 정조의 사유는 본분과 의무를 핵심으로 하는 효(孝)의 내용과 일치한다. 특히, 의리를 꾸준히 강조한 것으로 보아, 인간의 자기충실과 타자에 대한 책임을 무게 중심에 두고 있다. 이는 군주로서의 '효치(孝治)'를 정당화하는 교육철학으로 자리한다.

## 4. 닫는 글

정조가 의도하는 효의 의미는 분명 부모와 자식 관계의 가족 윤리의 차원을 넘어서 있다. 그것은 인간 삶에서 개인적·사회적으로 형성되는 모든 행위의 근원에 자리하면서, '인간됨'을 지향하는 교육철학사상이다. 효(孝)는 도덕을 실천하는 근원적인 힘이고, 우주적 생명력이며, 인간의 삶을 지속하는 기본 바탕이다. 따라서 자기 생명력의 근거를 확인하여 행위 규범을 정할 수 있고, 자기 위치를 인식하여 질서 의식을 획득할 수 있으며, 자기의 사명을 실천하여 세계 발전에 기여할 수 있다. 이러한 본질을 지닌 '효'는 인간의 성장 과정 전체에서 적용되고 실천되어야 하는 당위적 사명이다. 가정에서는 부모를 잘 섬기고, 사회에서는 국가와 사회에 헌신하며, 자기 삶에 대해 최선을 다하는 일이다.

모든 계층의 인간은 자신의 위치에 맞는 행위 규범으로서 '효'를 지니고 있게 마련이다. 나라를 경영하는 최고지도자로부터 일반 국민에 이르기까지 제각각의 본분과 의무를 지닌다. '효'는 그것을 핵심으로 하는 교육철학사상의 내용이자 실천이다. '효'는 부모와 자식 사이의 관계에서 싹텄다. 그러나 범위가 확대되어 사회화 과정을 거치면서 국가 사회질서의 윤리체계로 승화되었다. 그것은 '효'가 인간의 일상생활을 규율하는 핵심이 되었다는 의미이다.

효(孝)를 교육의 근원으로 삼고, 사람 사이의 관계 맺기를 시도할 때, 효치(孝治)가 된다. 이때 효치는 교육철학을 형성하는 동시에 교육의 양식으로 자리한다. 효치(孝治)의 핵심은 '교육(敎育)－도덕의 함양(涵養)－충고(忠告)'이다. 삶의 예술이 될 만한 내용을 잘 선정하고 가다듬어 위에서 교육하는 사유양식이다. 이 교육철학사상에 따라 스스로 삶의 예술을 익히는 작업이 도덕의 함양이다. 그 과정에서 오류가 발생할 때, 조심스런 충고가 요구되고, 이는 인간 사이의 성찰을 가능하게 하는 주요한 제도적 장치가 된다.

'효(孝)'를 주축으로 하는 정조(正祖)의 정치사상과 교육철학은, 언뜻 보기에, 진부한 유물에 지나지 않을 수도 있다. 분명한 것은 정조가 강력하게 희망했듯이, 효는 결코 가족주의적 윤리에 한정할 수 없으며, 궁극적으로 사회성을 지닌 질서 체계라는 점이다. 더구나 그 속에는 인간의 본분과 의무라는 의리(義理)가 실천적으로 잘 녹아 있어 삶의 예술적 가치를 더해준다. '효(孝)'는 분명 '왕정(王政)'과 '민본(民本)'이 행해지던 과거의 교육철학사상이다. 현대 민주(民主) 사회의 흐름은 삶의 양식에서 왕정(王政)이 행해지던 시대와는 차이가 있다. 그럼에도 불구하고, 인간에게 주어진 본분과 의무, 효제(孝弟)와 충서(忠恕)라는 효(孝)의 이념과 실천을 고려한다면, '효(孝)'사상은 현대 민주주의의 이념과 거리가 멀지 않다고 생각한다. 자유와 평등을 고려하는 가운데, 책임과 의무를 중시하며 시대정신에 충실한 삶의 원천이 될 수 있다.

# 6장 인간성과 교육의 과정

## ─ 추사 김정희의 「적천리설」 ─

## 1. 여는 글

추사 김정희(秋史 金正喜, 1786~1856)는 조선 후기의 지적 거장이다. 이른바 '실학(實學)'으로 불리는 학문 경향 가운데 '실사구시학파(實事求是學派)'로 분류되고, '추사체(秋史體)'라는 독특한 서체(書體)를 세상에 남긴 서예의 대가로 알려져 있다. 뿐만 아니라 여러 가지 금석문(金石文)을 명확하게 밝혀낸 조선 고증학(考證學)의 선구이자 그림과 시에도 능한 예술가였다. 이런 영향 때문인지, 기존의 추사 연구는 일반적으로 금석문이나 시(詩)·서(書)·화(畵)를 중핵으로 하는 예술가로서 다루어져 왔다.

그러나 성균관 대사성까지 역임한 사실로 미루어 볼 때, 추사는 당시 유학자로서 학문의 깊이와 넓이가 상당했음을 짐작할 수 있다. 그것은 그가 남긴 문집 곳곳에서 감지된다. 그렇다 하더라도 추사 연구의 대부분은 시·서·화에 집중되어 있고, 그의 철학·사상이나 학문·교육과 관련해서는 연구가 제대로 진행되지 않았다.[1]

---

1) 秋史의 哲學·思想이나 學問·敎育論을 다룬 대표적인 연구물로는 전해종, 「청대 학술과 완당」, 『대동문화연구』 제1집, 성균관대, 1963; 김길환, 「김추사의 주역관과 실학사상」, 『백제연구』 제5집, 충남대, 1974; 서경요, 「완당사상의 실학적 특징」, 『전주대논문집』 제8집, 1979; 이선경, 「완당 김정희의 실사구시 연구」, 한국학대학원 석사논문, 1991; 고재욱, 「김정희의 실학사상과 청대고증학」, 『태동고전연구』 제10집, 태동고전연구소, 1993; 남상락, 「김정희의 철학사상과 예술론 고찰」, 『대동문화연구』 제30집, 성균관대, 1995; 정재훈, 「청조 학술과 조선 성리학」, 『추사와 그의 시대』, 돌베개, 2002; 지두환, 「추사 김정희의 역학사상」, 『추사와 그의 시대』, 돌베개, 2002; 하대식, 「추사 김정희의 실학사상에 나타난 교육철학적 특성」,

한 인물의 사유에 관한 연구는 대부분 그 인물의 사고 체계가 담긴 구체적 저작에 의한다. 그런데 추사는 사상 체계를 갖춘 저작보다는 대부분 단편적인 글들을 남겼기 때문에2) 사상 분야의 연구가 미진할 수밖에 없었다. 특히 교육철학사상과 관련한 연구 성과는 거의 없을 뿐만 아니라,3) 조선 교육사상사에서도 추사를 자세하게 다루지 않고 있다.

여기에서는 추사의 인간관과 교육의 과정4)을 교육철학사상의 측면으로 고찰해 본다. 추사는 「실사구시설(實事求是說)」이라는 독특한 학문 방법과 교육관을 통해 실제적인 학문의 특징과 교육의 실제를 보여주었다. 특히 '사실에 근거하여 진리를 구한다!'라는 측면에서 교육의 표준을 제시하였다. 또한 '스승의 전수(傳受)와 주석(註釋)의 문제를 소중히 하고 올바른 해석을 갈구한다'는 점에서 교육의 내용과 방법을 제공하였다. 뿐만 아니라 '경전의 가르침을 일상생활에 적용하기를 염원한다'는 부분에서는 교육 응용의 중요성을 역설하며, 실사구시의 교육철학사상을 제시하였다. 이런 교육철학적 사유와 동일한 맥락에서 추사는 인간의 자질과 교육의 가능성을 구체적으로 드러내면서 「적천리설(適千里說)」을 통해 교육의 과정을

---

경성대 교육대학원 석사논문, 2002; 김혜숙, 「추사의 문장에 침윤된 추사의 학문」, 『추사연구』 창간호, 추사연구회, 2004 등이 있다.

2) 추사는 젊은 시절에 엮어 놓았던 자신의 저술을 두 차례에 걸쳐 소각해 버렸다고 한다.

3) 敎育思想 쪽의 논문으로는 하대식의 앞의 논문과 이문원, 「김정희」, 『한국의 교육 사상가』, 서울: 문음사, 2002; 신창호, 「추사 김정희의 공부론」, 『동양고전연구』 제21집, 동양고전학회, 2004, 신창호, 「추사 김정희의 실사구시 교육관」, 『한국교육사학』, 한국교육사학회, 2005 등이 대표적이다. 하대식의 논문은 기존의 實學 관련 내용을 정리한 것으로 구체적이고 엄밀한 敎育哲學思想을 연구한 것으로 보기 힘들고, 이문원의 글은 秋史의 實學思想을 敎育學的으로 소개한 것으로 의미가 있으며, 특히 추사의 實事求是 교육관을 '직접적 실천'으로 규정한 점에서 시사하는 바가 크다. 신창호의 논문은 추사의 工夫論과 實事求是의 敎育觀을 집중 조명한 것으로, 유학의 본령을 찾으려는 추사의 실사구시 정신을 드러내고 있다.

4) 여기에서 '敎育'은 '學問'과 동일한 의미로 쓴다. 따라서 '敎育의 過程'은 '배우고 묻는' 學問의 過程으로 내용상 '삶의 전체 영역'에서 논의되는 포괄적 의미이다.

적시한다.

여기에서는 「적천리설」을 통해 추사의 인간관과 교육과정을 고민해 본다. 추사는 '인간의 자질을 평등하지만 차이가 있다'라고 보고, 그것은 교육을 통해 바뀔 수 있다고 인식한다. 중요한 것은 궁극적으로 교육은 주체적 힘에 의해 자주적으로 진행되어야 한다는 점이다. 「적천리설」은 교육의 과정에서 스승의 중요성과 의구심의 해소를 통해 자기 확신을 가질 때, 학문과 삶이 완성될 수 있다는 교육철학을 제시한다.

추사는 분명 조선 후기 유학의 새로운 경향 속에서 '실제 학문'을 고민한 교육철학의 한 축을 형성하고 있다. 그럼에도 불구하고 추사의 인간관과 학문관이 유학의 본령을 계승하고 있다는 차원에서 재해석해 보려고 한다. 특히, 「적천리설」에서 보여주는 그의 사유는 유학의 실제성을 근본적으로 성찰한 작업이다.


## 2. 인간성 인식

추사는 인간을 어떻게 파악했는가? 그의 인간에 관한 인식은 교육의 가능성을 어떻게 제시하는가와 직접적으로 연관된다. 전통 유학(儒學)에서의 인간성은 맹자(孟子) 이래로 '성선' 의식('性善' 意識)을 바탕으로 전개된다. 『대학(大學)』의 '대학지도 재명명덕(大學之道 在明明德)'에서 '명덕(明德)'도 그렇고 『중용』의 '천명지위성(天命之謂性)'에서 '성(性)'도 인간을 이해하기 위한 기본 개념이다. 추사 김정희도 「성명(性銘)」을 통해 이런 유학의 정통적 관점을 계승하고 있다.

주의 초기 소고에서 절성을 일컬었고 / 주의 말기에 맹자는 성과 명을 아울러 말했네 / 성선의 설 따져보면 병이로써 입증되나니 / 명한 철과 명한 길은 갓 생길 때 정해진 것 / 종명이나 미성에도 각기 바름에 이르도록 / 그 덕을 매진하고 그 행실 품절했네 / 복성의 설 일어나자 주정으로 흘렀거든 / 장주에서 석가마저 성 보기를 거울같이 / 주공 맹자 상고하면거리 서로 멀었느니 / 고훈에 합하려면 거경 밖에 또 있으리5)

추사는 '성선(性善)'의 설을 병이(秉彝; 표준)로 규정했고, 주공(周公)에서 맹자(孟子)에 이르는 유학의 도통을 노장(老莊)이나 불교(佛敎)와 분명하게 구별하면서 유학을 옹호한다. 특히, 마지막 구절인 '거경(居敬)밖에 또 있으리!'라는 대목을 볼 때, 그의 지향점은 분명하다. 그것은 바로 인간성을 선(善)으로 인식하고 '경(敬)'으로 수양하려는 유학적 관점을 철저하게 계승하고 있다.6)

'경(敬)'은 유학의 초기 집대성자인 공자(孔子)에서 성리학(性理學)의 여러 성현(聖賢)에 이르기까지, 교육철학사상의 핵심에 자리한다. 공자는 군자(君子)가 되는 학문 양식의 구심으로 경(敬)을 제시했다.

---

5) 『阮堂先生全集』卷7: 周初召誥, 肇言節性. 周末孟子, 互言性命. 性善之說, 秉彝可證. 命哲命吉, 初生卽定. 終命彌性, 求至各正. 邁勉其德, 品節其行. 復性說興, 流爲主靜. 由莊而釋, 見性如鏡. 考之姬孟, 寔相逕庭. 若合古訓, 尙曰居敬.
6) 우리는 이 지점에서 秋史의 思想을 再吟昧할 필요가 있다. 旣存學界에서 秋史는 淸代 學術思想의 影響을 받은 '實學者'로 규정되고, 金石學者 또는 考證學者로서 자리매김해 왔다. 이는 秋史의 學問하는 姿勢가 實事求是를 核心으로 하는 동시에 學問方法論의 측면에서 考證을 통해 確認하려는 態度로, 否認할 수 없는 事實이다. 그렇다고 해서 秋史의 思想이 단순한 脫性理學的 脈絡에서만 이루어진 것은 아니라고 판단된다. 즉 秋史는 儒學의 道統을 나름대로의 學問 根據로 담보하되 그것이 '實事求是'에 부합하는지의 與否를 따진 듯하다. 다음 장에서 다룰 「實事求是說」에서 秋史는 "聖賢의 道는 몸소 실천하는 데 있지 공허한 이론을 숭상하는 것이 아니다. …… 중요한 것은 마음을 바로 잡고 기를 맑게 하여 널리 배우고 힘써 실행하는 일이다. 오로지 '실제적인 일에서 올바름을 구한다'는 이 한 마디 말을 기본으로 하여 실천하는 것이 좋다.(夫聖賢之道, 在于躬行, 不尙空論 … 但平心靜氣, 博學篤行, 專主實事求是一語行之可矣.)"라고 하여, 儒學[性理學]의 核心공부법을 實事求是의 학문 태도로 인정하고 있다.

먼저 경으로 몸을 닦고, 다음으로 몸을 닦아서 다른 사람들을 편안하
게 하며, 마지막으로 내 몸을 올바르게 잘 닦아 모든 다른 사람들을 편
안하게 살 수 있도록 한다!7)

경(敬)은 유학에서 나를 닦고 기르는 일로 '몸'이라는 구체적이고 실존
적인 유기체의 완성을 꾀하는 실천 공부이다. 보다 차원을 높이면, 인간의
내·외면을 동시에 거론하며 공부의 진수를 보여준다. 『주역(周易)』에서 말
하는 '경으로서 안을 곧게 하고 의로써 밖을 방정하게 한다'라던지, '공경
하고 삼가면 패망하지 않는다', '공경하면 허물이 없을 것이다'라는 표현이
이를 대변한다.8)  경(敬)은 인간의 마음가짐과 행동거지 측면에서 볼 때,
'내면적인 마음을 바르게 하는 일'이다. 마음이 바르면 삶이 순조롭고 좋은
일들이 다가올 것이 예측된다. 이러한 경(敬)은 늘 공(恭)과 함께 우리에게
다가온다. 왜냐하면 "겉으로 드러나는 것이 공(恭)이고 마음에 보존되어
있는 것이 경(敬)"9)이기 때문이다. '경(敬)'은 인간 내면에 들어 있는 마음
의 자세이자 중추이다. '공(恭)'은 이런 마음이 행위로 펼쳐져서 용모 상에
서 '겸손(謙遜)'으로 드러나는 것이다.10)

신체가 엄정하고 용모가 단정한 것은 공(恭)의 의미를 보여준다. 공
(恭)은 경(敬)이 밖으로 나타나는 것일 뿐이고, 경(敬)은 공(恭)이 마음
에 보존되어 있는 것이니, 경(敬)과 공(恭)은 두 가지가 아니다. 이는 마
치 형체와 그림자의 관계와 같다. 공(恭)은 용모를 근본으로 하고 경
(敬)은 일을 근본으로 한다. 어떤 일이 있어 마음에 두고 그 마음을 바
꾸지 아니하고 행하는 것이 경(敬)이다. 공은 밖에 나타나고 경(敬)은

---

7) 『論語』「憲問」: 子路問 君子, 子曰, 修己以敬, 曰, 如斯而已乎. 曰, 修己以安人.
　曰, 如斯而已乎. 曰, 修己以安百姓, 堯舜, 其猶病諸.
8) 『周易』「坤卦」 "文言": 敬以直內, 義以方外.;「需卦」 "象" : 敬愼不敗也.;「離卦」
　"爻辭" : 敬之無咎.
9) 『性理大全』 卷37: 程子曰, 發於外者謂之恭, 有諸中者謂之敬.
10) 『國語』 卷5「魯」下, 註: 恭爲謙.

마음 가운데 자리한다. 몸을 정성껏 하는 것으로 말하면 공(恭)이 비교
적 긴요하고, 일을 행하는 것으로 말하면 경(敬)이 간절함이 된다.[11]

여기에서 공(恭)과 경(敬)은 어느 하나도 소홀히 할 수 없는 인간 수양의
기본이다. 그럼에도 불구하고 유학은 '경(敬)'을 근본에 둔다. 이는 '내면적
성찰'과 '깨달음'을 중시한다는 의미이다. 그러기에 공자는 나라 다스리는
도리를 말할 때 "일에 맡아서는 공경하게 하고 백성들에게 믿음을 주라"고
하였다. 또한 "거처할 때에 공손히 하고, 일을 집행할 때 공경하며, 사람을
대할 때에 마음을 다해야 한다"고 했다. 요컨대, 인간의 일삼음, 일상의 거
처가 공경하게 될 때, 건전한 삶이 구성될 수 있음을 강조한 것이다. 이는
일상생활에서 공경을 삶의 표준으로 인식한 것이다. 이런 정신은 맹자에게
그대로 이어지면서 내재적 가치로 승화한다.[12]

또한 『대학』에서도 수신(修身)을 "두려워하고 공경하는 것"이라고 하여,
제가(齊家)의 전제 조건으로 제시했다. 그리고 『중용』에서도 "가지런하고,
씩씩하고, 적절하며, 바르게 됨"의 인격을 갖추어 예로 들어갈 수 있음을
말했다.[13] 이에 대해 성리학자들도 다양한 용어로 표현한다. "마음을 한
곳으로 모아 흩어지지 않게 하는 것, 몸가짐을 가지런히 하고 태도를 삼가
고 공경함, 늘 마음이 깨어 있게 하는 법, 마음을 수렴하여 다른 사물을 허
용하지 않는 것 등" 그 요체는 모두 비슷하다.[14] 주자는 이런 '경(敬)'을

---

11) 『性理大全』 卷37: 身體嚴整, 容貌端裝, 此是恭底意. 但恭是敬之見於外者, 敬
   是恭之存於中者, 敬與恭, 不是二物. 如形影. 恭主容, 敬主事. 有事著心做, 不易
   其心, 而爲之是敬. 恭形於外, 敬主於中, 自誠身而言, 則恭較緊, 自行事而言, 則
   敬爲切.
12) 『論語』「學而」: 敬事而信; 「子路」: 居處恭, 執事敬, 與人忠.; 『孟子』「離婁」上:
   責難於君, 謂之恭. 陳善閉邪, 謂之敬; 「離婁」下: 敬人者, 人恒敬之.; 「盡心」上:
   恭敬者, 之未將者也.
13) 『大學』 傳8章: 之其所畏敬而辟焉.; 『中庸』 31章: 齋莊中正, 足以有敬也.
14) 『大學或問』: 程子於此, 嘗以主一無適言之矣. 嘗以整齊嚴肅言之矣. 謝氏之說,
   則又有所謂常惺惺法者焉. 尹氏之說, 則又有所謂其心收斂不容一物者焉.

유학에서 가장 중요한 공부로 인식했다. 그러므로 처음부터 끝까지 잠시라도 중단해서는 안 된다고 여겼다.[15]

사실 유학 공부는 '경(敬)'자 하나에 집중되어 있다고 해도 과언이 아니다. 수양의 제일 근거, 근본으로서 '경'은 인간의 마음에 '내재적 가치'로 배어 있다. 따라서 '경'공부는 유학자들에게서는 하나의 생활과도 같았고, 인생에서 한 순간이라도 쉼 없이 전개되어야 하는 삶 자체였다. 이것이 바로 '거경(居敬)'의 실천이다. 유학에서 교육은 바로 '거경의 실천'을 생활 속에서 전개하는 작업이었다. 조선조의 퇴계와 남명, 율곡이 모두 그러했다.[16]

추사 또한 그런 연장선에 있는 유학자로 이해된다. 왜냐하면 그의 「성명(性銘)」이 알려주듯이, 맹자의 성선(性善)을 삶의 표준으로 인식하고, 거경(居敬)의 삶을 실천하려는 의지를 보여주었기 때문이다. 또한 「실사구시설」에 후서(後敍)를 첨부한 기원 민노행(杞園 閔魯行, 1777~?)의 글을 보아도 그의 성(性)에 대한 인식을 짐작할 수 있다.

> 하·은·주(夏·殷·周) 삼대(三代)의 학문은 모두 실제적(實際的)이었다. '실제'란 바로 도의(道義)이며 덕행(德行)이다. 실제가 바르기 때문에 명(名)도 반드시 바르게 되었음에 분명하다. 그런데 그 후 맹자 세대에 와서 오히려 명(名)이 밝지 못한 것을 걱정하였기 때문에 맹자가 그 근본을 추구하였다. '성(性)은 본디 선하다'라거나 '마음을 보존하고 성(性)을 기른다'라고 한 말이 바로 그것이다.[17]

조선 후기 유학에서 실제적 학문[實學]을 누구보다도 강조했던 추사는

---

15) 『朱子語類』 卷12: 敬字工夫, 乃聖門第一義, 徹頭徹尾, 不可頃刻間斷.

16) 퇴계와 남명은 敬을 "聖學의 처음과 끝이 된다"고 하였고, 율곡도 주자의 견해를 빌어 "敬은 성인의 문에 들어가는 가장 중요한 것이므로 철두철미해야 한다"고 강조하였다(『聖學十圖』; 『學記圖』; 『聖學輯要』 참조).

17) 『阮堂先生全集』 卷1「實事求是說後敍」: 雖然三代之學, 皆以實也. 實者道義也, 德行也. 實正而名無不正. 降至孟子之世, 尚患其名之不明也, 故孟子已原其本也. 曰性善, 曰存心養性是也.

삼대(三代)의 실제 학문, 즉 '도의(道義)'와 '덕행(德行)'을 염원했다. 그리고 맹자의 '성선(性善)'을 인간성의 기초로 이해했다. 그것은 다시 성리학(性理學)의 '거경(居敬)'을 거쳐 추사가 재인식하며 자신의 교육철학사상으로 안착해 나갔을 것으로 판단된다. 다시 말하면, 추사는 원시유학의 성선(性善) 전통을 기초로 성리학의 거경(居敬)을 인간성과 삶의 실천으로 이해한 듯하다. '성선'과 '거경'에 대한 언급이 너무나 짧아, 추사의 인간성을 온전하게 파악하는 데는 한계가 있다. 그것은 7장의 「인재설(人才說)」에서 인간의 자질[才]을 언급하는 대목으로 보완할 때, 보다 구체적으로 인식할 수 있다.

## 3. 교육의 목표와 지향

유학에서 교육[학문]은 '인간은 금수(禽獸)와 다르다!'는 인식 아래 '인간됨'을 지향하는 수련의 과정이다. 그것은 인륜을 밝히는 도덕적 측면을 강조하고, 인간관계의 질서를 회복하며, 일상생활을 지속적으로 영위하는 삶의 철학으로 드러난다. 그렇다면 전통유학은 어떤 목적을 가지고 교육에 임하였는가?

교육의 목적, 다시 말하면 학문의 목적에 접근하기 위해서는, 인간이 '어떤 고민을 가지고 삶을 전개하느냐?'의 문제를 짚어보아야 한다. 특히, 유학교육의 목적은 초기 집대성자인 공자가 지향했던 삶의 과정에서 엿보인다.

주지하다시피, 공자는 15세에 인생의 지향을 '학(學)'에 두었다. 즉 '교육'에 뜻을 두고 삶을 전개하였다.

나는 15세 무렵에 학문에 뜻을 두었고, 30대에 자립하였고, 40대에 어떤 일에도 미혹되지 않았고, 50대에 천명을 알았고, 60대에 귀로 들으면 무슨 말이든 그대로 알아들었고, 70대에는 마음 내키는 대로 행동을 해도 법도를 넘지 않았다.[18]

이처럼 공자는 인생의 '내면적 가치'를 추구했다. 사회적이거나 직업적인 '외재적 가치'로서의 목적 이전에, 성장과 발달의 과정에 따라 의식적인 인간교육의 목적을 제시하고 있다. 주자의 해석을 빌리면, 옛날에는 15세에 태학(太學)에 들어갔는데, 공자도 태학(太學)의 교육내용에 마음을 두었고, 모든 생각을 이에 집중하여 공부하기를 싫어하지 않았다고 한다.[19] 즉 배움의 길을 다른 가치보다 우선시 했다는 말이다. 유학의 보편적인 교육목적은 여기에 기원한다. 그 가치의 핵심은 바로 '도(道)'이다. '도의 실현'이라는 교육목적을 공자는 다음과 같이 표현했다.

> 도(道)에 뜻을 두며, 덕(德)을 근거로 하며, 인(仁)에 의지하며, 예(藝)에 노닐어야 한다.[20]

공자에게서 교육의 목적은 도(道)에 뜻을 두고 그것을 추구하는 데 있었다. 도란 무엇인가? 그것은 왜 덕(德)을 근거로, 인(仁)에 의지하여 예(藝)에서 유유자적해야 하는가? 이는 우주의 진리와 인생의 지혜를 추구하는 의도 속에서 이해된다. 주자는 '도(道)−덕(德)−인(仁)−예(藝)'의 유기체적 연관에 대해 다음과 같이 정의했다.

---

18) 『論語』「爲政」: 子曰, 吾十而有五而志于學, 三十而立, 四十而不惑, 五十而知天命, 六十而耳順, 七十而從心所欲不踰矩.
19) 『論語』「爲政」註: 古者, 十五而入大學. 心之所之, 謂之志, 此所謂學, 卽大學之道也, 志乎此則念念在此, 而爲之不厭矣.; 주자는 또 "굶주리고 목마른 사람에게 음식은 그야말로 걱정거리이지만, 그것으로 인해 뜻[삶의 목적]이 서는 것은 아니라"고 덧붙이고 있다. 이로 볼 때, 배움의 문제, 즉 교육은 인간 삶의 '窮極的 關心事'로 인식된다.
20) 『論語』「述而」: 子曰, 志於道, 據於德, 依於仁, 遊於藝.

도(道)는 사람이 날마다 실천해야 할 당연한 길이다. …… 덕(德)은 도(道)를 행하여 마음에 체득한 덕망이다. …… 인(仁)은 사사로운 욕심이 다 없어져 덕망이 온전하게 갖추어진 사랑의 마음이다. …… 예(藝)는 예악의 문화와 활쏘기·말부리기·글하기·셈하기의 법도이다. 이 모두는 그에 맞는 알맞은 이치가 있어서 날마다 빼놓을 수 없는 사안이다.21)

그렇다면, 첫째, 사람이 일상생활에서 실천해야 할 당연한 도(道)는 어떤 것인가? 부모에게는 '효(孝)', 형제 사이에는 '제(弟)', 임금에게는 '충(忠)', 친구 사이에는 '신(信)'을 반드시 살펴야 한다.22) '효'와 '충'은 상하 수직 질서를, '제'와 '신'은 전후좌우의 수평 질서를 보여 준다. 이런 '인간관계'와 '삶의 도덕적 도모'가 모두 도(道)이다. '도'의 핵심인 '효제충신(孝悌忠信)'은 하늘이 인간에게 부여해준 질서 체계이다. 인간이 마음대로 변경하거나 수정할 수 없는 불변의 상도(常道)23)이다. 그러므로 도는 우주적 진실인 동시에 인생의 원리이다.

둘째, 덕(德)은 도(道)의 실천으로 마음[몸]에 밴 것이다. 때문에 일상생활에서 개별적인 언행(言行)으로 표출된다. 우주와 인생의 원리 원칙이 실제생활에서 응용되어 구체적 언사와 행동으로 표출되고 도에 합치되는 것이다. 예컨대, 부모를 모실 때는 반드시 효도하여 불효에 이르지 않아야 한다. 오늘은 효도하고 내일은 효도하지 않는다면, 이는 효도가 체득된 것이 아니다. 따라서 덕이라 할 수 없다.24) 덕은 우주와 인생의 질서를 일상에

---

21) 『論語集註』「爲政」: 道則人倫日用之間, 所當行者, 是也. …… 德則行道, 而有得於心者也. …… 仁則私欲盡去, 而心德之全也. …… 藝則禮樂之文, 射御書數之法, 皆至理所寓, 而日用之不可闕者也.

22) 『論語集註』「述而」: 道者, 只是日用當然之理. 事親必要孝, 事君必要忠, 以至事兄而弟, 與朋友交而信, 皆是道也.

23) 儒學의 道는 크게 常道[經道]와 權道로 運營된다. 常道는 늘 변하지 않는 普遍的이고 一般的인 理法의 體系이고, 權道는 마치 '저울질'하듯 狀況과 條件을 헤아려 일에 合當하게 실천하는 道理이다. 狀況 論理에 가장 適切할 때 權道는 常道로 還元된다.

서 실천하는 근거요 실제이다. 달리 말하면, 선(善)의 잠재적 표출이고 건전한 사회의 바탕이다.

셋째, 인(仁)은 개인적 욕심의 제거와 조절에서 시작하여 일상행위를 온전하게 만드는 일이다. 공부가 이 정도에 이르면 식사를 하는 도중이라도 존심양성(存心養性)이 원숙해져서 무슨 일을 하건 천리(天理)를 어기는 일이 없게 된다.25) 그런데 『논어』에서 인(仁)은 너무나 다양하게 표현된다. 그 가운데 대표적인 몇몇 표현이 "사람을 사랑하는 일"이나 "자신에게 진실하며 그 마음을 미루어서 타인을 헤아리는 일", 또는 "나를 이기고 예로 돌아가는 일" 등이다.26) 이를 일상생활에서 예를 들면, "거처할 때에 얼굴 모습을 공손히 하고, 일을 맡아 진행할 때에는 정성껏 하며, 남과 더불어 있을 때는 충실하게 대하는 것이다." "어진 사람은 어려운 일을 먼저 하고 이익을 나중에 취한다." "자기가 서려고 하는 곳에 남을 세워주며 자기가 통달하려고 하는 곳에 남을 통달하게 한다." 이러한 사유(思惟)나 삶의 양식은 일상에서 다섯 가지의 조목으로 표출된다. 즉 "공손함, 너그러움, 믿음, 민첩함, 은혜"가 그것이다.27)

이처럼 인(仁)에 대한 의미는 개인적인 욕망의 조절, 다시 말하면, 자기수양을 통한 사랑과 이해, 타자에 대한 배려28)의 정신으로 연결되고 있다. 이는 "내재화된 천성(天性)으로서 인간이 인간답게 존재할 수 있는 근거이

---

24) 『論語集註』「述而」: 德是得這物事於我, 故事親必孝, 必不至於不孝, …… 若今日孝, 明日又不孝, …… 是未有德於我, 不可謂之德.

25) 『論語集註』「述而」: 工夫至此, 而無終食之違, 則存養之熟, 無適而非天理之流行矣.

26) 『論語』「顔淵」: 愛人.; 「里仁」: 忠恕.; 「顔淵」: 克己復禮.

27) 『論語』「子路: 居處恭, 執事敬, 與人忠.; 「雍也」: 仁者, 先難而後獲, 可謂仁矣. 己欲立而立人, 己欲達而達人; 「陽貨」: 恭寬信敏惠.

28) 미국 교육철학계에서 나딩스(N. Noddings)의 경우, '배려(配慮; 보살핌, caring)'를 '베풀 수 있는 활동에의 참여, 협동학습, 대화' 등을 통해 배려의 정신 함양을 역설한다. "Care and Moral Education," Ed. Wendy Kohli, *Critical Conversations in Philosophy of Education*(N.Y: Routledge, 1995) 참조.

면서, 덕(德)의 총명(聰明)으로 인격의 지극한 성취 상태를 가리킨다."[29] 이러한 '인에 의지한다'는 말은 학문의 방향과 이상, 바로 교육철학사상을 정립하는 일이다. 공자가 열망했던 배움의 존재 이유, 교육의 목적과 통한다. 이를 완전하게 구현한 이상적 인간이 성인(聖人)이며, 노력을 통하여 추구하는 현실적 인물이 군자(君子)이다.

마지막으로 예(藝)는 '예·악·사·어·서·수(禮·樂·射·御·書·數)'라는 '육예(六藝)'이다. 이는 인간 생활을 원활하게 만드는 전반적인 배움의 법과 이치를 말한다. 이른바 '교육 예술'이자 '교육 미학'이다. '예(藝)에서 노닌다'는 말은 '육예'를 사물에 따라 실정에 알맞게 실천하는 일이다. 일상에서 일어나는 모든 사건에 대해 인간이 그에 알맞게 바람직한 방법으로 대응하는 것을 말한다. 도(道)와 덕(德)과 인(仁)을 마음으로 체득한 생활 자체를 즐기는 상황이다.[30] 때문에 유학의 집대성자로서 공자는 일상의 합리적 운용, 또는 삶의 건실함 자체를 교육의 궁극 목적으로 삼았고, 유학교육 철학사상의 초석으로 놓았다.

'성선(性善)'을 옹호하고 '성현(聖賢)의 도(道)'를 학문하는 실제의 모범으로 보았던 추사는, 인간의 자질과 변화의 가능성을 바탕으로 교육의 길을 보다 명확하게 제시한다. 천리(千里)나 되는 먼 길을 가기 위해 인간은 어떤 조치를 취해야 하는가? 천리 길이 인간의 학문이라면 교육의 과정은 어떠해야 온전할까? '천리를 향하는' 교육철학사상은 얼마나 원대하고 구체적인 공부를 지향해야 할까?

추사의 학문적 고뇌는 '경로(徑路)의 소재(所在)', 즉 '인간은 어디를 가야 하는가?' '무엇을 지향하는가?'의 분변을 최우선 사안에 두었다. 교육적 지향이나 목표의식의 명확화이다. 추사는 「적천리설(適千里說)」에서 이렇게 말하였다. "지금 천리 길을 가는 사람은, 반드시 먼저 어디로 가야 하는

---

29) 이명기, 『仁의 研究－敎育學的 接近』, 서울: 양서원, 1987, 38쪽.
30) 『論語集註』「述而」: 遊者, 玩物適情之謂. 胡氏曰: 道德仁所當先, 藝可以少後.

지 분명히 한 다음에야 발을 들어 걸어갈 수 있다."[31]

유학은 대개 '입지(立志)'를 배움의 첫 단계에 두고 있다. 추사가 언급한 '어디로 가야 하는 지'는 바로 '입지(立志)'와 상통한다. 주자(朱子)는 공자(孔子) 이래 유학교육의 핵심인 '도(道)—덕(德)—인(仁)—예(藝)'의 과정에서 '입지(立志)'의 중요성을 설명하였다.[32] 조선유학에서 율곡의 경우에도 '입지(立志)'를 어떤 사고나 실천보다 우선에 두었다.[33]

처음 배우는 사람은 먼저 뜻을 세워야 한다. 그리고 반드시 성인(聖人)이 될 것을 스스로 기약해야 한다. 털끝만치라도 자신을 하찮게 여

---

31) 『阮堂先生全集』卷1: 今夫適千里者, 必先辨其徑路之所在, 然後有以爲擧足之地.
32) 『論語集註』「述而」: "皆學莫先於立志, 志道則心存於正而不他, 據德則道得於心而不失, 依仁則德性常用, 而物欲不行, 遊藝則小物不遺, 而動息有養, 學者於此, 有以不失其先後之序, 輕重之倫焉則本末兼該, 內外交養, 日用之間, 無少間隙而涵泳從容, 忽不自知其入於聖賢之域矣.(敎育[學問]은 立志보다 앞서는 것이 없다. 道에 뜻을 두면, 마음이 올바르게 보존되어 나쁜 곳으로 흘러가지 않는다. 德에 의거하면 道가 마음에 체득되어서 실수가 없다. 仁에 의지하면 德性이 항상 사용되어서 物慾이 생기지 않는다. 藝에 노닐면 작은 일도 버리지 않아 움직이거나 쉬는 사이에 마음이 수양된다. 그러므로 敎育[學問]하는 사람이 여기에서 先後와 輕重의 차례를 잃지 않으면, 처음과 끝이 모두 알맞고 안과 밖이 모두 똑같이 되어, 날마다 생활하는 사이에 조금이라도 틈이 생기지 아니한다. 또한 여기에 흠씬 젖게 되어 聖人의 境地에 저절로 들어가게 될 것이다.)"
33) 栗谷은 『擊蒙要訣』에서 「立志」章을 맨 앞에 두었고, 『聖學輯要』에서도 「修己」의 첫 번째 과정에 '立志'를 배치하였다. 이때 "敎育[學]은 부모는 자식을 사랑하고, 자식은 부모에게 효도하고, 신하는 임금에게 충성하고, 부부간에는 분별이 있어 자기 역할을 다하고, 형제간에는 우애가 있어야 하고, 젊은 사람은 어른에게 공손히 하고, 친구 사이에는 믿음이 있어야 하는, 이른바 오륜의 인식과 실천이다. 이런 일들을 일상생활에서 禮儀에 맞게 실천하는 일뿐, 쓸데없이 마음을 허무맹랑한 곳에 두어 특별한 효과를 기대하지 않아야 하는 것이다. 즉 일상생활에서 상식의 세계에서 사물을 도모하는 일일뿐이다.(『擊蒙要訣』「序」: 所謂學問者, 亦非異常別件物事也. 只是爲父, 當慈, 爲子, 當孝, 爲臣, 當忠, 爲夫婦, 當別, 爲兄弟, 當友爲少者, 當敬長, 爲朋友, 當有信, 皆於日用動靜之間, 隨事各得其當而已, 非馳心玄妙, 希覬奇效者也.)"

기거나 다른 것에 핑계 대며 공부를 소홀히 하려는 생각은 금물이다. 서민(庶民: 보통 사람)과 성인(聖人)의 본성은 같다. 비록 기질은 맑고 흐림과 순수하고 잡됨의 차이가 없지 않다. 하지만 진실로 알고 실천하여 옛날에 물든 나쁜 습관을 버리고 그 본성의 처음을 회복하면, 털끝 만큼이나 보태지 않더라도 온갖 선이 갖추어져 넉넉해 질 것이다. 그러니 서민들이 어찌 성인이 되기를 스스로 기약할 수 없겠는가! 그러므로 맹자는 인성(人性)의 착함을 언급하면서, 반드시 요임금과 순임금을 일컬어 실증하며 말하였다. '사람은 모두 요임금과 순임금처럼 훌륭한 인격자가 될 수 있다!' 이 표현이 어찌 우리를 속이는 말씀이겠는가?[34]

이런 교육철학사상은 '맹자의 성선(性善)'과 '교육적 인간상인 성인(聖人)의 실제 모범을 요·순(堯·舜)에 둔' 추사 김정희의 사유에서 다시 확인된다. 유학교육의 목적은 무엇인가? 어디를 향해 나아가는가? 교육의 분명한 방향과 안착 지점을 먼저 인식하는 일, 그것은 교육의 시작이다. 추사는 바로 원시유학에서 주자 성리학에 이르기까지 보편적으로 지향하고 있는 교육의 길을 재확인하며 실제를 추구한다. 다시 말하면, 성인(聖人)의 도(道)를 유교교육의 철학사상으로 설정하고 있는 것이다.

## 4. 교사의 교육 인도

교육[학문]의 목적이 확인되었다면, 인간은 그 길을 실제로 가야 한다. 추사는 그 길을 제대로 가기 위한 방법론으로, 먼저 '스승[교사]의 중요성'을 강조한다. 교육에서 스승이 차지하는 비중은 매우 크다. '교육의 질은

---

34) 『擊蒙要訣』「序」: 初學, 先須立志, 必以聖人自期, 不可有一毫自小退託之念. 蓋衆人與聖人, 其本性則一也. 雖氣質不能無淸濁粹駁之異, 而苟能眞知實踐, 去其舊染而復其性初, 則不增毫末而萬善具足矣, 衆人豈可不以聖人自期乎! 故孟子道性善, 而必稱堯舜以實之, 曰人皆可以爲堯舜, 豈欺我哉?

교사의 질을 능가하지 못 한다'는 말이 있듯이, 스승의 존재는 절대적이라 해도 과언이 아니다. 스승의 역할이 소극적이건 적극적이건, 그 존재는 근본적으로 교육의 질을 좌우한다. 추사는「적천리설」에서 스승의 존재를 다음과 같이 인식하였다.

　　천리 길을 가는 사람이 막상 문을 나섰을 때는 갈팡질팡하며 도대체 어디로 가야 할지 막막하다. 따라서 반드시 길을 아는 사람에게 물어야 한다. 그때 마침, '바르고 큰 길을 알려 주고, 또 굽은 길로 가서는 안 된다'는 것을 자세히 가르쳐 주는 사람을 만났을 경우, 그 사람은 다음과 같이 정성스럽게 일러 줄 것이다. '굽은 길로 가면, 반드시 가시밭으로 들어가게 된다. 바른 길로 가면, 반드시 목적지에 도달할 것이다.' 이 사람이 일러준 가르침이야말로 성심(誠心)을 다한 언표라고 할 수 있다.35)

　스승은 먼저 깨달은 사람이다.36) 때문에 스승은 교육의 목적은 물론 그 내용과 방법까지도 상당히 온전하게 체득하고 있다. 추사가 말한 '아는 사람'이고, 자세히 '가르쳐 주는 사람'이다. 그러기에 천리 길을 갈 때, 길을 자세하고도 정성스럽게 일러주는 사람으로 묘사되고, 굽은 길[잘못된 길]로 들어서지 않고 곧은 길[바른 길]로 인도하는 안내자이다.

　추사가 스승을 중시한 까닭은 그의 교육 방법론이나 태도와 관련되어 있다. 추사는「실사구시설(實事求是說)」에서 스승의 역할을 간략히 언급한 적이 있다. "한대의 유학자들은 경전을 전수하거나 훈고할 때에, 모두 스승으로부터 이어 받는 것이 있어서 그 짜임새가 지극히 정밀하고 확실하였다. 성(性)·도(道)·인(仁)·의(義)와 같은 사안에 대해서는 당시 사람들이

---

35)『阮堂先生全集』卷1: 當其出門而行, 固俍俍何之, 必詢於識道之人. 迨其人告以正大之路, 又細指其邪徑之不可由者, 懇懇然以爲由其邪, 必入於荊棘, 由其正, 必得其歸. 人之爲言, 可謂盡心矣.
36)『通書』「師」: "先覺覺後覺, 闇者求於明, 而師道立矣.(먼저 깨친 사람은 뒤에 깨칠 사람을 깨우쳐 주는데, 어리석은 사람이 밝음을 찾아야 스승의 道가 확립된다.)"

모두 잘 알고 있어서 깊이 논할 것이 없었다. 때문에 대부분이 심각하게 문제를 제기하여 밝히려고 하지 않았다. 그러나 어쩌다가 주석(註釋)을 할 경우에는 실제적인 일에서 올바름을 구하지 않은 것이 없었다.”37)

추사는 한나라 때의 ‘훈고학(訓詁學)’을 ‘정밀하고 확실한 학문의 방법’으로 인식하였다. 특히, 스승으로부터 전수받은 사실적 진리38)와 주석의 문제를 실제적인 일에서 올바름을 구하는 실사구시의 학문으로 보았다. 이때 실사구시의 의미는 삶의 실제적 행위인 ‘사실’을 근거로 경전을 해석하는 작업이다. 스승은 바로 정확한 ‘사실의 실상을 전수하는 안내자’이다. 이는 전통 유학교육의 스승을 인식하는 방식과 맞닿아 있다.

공자(孔子)와 맹자(孟子)는 스승의 역할에 대해 세부적으로 적시(摘示)하지는 않았다. 대개 ‘도(道)를 전하거나 덕(德)을 깨우쳐주고, 인간을 계발해주는 존재’로 묘사하였다. 그러나 순자(荀子)는 스승의 자격과 정의를 명확하게 제시했다. “스승의 자격에는 네 가지가 있다. 많은 지식을 가르치는 것은 거기에 들지 않는다. 첫째, 존엄하여 공경을 받으면 스승이 될 수

---

37) 『阮堂先生全集』 卷1: 漢儒于經傳訓詁, 皆有師承, 備極精實. 至于性道仁義等事, 因爾時人人皆知, 無庸深論故, 不多加推明. 然偶有注釋, 未嘗不實事求是也.
38) 秋史는 茶山 丁若鏞에게 보낸 편지에서 師承과 家法의 중요성을 밝히고 있다.; 『阮堂先生全集』 卷4 「與丁茶山若鏞」: 大抵鄭注之可疑處甚多, 然此皆師說也 家法也. 雖有不合於今人見聞, 若以成化之磁. 萬曆之窯, 致疑於鳳羽波沙, 大不可也. 後人所以駁鄭者, 以己之一知半解, 偶有新奇可喜處, 毅然奮起而攻之, 不遺餘力. 反以思之, 己之所攻者, 別無師說又非家法也.(鄭註에 의심나는 곳은 매우 많지만 그것은 師說이고 家法입니다. 지금 사람들의 見聞에 합당하지 않은 점이 있을 지라도 …… 의심을 가지면 안 되는 사안입니다. 後世 사람들이 鄭을 반박하는 까닭은 자기의 한 가지 반 토막에 지나지 않는 인식과 견해를 가지고, 어쩌다 새롭고 기특한 기뻐할만한 곳을 발견하게 되면 의연히 떨치고 일어나 공격하여 있는 힘을 남기지 않곤 하였습니다. 돌이켜 생각하면, 자기가 공격한 것은 특별히 師說도 아니고 家法도 아닌 것입니다.); 이는 사설과 가법을 존중하여야 하며, 사사로이 자기의 말로써 사설과 가법이 있는 견해를 무시할 수 없다는 것이다. 다시 말하면 추사가 스승의 역할을 중요시하면서 유학의 축적된 전통을 존중하고 있다는 근거이다. 이선경, 앞의 논문, 33~35쪽 참조.

있다. 둘째, 50대 60대 어른으로서 믿음이 있으면 스승이 될 수 있다. 셋째, 옛날 경전을 암송하여 강의하되 그 뜻을 능멸하거나 제멋대로 본뜻을 해치지 아니하면 스승이 될 수 있다. 넷째, 숨겨진 의미를 알아서 그 핵심을 논의할 수 있다면 스승이 될 수 있다.[39]

유학에서 스승의 자질은 '타인에게서 공경 받는 사람, 믿음이 있는 사람, 경전을 충실히 이해하고 본지를 강의할 줄 아는 사람, 숨겨진 의미 맥락을 명확히 밝혀주는 사람'으로 요약된다. 중요한 사실은 '많은 지식 내용을 일러주는 사람'은 스승의 자격에서 제외되고 있다는 점이다. 스승은 단순한 '지식 전달자'가 아니다. 스승은 인간 삶의 '기본적인 예의'를 전수하는 '선각자(先覺者)'이다.

추사의 경우에도 단순한 지식 전달의 문제는 경계하고 배격한다. 특히, '과거시험을 위한 지식을 습득할 경우 학문이 트이지 못한다.[40] 스승은 이런 공부 활동에 도움을 주는 사람이 아니다. 당나라 때의 사상가인 창려 한유(昌黎 韓愈, 768~824)는 「사설(師說)」에서 이러한 스승의 의미를 더 확고하게 밝혀 주었다.

옛날에 배우는 사람들은 반드시 스승이 있었다. 스승이란 인간의 도

---

39) 『荀子』「致仕」: 師術有四, 而博習不與焉. 尊嚴而憚, 可以爲師. 耆艾而信, 可以爲師. 誦說而不陵不犯, 可以爲師. 知微而論, 可以爲師.

40) 김혜숙, 「추사의 문장에 침윤된 추사의 학문」, 『추사연구』 창간호, 과천: 추사연구회, 2004, 66쪽.; 추사 김정희는 인간의 자질과 지식습득의 관계를 다음과 같이 이해한다. "인간의 자질을 향상시키기 위해서는 심오한 진리가 담긴 성현(聖賢)들의 도(道)를 본받고 예지력(叡智力)을 높여 가야 한다. 그런데 사람들은 눈앞의 이익이나 현실적 출세를 위한 규격적인 과거시험 답안을 공부하여 자신의 자질을 떨어지게 하고 있다. 그리고 글을 제대로 익히지 못했음에도 불구하고 열심히 공부하지 않고 그 상태로 머뭇거리며, 과거시험장이나 기웃거리는 세련된 자질을 확보할 수 없다. 나아가 자신의 자질이 훌륭하다고 해도 다양한 경험과 유연한 사고를 할 수 없다면, 그 자질을 발휘하기 어렵다." 이 교육의 과정은 스승의 인도와 직접적으로 연관된다.

리를 전하고, 학업과 생업에 종사하는 법을 가르쳐주며, 의심나는 문제를 풀어주는 사람이다. 태어나면서부터 모든 것을 아는 사람이 있겠는가? 인간은 그렇지 못하니 누가 의혹이 없겠는가! 의혹이 있으면서도 스승을 따라 배우지 않는다면, 그 의혹은 끝내 풀리지 않을 것이다. 나보다 나이가 많고 나보다 먼저 도를 들었다면, 나는 그를 스승으로 삼을 것이다. 또한 나보다 나이가 적더라도 나보다 먼저 도를 들었다면 나는 그를 스승으로 삼을 것이다. 오직 도를 스승으로 삼을 뿐, 나이가 많고 적음이 무슨 그리 중요한가. 이렇기 때문에 신분의 귀천도 없고, 나이의 많고 적음도 없다. 도가 있는 곳은 스승이 있는 곳이다.[41]

한유의 사고(思考)로 미루어 볼 때, 스승의 가장 중요한 임무는 일상의 인간 도리를 전하는 일이었다. '인간이 어떻게 살아야 하는지'에 대한 삶의 내용에 관한 것이다. 다음으로 인간이 해야 할 일, 생업과 학업 등 일상사에 대한 올바른 관점을 주는 작업이다. 다시 말하면, 인생에서 무엇을 실천하며 생애를 펼쳐야 하는지의 문제와 관련된다. 이는 삶의 양식에 관한 것이다. 그리고 세 번째가 일상에서 무엇을 하며 어떻게 살아야 할지에 대한, 생활에서 의심나는 문제들을 풀어가는 데 도움을 주는 일이다. 예컨대, 합리적 삶을 살아가기 위한 문제해결의 방식을 제공해 주는 것이다.

다음으로 '스승의 필요성'에 대한 역설이다. 인간은 누구나 부족하다. 늘 자연과 인간 사회에 대한 의혹(疑惑)으로 가득 하다. 이 의혹들을 어떻게 풀어갈 것인가? 그것은 스승에 의지할 수밖에 없다. 더욱 눈여겨 볼 대목은, '단순히 나이가 많다'고 스승이 되는 것은 아니라는 점이다. 스승이 될 수 있는 자격 기준은 '도(道)의 체현(體現)'이다. 삶 자체의 '일용인륜(日用人倫)과 일상지도(日常之道)를 어떻게 구현하느냐'에 스승의 자격과 교육의

---

41) 韓愈, 「師說」: 古之學者, 必有師. 師者, 所以傳道授業解惑也. 人非生而知之者. 孰能無惑. 惑而不從師, 其爲惑也. 終不解矣. 生乎吾前, 其聞道也, 固先乎吾, 吾從而師之. 生乎吾後, 其聞道也, 亦先乎吾, 吾從而師之. 吾師道也. 夫庸知其年之先後生於吾乎. 是故無貴無賤無長無少. 道之所存, 師之所存也.

무게중심이 놓인다. 나이와 신분에 관계없이, 스승 자격의 중심은 도(道)이다. 그러기에 '도(道)가 있는 곳'이 바로 '스승이 있는 곳'이라고 보았다.

추사가 제시한 '천리를 가는 일'은 인간 삶의 궤적 전체를 의미하는 것으로 보인다. 그 '천리 길'은 삶의 여정이자 교육의 과정이다. 그 길을 올바로 가기 위해 인간은 스승을 요청한다. 스승은 교육[학문]은 물론이고 인생의 길을 먼저 지나가며 깨달음을 얻은 사람이다. 따라서 그 길에 대한 사정을 속속들이 알고 있다. 그러므로 그런 교육에 임하는 사람은 스승의 안내를 받지 않을 경우, 도무지 막막하여 발을 내디딜 수 없다. 그것이 바로 배움이요 교육이다.42)

추사가 생각하는 스승, 길의 안내자는 지식을 주목적으로 전수하는 전문가가 아니다. 인간 전체 삶의 문제를 고민한 카운슬러이자, 전인적 교사이다. 천리 길을 가는 데 인도자가 되듯이, 늘 삶의 실천을 인도하는 깨달은 존재로서 고상한 품격과 덕성을 몸에 체득하고 있다고 이해된다.


## 5. 자기 물음과 노력

한유가 강조한 것처럼, 인생의 길을 안내하는 스승은 교육에서 매우 중요하다. 이와 더불어, 추사는 '의문 사항에 대한 끊임없는 물음'을 강조한다. 그것은 『중용(中庸)』에서 교육의 핵심양식으로 제시한 '박학(博學)'과 '심문(審問)'의 과정과도 같다. '박학(博學)－심문(審問)'은 유학을 가장 조직적으로 천명하고 있는 『중용』의 교육철학에서 체계적으로 드러난다.43) 유학의 초기 집대성자인 공자도 그런 태도를 단호히 보여 주었다. 공자는

---

42) 김혜숙, 앞의 논문, 65쪽 참조.
43) 『中庸』 20章: 博學之, 審問之, 愼思之, 明辯之, 篤行之. 有弗學, 學之, 弗能, 弗措也. 有弗問, 問之, 弗知, 弗措也. 有弗思, 思之, 弗得, 弗措也. 有弗辨, 辨之, 弗明, 弗措也. 有弗行, 行之, 弗篤, 弗措也. 人一能之, 己百之, 人十能之, 己千之.

"진정으로 열의를 갖고 있지 않거나 노력하지 않고, 사물을 캐 물어 들어 가지 않는 자에게는 일러 주지 않았다"44)라고 한다. 이처럼 '배우고 묻는 행위'인 '학문(學問)'은 교육에서 가장 기본이 되는 활동이다. 이는 '글을 배우는' 지식교육 차원의 '학문(學文)'과는 다른 특성을 지닌다. '두루 두루 배우는 일[博學]'은 광범위한 지식과 지혜를 체득하는 작업으로, 많이 듣고 [多聞] 많이 보고[多見] 많이 읽는[多讀] 등 다방면의 활동을 포괄하며, 세 상 만물의 이치와 수기치인(修己治人)의 방법 등 다양한 내용을 포함한다. '자세히 물음[審問]'은 사물에 대해 분석 비교하고 의심나는 것들에 대해 묻는 일이다.

추사는 이러한 유학교육의 철학사상을 근본적으로 계승한다. 나아가 일 그러진 유학교육의 정신을 재생(再生)하거나 시대정신에 맞게 재현(再現) 하려고 노력한다. 이는 「실사구시설(實事求是說)」에서 "성현(聖賢)의 도 (道)를 몸소 실천하는 일"이나 "널리 배우고 힘써 행하는 작업"을 언급한 데서 확인된다.45) 다시 말하면, 추사의 교육철학사상은 '절문(切問)·근사 (近思)'하여 가치판단 기준을 사실(事實)에서 구하고, '박학(博學)'으로 '사 실에 부합하느냐'의 여부를 고증(考證)하여, 경험적이고 사실적인 실천궁 행(實踐躬行)을 지향한다.46)

추사는 교육의 과정에서 훌륭한 스승을 만나 배우는 일을 첫째로 하되, 그 다음으로 의구심 생기는 일에 대해 묻기를 요청했다. 그 스승의 역할과 기능에 대해 추사는 「적천리설」에서는 다음과 같이 강조한다.

> 의심이 많은 사람은 머뭇거리고 선뜻 그 올바른 길을 성심껏 일어 준 말을 믿지 않는다. 그러기에 또 다른 사람에게 물어보고, 다시 또 다른

---

44) 『論語』「述而」: 不憤不啓, 不悱不發, 擧一隅不以三隅反, 則不復也.
45) 『阮堂先生全集』卷1: 夫聖賢之道, 在于躬行, … 博學篤行, 專主實事求是一語 行之可矣.
46) 이문원, 「김정희」, 『한국의 교육사상가』, 서울: 문음사, 2002, 265쪽 참조.

사람에게 묻곤 한다. 그러면 성심(誠心)을 지닌 곁의 사람들은 모두 묻기를 기다리지 않고서, 그 길의 곡절을 빠짐없이 열거하여 나에게 일러주되, 오직 자신이 잘못 알았을까 염려해서 사람마다 모두 같은 말을 하는 데까지 이른다. 이 정도면 또한 충분히 믿고 서둘러 길을 갈 수 있다. 그러나 저 사람은 더욱 의심을 내면서 이렇게 생각한다. '나는 다른 사람이 모두 옳다고 하는 것도 따를 수가 없어! 모두들 그르다고 하는 것도 나는 그것이 과연 그른지 모르겠어! 내가 직접 경험해 볼거야!' 이런 경우, 자기 멋대로 하다가 마침내 함정에 빠져 건져줄 수 없는 지경에 이르게 된다. 종말에 가서야 자신이 미혹(迷惑)되었음을 깨닫고 되돌아온다고 해도, 이때는 이미 시간을 다 허비하고 심력(心力)을 소모한 터라, 시간의 여유가 없어 걱정하게 된다. 어떻게 하면, 남들이 명백히 일러준 말에 따라 힘써 행하여 성과를 제대로 거둘 수 있겠는가?[47]

추사는 정성을 다해 안내해 주는 스승이 있다고 할지라도 학생은 어떤 부분에서는 의심을 할 수밖에 없다고 한다. 궁극적으로 '자기 확신이 설 때까지 주변 사람들에게 지속적으로 물어야 한다'는 실증적(實證的)이고 실사구시(實事求是)의 태도를 보인다. 이는 스승을 믿지 못한다거나 스승의 교육적 안내가 의미 없다는 말이 결코 아니다. 모두가 바른 길이라고 말하는 보편적인 길을 확인할 때까지, 끊임없이 물으며, 정확하게 알고 실천하려는, 삶의 자세를 확립하려는 노력이다. 그것은 자연과 인간 사회의 진리를 찾으려는 심오한 성찰이다.

그러나 추사는 모든 사람들이 분명하게 일러준 길이 무엇인지 구체적으로 제시하지 않고 있다. 자기 물음으로 그치고 말았다. 추사가 유학의 실제

---

47) 『阮堂先生全集』 卷1: 而多疑者, 遲遲不敢信也, 復問之一人, 又復問之一人, 至其傍人之以誠居心者, 并不俟問, 而盡擧其塗之曲折, 陣之我前, 惟己之或誤, 至於人人皆同一言, 此亦可以篤信而奔趨恐後矣. 彼有生疑, 謂吾不敢從人人所共是者, 其所共非者, 吾又不知其果非也. 吾須歷試之, 卒致入於坎臼而莫救也. 卽使終覺其迷而反之, 亦虛廢時歲, 勞耗心力, 有日不暇給之憂, 何如卽人之所明白曉示而力行之, 爲收功之易也.

성을 옹호한다면, 그것은 공자 이래 유학의 수양법이나 유학교육과 무관하지 않을 것이다. 공자를 비롯한 대부분의 유학자들은 자연과 인간 사회의 법칙을 고려한 삶의 질서를 고민했다. 그것은 자신에 대한 성찰과 타자에 대한 배려의 관계를 순조롭게 이행하려는 욕구와 관련된다. 인간을 개방적으로 바라보는 삶의 추구이고, 생명의 정신이다. 유학의 일상적 삶에는 항상 질서가 부과되어 있다.[48] 일용인륜(日用人倫)이라는 도덕적 정당성의 근거를 넘어, 윤리적 실천을 통해 인생의 질서와 생명력을 불어 넣는다. 유학이 허학(虛學)이 아니라 실학(實學)으로 명명되는 이유도 여기에 있다. 유학은 일상에서 인륜의 실천, 즉 사람의 삶이 행복과 희열로 충만하게 하고, 사람이 사람답게 살아가도록 만들기 위한 교화(敎化) 차원에서 학문을 하는 실천 중시의 교육철학사상이다.[49]

추사는 바로 이러한 유학의 실제성, 실천을 교육철학의 중심에 두려고 했던 것은 아닐까? 그 단서는 「격물변(格物辨)」에서 확인할 수 있다. 「격물변」은 청나라 때의 사상가인 운대 완원(雲台 阮元, 1764~1849)의 「대학 격물설(大學格物說)」을 옮겨와 추사가 나름대로 이해하려고 했던 교육론이다.

> 격물(格物)이란 '사물에 이르러 그치다'라는 뜻으로 말하는 것이다. 대체로 집안[家]과 나라[國], 세상에서 오륜(五倫)은 몸소 그곳에 이르러 실천하여 가장 선한 곳에 그쳐야 한다. '물을 이르게 하다[格物]', '가장 착한 곳에 그치다[止至善]', '그칠 곳을 안다[知止]', '인에 그치다[止于仁]', '경에 그치다[止于敬]' 등의 일이 모두 한 가지 뜻이다. 두 가지 해석이 있는 것이 아니다. 그러므로 성현의 도는 모두가 실천하는 일이고, 이것이 다 실사구시(實事求是)의 뜻일 뿐이다.[50]

---

48) 최진덕, 「日常的 世界과 人倫的 秩序－日常性의 儒學的 意味」, 『정신문화연구』 제20권 제2호, 성남: 한국정신문화연구원, 1997, 3쪽.
49) 김충렬, 『中國哲學散稿』II, 청주: 온누리, 1990, 60쪽 참조.
50) 阮堂先生全集』 卷1: 格物者, 至止于事物之謂也. 凡家國天下五倫之事, 無不當

이런 점에서, 추사가 반문했던 것처럼, '어떻게 하면 남들이 명백히 일러준 말에 따라 힘써 행하여 성과를 제대로 거둘 수 있겠는가?' 유학교육의 목적이나 교육철학은 더욱 분명해 진다. 그것은 '성현의 도', 즉 '요·순(堯·舜)'에서 주공(周公)으로 이어지는 정의의 실천이다.


## 6. 닫는 글

지금까지 「적천리설(適千里說)」을 중심으로, 추사의 유학교육에 담긴 철학사상과 교육의 과정을 살펴보았다. 추사는 금석학자 또는 서화에 능한 예술가인 동시에 유학의 본령을 학문의 기초로 성찰하려는 근본 유학자였다. 그러기에 '성선(性善)'의 설을 일상의 떳떳한 이치로 규정하고 주공에서 맹자에 이르는 유학의 도통을 옹호한다. 뿐만 아니라 '거경(居敬)'을 핵심적 가치에 두고 수양하려는 의지를 엿보인다. 다시 말하면 추사는 원시유학의 성선 전통을 기초로 성리학의 거경을 교육의 중심축으로 삼았다. 그것이 추사에게는 실사구시(實事求是) 교육이다.

추사에게 교육은 심오한 진리가 담긴 성현들의 도를 본받아 실천해야 하는 데 초점이 놓인다. 그것은 '목적지'를 분변하는 데서 시작된다. '입지(立志)'를 설정하고, 성선(性善)을 무게중심에 두고 있는 요순의 도와 같은 성현의 길을 예비한다. 그 과정에서 먼저 깨달은 사람이자 '아는 사람', 자세히 '가르쳐 주는 사람'으로서 스승이 절대적으로 요청된다. 그러면서도 교육의 과정에서 의구심이 나는 사항은 '물음'으로 해소할 수밖에 없다. 궁극적으로 자기 확신이 설 때까지, 지속적으로 묻고 자기 경험으로 실증할 수 있는 진리 발견과 실천의 태도가 중요하다.

---

以身親至其處而履之, 以止于至善也. 格物與止至善知止知于仁敬等事, 皆一義, 非有二解也. 聖賢之道, 無非實踐, 而皆實事求是之義也.; 이런 인식은 「理文辨」이나 「學術辨」에서도 엿볼 수 있다.

요컨대, 추사의 유학교육과정은 다음과 같은 철학적 성찰을 하게 만든다.

첫째, 교육에서 '입지(立志)'가 가장 중요하다. 입지는 인간됨을 위한 자기 이상이다. 특히, 삶의 전체 상황에서 무엇을 지향하는지, 분명한 목표의식을 갖게 한다.

둘째, 스승의 중요성이다. 스승은 교육을 추동하는 주요한 힘으로 길을 인도하는 사람이다. 스승의 도움은 교육의 목표를 분명하게 인식하게 만들고, 거기에 도달하는 데 결정적으로 기여한다.

셋째, 스스로 회의(懷疑)하는 물음을 거듭하여 의구심을 해소하고, 자기 노력으로 진리의 가치를 확인한다. 묻는 작업은 교육의 알파이자 오메가이다. 물음을 통해 배우고 자기를 확인해야, 인식과 실천에 도달할 수 있다. 이는 유학이 지향하는 교육 작용의 본질을 일러준다.

# 7장 인간의 자질과 실사구시

― 추사 김정희의 「인재설」과 「실사구시설」 ―

## 1. 여는 글

추사 김정희(秋史 金正喜, 1786~1856)는 실학자인가? 이른바 조선 후기 3대 실학파라고 하는 '이용후생(利用厚生)', '경세치용(經世致用)', '실사구시(實事求是)' 가운데 '실사구시학파'로 분류되는 지적 거장인가? 우리에게 추사는 '추사체(秋史體)'라는 독특한 글씨체를 자신의 흔적으로 남긴 서예가로 가장 잘 알려져 있다. 그러나 추사는 조선 고증학(考證學)의 태두(泰斗)라고 불릴 만큼 고증학에도 뛰어난 천재였고, 그림에도 능한 화가(畫家)였으며, 불교와 유학을 넘나드는 대학자이자 시인이었다. 그런데 어떤 측면에서 추사를 '실사구시학파'라고 일컬었던가?

엄밀히 말하면, 추사는 퇴계나 율곡처럼 학맥을 잇는 학파를 형성한 적은 없었다. 어린 나이에 당시 북학(北學)에 열렬한 관심을 보였던 초정 박제가의 문하에서 배우기는 했다. 그런 '초정─추사'의 학문을 이어 학파를 형성하는 후학들이 즐비했던 것은 결코 아니다. 주지하다시피 추사는 24세 때인 1809년 아버지를 따라 연경(燕京: 北京)에 갔는데, 그때 청나라의 옹방강(翁方綱, 1733~1818)이나 완원(阮元, 1764~1849) 등 대학자들과 교류하였다고 한다. 그 후 33세에 과거에 급제하고 50세에 성균관 대사성이 되었으며, 나중에 이조참판을 지냈다. 과거급제에서 교육과 관련된 중앙의 요직을 거친 그의 이력으로 볼 때, 학자로서 추사의 면모는 어디에서 찾아야 할 것인가?

나는 조선조의 지배 정신인 성리학(性理學)을 벗어버리고 현실에 유익한 실용적인 학문으로서 실학을 주장한 추사의 모습을 그리고 싶지 않다. 추사가 청대 고증학의 영향을 받아 금석학자로 탁월했다는 점, 뛰어난 서예가이자 시인이라는 점, 불교의 선승들과 긴밀히 교류했다는 점 등 다방면의 업적은 충분히 인정한다. 기존의 유학인 성리학과 다른 학문방법론이나 실제적인 학문을 추구하려는 열정으로 임한 것도 분명하다고 판단한다. 그러나 추사의 학문 정신이나 공부론, 교육철학사상의 핵심은 '유학의 본령'을 잇고 있다고 생각한다. 그것은 「실사구시설(實事求是說)」이라는 짧은 글에서 드러난다.

물론, '실사구시설(實事求是說)'은 추사가 청나라에 다녀온 후 지은 글이다. 여기에는 학문에 대한 그의 기본적 입장이 잘 드러나 있다. 이 논설은 당시 추사와 교유하였던 청대의 대학자 완원과 옹방강의 영향을 받은 것으로, 추사의 독창적인 작품이 아니라는 설도 있다. 그러나 이것은 완원이 가장 많이 언급하였던 '실사구시(實事求是)'를 인용하여 나름대로 재해석한 것으로 보인다. 또한 추사 자신의 저술이라고 고증된 바 있고, 문집 곳곳에서 추사가 지향하는 것이 '실사구시'의 학임을 분명히 밝히고 있어, 추사의 사상을 이해하는 데 근본자료로 보아도 될 듯하다.[1] 어쩌면 이 '실사구시'설 때문에, 추사를 조선 후기 학문적 경향인 실학(實學)[2]의 '실사구

---

1) 이선경, 「阮堂 金正喜의 實事求是 硏究」, 한국학대학원 석사논문, 1991, 15쪽; 정재훈, 「청조 학술과 조선 성리학」, 정병삼 외, 『추사와 그의 시대』, 서울: 돌베개, 2002, 153쪽 참고.

2) 儒學者(특히 性理學者)들은 老莊과 佛敎를 虛學으로 비판하고, 진실성과 현실성을 강조하면서 자기들의 학문 체계를 實學으로 자칭했다. 「中庸章句」에서는 "始言一理, 中散爲萬事, 末復合爲一理, 放之則彌六合, 卷之則退藏於密, 其味無窮, 皆實學"이라 하여 유학이 '진실한 학문[實學]'임을 천명하고 있다. 중국과 한국, 일본 등 동아시아 사상사에서 '實學'은 시대와 상황에 따라 다양한 의미를 지니고 있다. 그것은 특정한 학문 대상을 지칭하기보다는 어떤 학문의 허위성·공허성을 비판하면서 등장하는 학문 체계이다. 이런 점에서 우리가 일반적으로 實學이라고 거론하는 조선 후기의 학문 경향은 性理學·道學의 이론화를 비판한 儒學의 한 分派이며, 性理學에 대하여 連續性과 革新性의 양 측면을 지니고 있음을 간과해

시학파'로 오해하고 있는 지도 모르겠다.

여기에서는 추사가 생각하는 진정한 '실사구시(實事求是)'의 의미가 무엇인지 탐색하고, 그에 기초한 교육철학사상의 핵심을 드러내려고 한다. 그런데 실사구시는 인간의 삶을 통해 발현된다. 즉 인간의 본성과 자질을 바탕으로 실천을 통해 표출된다. 따라서 인간에 대한 이해가 선행될 때, 실사구시의 행위 표출을 구체적으로 설명할 수 있다. 이에 추사의 「인재설 (人才說)」을 통해 인간의 재주와 교육의 가능성을 탐구하고, 다음으로 「실사구시설(實事求是說)」에 나타난 참 공부와 그 교육철학적 의미를 규명해 본다.


## 2. 사람의 자질과 공부의 가능성

추사는 사람을 어떻게 파악했는가? 그의 사람에 관한 인식은 공부의 가능성을 어떻게 제시하는가와 직접적으로 연관된다. 전통적인 유학에서는 인간을 파악할 때, 심(心)이나 성(性)을 통해 규명하려고 했다. 흔히 마음, 또는 본성으로 해석되는 심성(心性)은 인간 이해의 기초였다. 『대학』의 첫 구절에 등장하는 '명덕(明德)'도 그렇고, 『중용』의 '천명지위성(天命之謂 性)'에서 '성(性)'도 인간을 이해하기 위한 기본 개념이었다. 그런데 추사는 '심(心)'이나 '성(性)'이 아니라 '재(才)'라는 개념을 통해 사람의 자질을 논 의한다.

'재(才)'는 '심성(心性)'과는 다르게 여러 가지 의미를 지니고 있다. 인간이 천부적으로 갖추고 있는 '자질(資質)'을 의미하기도 하고, '재능(才能)'이나 '재주'를 뜻하기도 한다. 『맹자집주』에서 주자(朱子)는 '재(才)'를 '재질(材質)'로 풀이하고, 사람이 성을 지니고 있으면 재질을 지니고 있다고

---

서는 안 된다.

해석하였다.3) 이는 '재(才)'를 '자질(資質)'과 가까운 의미로 이해한 것으로 '성(性)'과 동일한 의미로 쓰고 있다. 『논어』에서는 '재주'나 '재능'의 의미를 보인다.4) 또한 『주역(周易)』에서는 '생생불식(生生不息)'의 개념으로 이해되기도 한다.5) 어쨌든 재(才)는 초목이 처음 땅에서 움트나오는 모양을 형상한 것으로 인간에게 적용하면, '잠재능력(잠재능력)'이나 '자질', 또는 '재능'을 포괄적으로 뜻하는 개념으로 볼 수 있다. 여기서는 '자질'이나 '재능'과 동일한 의미로 이해한다.

먼저 추사는 인간의 자질을 어떻게 생각하고 있는지, 그의 「인재설(人才說)」에서 확인할 필요가 있다.

> 하늘이 사람의 자질을 부여할 때, 처음에는 밝고 어둡고, 귀하고 천한 차이가 없다. 그런데 그 자질이 온전하게 이루어지기도 하고 이루어지지 않기도 하는 까닭은 무엇인가?
>
> 사람은 어릴 때에 총명한 지혜를 지니고 있어 글 읽은 내용을 잘 기억하게 된다. 그러나 부모나 선생들이 과거시험 문제집을 전하여 주입시키고, 옛사람들이 여러 방면에서 탐구하여 기록한 심오한 내용의 글들을 보지 못하게 하여, 지혜를 흐리게 한다. 이렇게 잘못된 방향으로 한 번 물 들면, 다시는 총명한 지혜로 생생한 기록을 읽을 수 없게 된다. 이것이 첫 번째 이유이다.
>
> 어쩌다가 요행히 관학(官學)에 들어가 유생(儒生)이 되더라도, 글이 막히어 제대로 통달하지 못한 상태에서 어정거리게 되고, 시험 보는 장소나 들락거리게 된다. 이런 짓을 오래하다 보면, 기색이 희미하게 떨어질 지경이니, 어느 겨를에 편지 나부랭이 이외의 것을 의논할 수 있겠

---

3) 『孟子集註』「告子」上: 若夫爲不善, 非才之罪也. 才猶材質, 人之能也. 人有是性, 則有是才, 性旣善, 則才亦善.

4) 『論語』「子罕」: 欲罷不能, 旣竭吾才, 如有所立卓爾.

5) 『周易』「繫辭」下에 나오는 "有天道焉, 有地道焉, 有人道焉, 兼三才而兩之"의 경우, "能生生不息者曰才"로 이해하기도 한다. 高樹藩, 『正中形音義綜合大字典』, 臺北: 正中書局, 1974, 32쪽 참조.

는가? 이것이 두 번째의 이유이다.

사람이 비록 자질이 있다고 하나, 그가 생활하는 곳을 살펴보아야 한다. 외진 곳의 적막한 바닷가에서 생활한다면, 산과 강, 사람과 물건, 집을 짓고 살며 사람들이 내왕하는 일, 크게 알려지고 높고 씩씩한 삶, 그윽하고 기괴한 것과 협기를 부리는 일 등, 여러 측면을 보지 못했을 것이다. 그러므로 정신을 갈고 다듬거나 씻어낼 것이 없게 되고, 가슴과 배속도 가득 차서 남을 것이 없게 된다. 귀와 눈이 이미 인색하게 되었다면, 손과 발은 반드시 쓸 수 없는 병신이 되었을 것이다. 이것이 세 번째 이유이다.

이 세 가지가 사람의 자질을 한꺼번에 소모하게 하는 것이다. 참으로 슬프고 가슴 아픈 일이라 하겠으나, 이와 같은 일이 종종 있다. 그러므로 무언가에 얽매인 늙은 선비일지라도 나름대로의 글이 있겠지만, 귀로는 많이 듣지 못하고 눈으로는 많이 보지 못하여 촌스럽고 편협한 지식을 내놓는다. 그럼에도 온 세상의 글을 평가하고 있으니 어찌 좋은 문장이 있겠는가!

글의 묘미는 남이 하는 대로 따라 하거나 유사하게 만드는 데 있는 것이 아니다. 자연의 신령한 기운이 황홀하게 몰려와서, 생각하지도 않았는데 이르는 데 있다. 그러므로 괴상하고 기묘하여 어떠한 이름을 붙일 수도 없다.6)

추사는 먼저 인간의 자질에 대해, 태어날 때는 '모든 인간이 평등하다!'고 지적한다. 그것은 '하늘이 사람의 재능을 부여할 때, 처음에는 밝고 어

---

6) 『阮堂先生全集』卷1: 天之降才, 初無南北貴賤之異, 其所以有成不成者何也? 凡人兒時, 多慧裁識書名, 父師迷之, 以傳注帖括, 不得見古人縱橫浩緲之書, 一食其塵, 不復可鮮. 一也. 乃幸爲諸生, 困未敏達蹐蹐, 出沒於較試之場, 久之氣色微落, 何暇議尺幅之外哉? 二也. 人雖有才, 亦視其所生, 生于隱屛寂寞之濱, 山川人物, 居室遊御, 鴻顯高莊, 幽奇怪俠之事, 未有視焉. 神明無所練濯, 胸腹無所厭餘, 耳目旣吝, 手足必塞, 三也. 此三者, 使人才力頓盡, 可爲悲傷者, 往往如是也. 故拘儒老生, 不可無文, 耳多未聞, 目多未見, 而出其鄙委牽拘之識, 相天下之文, 寧復有文乎! 文之妙, 不在步趨, 形似之間, 自然靈氣, 恍惚而來, 不思而至, 怪怪奇奇, 莫何名狀.

둛고 귀하고 천한 차이가 없다'라는 문장에서 확인할 수 있다. 이런 태도
는 이미 『논어』에서 공자가 지적한 것처럼, 유학의 기본 인식이다. 공자는
"인간의 본성은 비슷하지만 습관에 따라 달라진다"[7]라고 했다. 여기에서
본성을 인간의 자질로 본다면, 인간의 타고난 자질은 대부분의 사람이 비
슷하지만, 교육이나 학습 등 공부에 의한 습관의 차이로 말미암아 나중에
큰 차이가 생긴다는 말이다. '본성'은 인간의 자연 천성(天性)인 '선천적 자
질'을 의미한다. '습관'은 교육이나 학습 등으로 형성된 인간의 '후천적 자
질'을 의미한다. 때문에 공자에게서 선천적 자질인 '본성[性]'과 후천적 자
질인 '습관[習]'은 내재적 연관성을 지니게 마련이다.

　선천적 자질의 유사함에 주목한 공자는 "사람을 가르칠 때 그 사람의
상황에 따라 교육에 차이를 두지 않는다"[8]라는 교육적 신념을 표출하였다.
교육에서 '사람에 따라 차이를 두지 않는다[類別]'는 말은 빈부(貧富)나 귀
천(貴賤)은 물론 지·우(智·愚), 현·불초(賢·不肖)를 따지지 않는다는 의미
이다. 다시 말하면, 교육에서 신분이나 자질, 지위의 고하에 차별을 두지
않고, '모든 사람들을 교육의 대상으로 삼는다'는 교육 평등의 정신을 드러
낸 것이다.[9]

　동시에 공자는 후천적 자질인 습관에 주목함으로써 교육에 의한 인간의
변화 가능성에 주목하였다. 습관은 인간의 자질 변화 가운데서도 도덕·윤
리의 측면에서 서로 거리가 멀어진다는 의미이다. 이때 덕성(德性)의 형성
과정은 모든 사람들의 선천적 자질에 근거한다. 즉 선천적 자질은 덕성 형
성의 가능성을 제공한다. 따라서 인간은 습관의 작용에 의지하여 선천적
자질을 건강하게 전개시킴으로서 자연 본능의 상태로부터 걸어 나오고, 그
것을 현실로 전화(轉化)시킬 수 있게 한다.[10] 이것이 자질의 변화를 통한

---

7) 『論語』「陽貨」: 子曰, 性相近也, 習相遠也.
8) 『論語』「衛靈公」: 有敎無類.
9) 김학주, 『孔子의 生涯와 思想』, 서울: 명문당, 1988, 152쪽.
10) 천웨이핑, 신창호 옮김, 『공자평전』, 서울: 미다스북스, 2002, 192쪽.

공부의 효과이다.

유학(儒學)은 공자(孔子) 이래로 인간[자질]의 변화를 적극적으로 인정하고 있다. 그것은 수양을 통해 인간의 완성을 꾀하는 유학의 교육철학사상과 맞닿아 있다. 조선유학의 경우, 율곡은 기질(氣質)의 교정(矯正), 즉 교기질(矯氣質)을 통해 인간의 건전한 변화를 유도하였다. 현대 교육학에서도 "교육은 인간의 행동을 주시하되, 그것을 어떤 방향으로 기르고 고치고 바꾸는 데 관심이 있다. 그렇다면 교육은 인간을 어떤 방향으로 기르고 고치고 바꿀 수 있다는 것을 전제해야 한다"라고 주장하며, 인간의 '변화(變化)'에 초점을 맞추고 있다. 물론, 이는 행동주의 심리학에 토대한 변화로 유학의 인간 자질의 변화와 차원을 달리 할 수 있다. 하지만 '변화' 자체를 긍정적으로 보는 점에서 상응하는 의미가 있다.[11]

공자는 인간의 양식(良識)에 대하여 신뢰(信賴)함으로써 의욕과 열성만 가지면 각자가 제 나름대로의 상달(上達; 인간됨)이 가능함에 대한 굳은 신념을 지니고 있었다.[12] 추사 김정희의 경우에도 '사람의 자질이 평등하다'고 인식하고, 자질의 변화를 통해 인간의 변화를 인정하고 있는 것으로 보아, 공자 이래 정통 유학과 동일한 맥락에서 교육을 인지하는 것으로 판단된다. 추사는 자질의 변화, 즉 '습관의 차이로 말미암아 차이가 생기게 되는' 구체적인 사례를 당시 현실에 견주어 다음과 같이 비판한다.

첫째, 인간의 자질을 향상시키기 위해서는 심오한 진리가 담긴 성현(聖賢)들의 도(道)를 본받고 예지력(叡智力)을 높여 가야 하는데, 사람들은 눈앞의 이익이나 현실적 출세를 위한 규격적인 과거시험 답안을 공부하여 자질을 떨어지게 하고 있다.

둘째, 글을 제대로 익히지 못했음에도 불구하고 열심히 공부하지 않고 그 상태로 머뭇거리며, 과거 시험장이나 기웃거려서는 세련된 자질을 확보

---

11) 정범모, 『교육과 교육학』, 서울: 배영사, 1994 참조.
12) 정   종, 『孔子의 教育思想』, 서울: 집문당, 1980, 35쪽.

할 수 없다.

셋째, 자질이 훌륭하다고 해도 다양한 경험과 유연한 사고를 할 수 없다면 자질을 발휘하기 어렵다.

이러한 자질의 온전한 성취와 실패에 대한 추사의 생각은 크게 두 가지 차원에서 논의할 수 있다. 하나는 인간의 자질을 향상시키는 진정한 공부와 관련되고, 다른 하나는 환경이 자질에 미치는 영향과 관련된다. 추사는 공부의 핵심을 '옛 사람들이 여러 방면에서 탐구하여 기록한 심오한 내용의 글'에서 찾았다. 이때 심오한 내용의 글은 무엇일까? 구체적으로 언급하지는 않았지만, 성현들의 도가 담긴 유학의 경전으로 생각된다. 그렇다면 추사는 정통 유학자로서 유학의 본령을 공부의 주요 축으로 삼고 있음을 부인할 수 없다. 그렇기에 과거 시험 문제집과 같은 단편적·수단적인 공부에 대해서는 매우 비판적이었고, 학생[儒生]으로서 학문적 기초를 다지는데 심혈을 기울일 것을 권장하고, 공부의 본질에 어긋나는 행위를 삼갈 수 있기를 바랐다.

또한 주의 깊게 살펴볼 부분은 바로 '환경'과 '자질 향상'의 관계 문제이다. 교육에서 환경의 중요성은 '맹모삼천지교(孟母三遷之敎)'에서도 나타나듯이[13] 필연적이며 유기적 연관을 지닌다. 즉 환경의 차이 여하에 따라

---

13) 劉向『列女傳』「母儀」"鄒孟軻母": "鄒孟軻之母也, 號孟母. 其舍近墓, 孟子之少也, 嬉遊爲墓間之事, 踊躍築埋. 孟母曰, 此非吾所以居處子也. 乃去舍市傍. 其嬉戲爲賈人衒賣之事. 孟母又曰, 此非吾所以居處子也. 復徙舍學宮之傍. 其嬉遊乃設俎豆揖讓進退. 孟母曰, 眞可以居吾子矣. 遂居及. 鄒孟軻母, 孟子長, 學六藝, 卒成大儒之名. 君子謂孟母善以漸化. 詩云, 彼姝者子, 何以予之. 此之謂也.(추나라 맹가의 어머니를 맹모라 한다. 맹가와 맹모는 묘지 근처에서 살았다. 그러니까 맹가가 어려서 즐기는 놀이란 뻔하였다. 묘지에서 일어나는 일을 흉내 내는 것. 죽음을 슬퍼하며 발을 구르는 의식과 시체를 매장하는 일을 흉내 내며 놀았다. 맹가의 어머니는 '이곳은 자식을 키울만한 환경이 못 되는구나!'하고 시장 근처로 이사를 갔다. 그랬더니 거기에서 맹가는 또 시장의 풍경을 그대로 따라하며 놀았다. 물건 파는 상인들의 일을 흉내 내었던 것. 맹가의 어머니는 '이곳 또한 자식을 키울 만한 환경이 못 된다!'라고 하고서 학교 근처로 다시 이사를 갔다.

인간의 성장이 달라진다. 그것은 유학에서 오랜 전통을 지니고 있다. 태교
(胎敎)에서 성인교육(成人敎育)에 이르기까지 자연은 물론 인문 환경은 교
육에 절대적 영향을 미친다. 서구교육에서도 환경의 중요성이 예외는 아니
다. 특히, 좋은 환경은 신체적·정신적 가능성을 최대한 발휘할 수 있도록
도와준다. 따라서 이상 없이 정상적으로 자랄 수 있는 환경 마련은 최상의
교육적 배려이다.[14)

　환경은 사람이 태어나서 생활하는 시공간이다. 따라서 인간 삶의 양식
에 고스란히 투영된다. 추사는 외지고 적막한 바닷가와 같은 환경을 자질
의 향상 측면에서는 부정적으로 인식한다. 그런 곳은 인생의 희로애락을
맛볼 수 없기 때문에, 인간의 자질을 연마해가는 데 한계가 있다. 보고 듣
는 것이 일정하기 때문에 편협한 심성을 형성하기 쉽고, 독선과 아집에 빠
질 위험도 있다. 추사는 다양한 인간 군상들의 삶 속에서 자신의 자질을
끌어올리며 지혜롭게 살아갈 것을 원한 듯하다. 따라서 편협한 시각으로
무엇엔가 얽매인 인간을 경계한다. 이는 일상생활에서 타인과 어울려 살아
가면서 지혜를 추구하는 유학 본래의 모습이다. 공자가 일관(一貫)한 '자기
충실'과 '타자 배려'라는 '충서(忠恕)'의 길을 통해, '화이부동(和而不同)'의
건전한 인격자를 추구한 것과 흡사하다.[15)

---

　　그곳에서 맹가는 제기를 배열하고 예를 갖추어 나아가고 물러가는 의식을 흉내
　　내며 놀았다. 맹가의 어머니는 '이곳이야말로 자식을 기를만한 환경을 갖추었구
　　나!'하고 그곳에 눌러 살았다. 맹가는 성장하여 지성인이 갖춰야 할 다양한 교양
　　이 담긴 육예를 익혀 마침내 대학자의 영예를 얻었다. 어떤 지성인이 말하였다.
　　'맹가의 어머니는 사는 곳을 옮기면서까지 자식을 잘 가르쳤다.『시경』에 '저 착
　　한 양반에게 무엇을 줄 것인가'하는 것은 이를 두고 한 말이리라.)"

14) 신창호,『공부, 그 삶의 여정』, 고양: 서현사, 2004, 47쪽 참조.
15) '忠恕'는 儒學의 敎育哲學思想을 형성하는 基本 軸으로 다음과 같이 해설된다.
　　敎育의 結果나 效果 가운데 하나가 '和而不同'으로 드러난다.;『論語集註』「里
　　仁」: 曾子曰, 夫子之道, 忠恕而已矣.; 盡己之謂忠, 推己之謂恕.; 中心爲忠, 如心
　　爲恕.; 以己及物仁也, 推己及物恕也.; 忠者天道, 恕者人道.; 忠者無妄, 恕者所
　　以行乎忠也.; 忠者體, 恕者用.; 維天之命, 於穆不已, 忠也.; 乾道變化, 各正性命,

이렇게 인간의 자질을 향상하기 위한 조건과 전제를 제시한 후, 추사는 '문(文)'의 묘미를 자기 자신의 노력을 통해 저절로 당도할 수 있는 것으로 묘사하였다. 즉 남을 따라하거나 유사하게 모방하지 않고, 자기의 주체적인 힘으로 이루는 작업임을 강조하였다. 이때 '문(文)'은 '단순한 글'이 아니다. 그것은 공자가 말한 '문질빈빈(文質彬彬)'의 '문(文)', 즉 인간의 문화를 의미한다. 왜냐하면 개인이 자질 향상을 통해 인간에 기여하는 일은 문화적 행위를 통한 사회의 건강함이기 때문이다. 문(文)은 유학의 전통적인 자기 수양법과 맥락을 같이 한다. 특히, 유학의 기본 경전인 『대학』의 "격물(格物)－치지(致知)－성의(誠意)－정심(正心)"의 과정과 크게 다르지 않다.

요컨대, 추사의 인간의 자질에 관한 논의인 「인재설(人才說)」은 옛 사람[古人; 聖賢]들의 경전을 핵심으로 하여, '위기지학(爲己之學)'을 통해 '자질을 함양하라'는 메시지로 들린다. 이 과정에서 인간 세상과 유리된 환경은 자질을 향상시키는 데 위험할 수 있으므로, 조심하라는 의미로 다가온다. 다음 절의 '실사구시설(實事求是說)'을 확인하면 이는 보다 명확해진다.

---

恕也.; 聖人, 敎人, 各因其才.(孔子의 인생길은 忠과 恕일 따름이다.; 자기 최선을 다하는 것을 忠이라 하고, 자기의 마음이나 입장을 미루어가는 일을 恕라고 한다.; 본래의 마음에 맞는 것이 忠이고, 마음같이 하는 일이 恕이다.; 자신의 모든 것을 사물에 미치게 하는 일이 仁이고, 나의 처지로 사물에 미루어나가는 일이 恕이다.; 忠은 天道이고, 恕는 人道이다.; 忠은 거짓이 없고, 恕는 忠을 행하는 근거이다.; 忠은 본체[體]이고, 恕는 작용[用]이다.; 오직 자연의 질서가 부여한 생명력을 건건하게 따르는 것이 忠이다.; 자연의 질서가 변화하여 저마다의 성명에 바르게 되는 일이 恕이다.; 聖人이 사람을 교육할 때 각자의 자질[재질]을 바탕으로 한다.); 『論語集註』「子路」: 君子, 和而不同. 小人, 同而不和.; 和者, 無乖戾之心. 同者, 有阿比之意. 君子尙義, 故有不同. 小人尙利, 安得而和.(君子는 和하되 同하지 않는다. 小人은 同하고 和하지 않는다. 和는 반대하고 어긋나는 마음이 없다는 뜻이다. 同은 아첨하고 편들려는 마음이 있다는 말이다. 君子는 正義를 높이기 때문에 아부하지 않는다. 小人은 利益을 높인다. 그러니 어찌 어긋나는 마음이 없을 수 있겠는가?)

## 3. 진정한 공부로서 실사구시

앞에서 언급한 것처럼, 추사는 '옛 사람들이 여러 방면에서 탐구하여 기록한 심오한 내용의 글'을 공부의 핵심으로 지적하였다. 그것은 추사가 현재의 국립대학 총장에 해당하는 성균관(成均館) 대사성(大司成)까지 지낸, 당시의 대학자라는 데서 짐작할 수 있듯이, 유학을 중심축으로 하는 유학 본래의 정신을 강조하는 일이었다. 따라서 우리는 이른바 '실학(實學)'이라는 개념으로 명명되는 추사의 학문을 철저히 재점검할 필요가 있다. 과연 '실학'이란 무엇인가? 다시 말하지만, 『중용장구』에서도 표현하였듯이, 모든 유학자들은 '노장(老莊)'이나 '불교(佛敎)'를 '허학(虛學)'이라 표현하고, 유학이야말로 '실학(實學)'이라고 자처하였다. 그런데 조선 후기 유학은 '실학'이고 그 이전의 성리학은 '허학'이란 말인가?

나는 그렇지 않다고 판단한다. 조선조 성리학은 엄연히 '실학'이다. 그것은 상당한 수준의 우주론(宇宙論)과 수양론(修養論)을 갖추고, 수기치인(修己治人)을 현실에서 구현하려고 노력하던 학문의 체계였다. 성리학을 대표한다고 볼 수 있는 퇴계(退溪)와 남명(南冥), 그리고 율곡(栗谷)의 경우만 보아도, 그들은 '실학(實學)'을 실천한 지성인들이다. 퇴계는 '경(敬)'을 통해 자기 수양을 게을리 하지 않았고, 율곡은 진실함과 성실함을 핵심으로 하는 '성(誠)'을 자기 학문의 중심으로 삼았다. 그렇다면 추사의 경우는 어떠한가? 그의 「실사구시설(實事求是說)」을 통해 그 실체를 구명해 보자.

『한서(漢書)』 「하간헌왕전(河間獻王傳)」에 다음과 같은 기록이 있다. '실제적인 일에서 올바름을 구한다[實事求是]!'[16] '실사구시(實事求是)

---

16) 實事求是는 '修學好古 實事求是'를 줄인 말이다. 원래 淸나라 초기에 考證學을 표방하는 학자들이 空理空論을 일삼는 宋·明代의 學問을 배격하여 내세운 標語이다. 이때 '實事求是'는 '空論을 피하고 착실한 證據를 찾는다'라는 의미로 文獻學的 考證의 精密함을 尊重하고 客觀主義的 學問 態度를 지닌다는 의미이

는 학문의 핵심적인 길을 지시한다. 만약 실제적이지 않은 일을 하면서 속이 텅 비고 엉성한 잔꾀만을 부린다거나, 올바름을 구하지 않고 잘못 얻어 들은 말로 주장만을 되풀이한다면, 그것은 성현의 도에 어긋나는 짓이다.

한(漢)나라의 유학자들은 경전을 전하여 받거나 훈고(訓詁)할 때, 모두 스승으로부터 이어 받는 것이 있어서, 그 짜임새가 지극히 정밀하고 확실하였다. 성(性)·도(道)·인(仁)·의(義)와 같은 사안에 대해서는 당시 사람들이 모두 잘 알고 있어서 깊이 논할 것이 없었기 때문에, 대부분 크게 들어 밝히지는 않았다. 그러나 어쩌다가 주석을 할 경우에는 실제 적인 일에서 올바름을 구하지 않은 것이 없었다.

진(晋)나라 사람들이 노장(老莊)의 허무(虛無)를 중심으로 하는 학문 을 강론하면서부터 배우기를 게을리 하여, 속이 텅 비고 엉성한 사람들 을 만들어 내면서 학술은 한번 크게 변하였다. 불교(佛敎)가 크게 유행 하게 되면서 선(禪)을 중심으로 깨달음에 이른다는 지리한 것으로 흘러, 연구하고 물을 수도 없는 지경에 이르면서 학술은 또 한 번 크게 변하 였다. 이는 다름이 아니라 '실제적인 일에서 올바름을 구한다[實事求 是]'라는 한 마디 말과 모두 서로 반대되는 것일 뿐이다.

남송(南宋)·북송(北宋) 때의 유학자들은 도학(道學)을 천명하였는데, 성(性)·리(理)와 같은 사안에 대해 정밀하게 연구하여 말하였으니, 실제 로 옛사람들이 드러내지 못한 것을 밝혀내었다. 그런데 육상산(陸象山) 이나 왕양명(王陽明) 등의 학파가 공허(空虛)한 이론을 따라 유교를 끌 어들여 불교에 들여놓고, 심한 경우에는 불교를 끌어들여 유교에 들여

---

다.; 우리나라에서 '實事求是'를 가장 먼저 언급한 학자로는 梁得中(1665~1742) 을 들 수 있으며, 이후 洪奭周(1774~1842), 田愚(1841~1922) 등의 학설에서 實 事求是說을 찾아 볼 수 있다. 梁得中의 경우, 虛僞風潮를 사로잡는 要諦를 實事 求是로 보았고, 洪奭周는 灑掃應對를 바탕으로 禮樂射御書數의 六藝를 통해 實 際 생활의 實務的인 일들을 道理에 맞게 실천함으로써 聖王의 道를 具現한다는 의미에서 實事求是를 언급하였으며, 田愚는 孝悌忠信과 心性道器에 대한 講學 을 爲主로 하는 實事求是를 주장하였다. 이들은 기본적으로 儒學의 傳統에 터하 여 實事求是를 주장하고 있다. 김인규, 「추사 김정희의 학문관」, 동양고전학회 학 술대회 자료집, 『추사 김정희의 종합적 연구』 II, 2005. 2, 10~11쪽 참고.

놓기까지 하였다.

가만히 생각해 볼 때, 학문의 길이 '요(堯)―순(舜)―우(禹)―탕(湯)―문(文)―무(武)―주공(周公)'에게로 돌아가는 것을 기본으로 삼는다면, 마땅히 실제적인 일에서 올바름을 구해야 할 것[實事求是]이고, 공허한 이론으로 그릇된 곳으로 달아나서는 안 된다.

학자들은 한나라 유학자들이 정밀하게 훈고(訓詁)한 것을 존중하는데, 이는 진실로 옳은 일이다. 성현(聖賢)의 도(道)는 큰 집에 비유할 수 있는데, 주인이 거처하는 곳은 항상 방[堂室]이 된다. 그런데 방은 문간을 거치지 않고 들어갈 수 없다. 훈고(訓詁)는 바로 이 문간이다. 한평생을 문간에서만 뛰어 다니고, 마루로 올라가서 방으로 들어가려 하지 않는다면, 이것은 하인[종]이다. 그러므로 학문을 하는 데 반드시 정밀하게 훈고를 하는 것은, 학문의 방에 잘못 들어가지 않게 하기 위한 것이지, 훈고로 일을 끝마치라는 말이 아니다. 한나라 사람이 방에 대하여 심하게 말하지 않은 것은, 그때는 문간을 잘못 들어가지 않았으므로 방에도 잘못 들어갈 이유가 없었기 때문이다.

진(晉)·송(宋)나라 이후, 학자들은 높고 원대한 경지에 있는 공자(孔子)를 존경하기에 힘쓰며 성현의 도는 가까이 있지 않다고 생각하였다. 그리하여 가까운 문간을 버리고, 별도로 뛰어나고 오묘하며 높고 원대한 곳에서 그것을 구하려고 하였다. 이에 허공을 뛰어 올라 용마루 위를 왔다 갔다 하며, 창문으로 비치는 빛과 집 그림자를 가지고 생각하여 집안을 연구하였으나, 아직 처마 끝도 제대로 보지는 못하였다. 또 옛 것을 버리고 새로운 것을 좋아하여, 어느 한 집을 들어갈 때 이와 같이 가깝고 쉽게 하는 것이 아니라고 하면서, 별도로 문간을 내고 다투어 들어가면서, 이쪽에서는 방안에 기둥이 몇 개라고 하고, 저쪽에서는 마루에 기둥이 몇 개라고 하여 비교하고 토론하기를 그치지 않았으나, 그 말하는 바는 이미 서쪽의 이웃집으로 잘못 들어가 있는 것을 알지 못하였다. 그러자 먼저 집의 주인은 기가 막혀 웃으면서 내 집은 그렇지 않다고 할 뿐이었다.

성현의 도는 몸소 실천하는 데 있지, 공허한 이론을 숭상하는 것이 아니다. 실제적인 것은 마땅히 구해야 하나, 공허한 것은 근거할 것이 없으니, 아득하고 깜깜한 가운데서 무엇을 찾는 것 같고, 드넓은 사이에 내 던져진 것 같으므로, 옳고 그름을 판단할 수 없어서 본뜻을 모두 잃어버리게 된다. 그러므로 학문을 하는 길은 반드시 한나라와 송나라의 경계를 나눌 것도 없고, 반드시 정현(鄭玄)과 왕숙(王肅), 이정(二程)과 주희(朱熹)의 단점과 장점을 비교할 것도 없으며, 반드시 주희(朱熹)와 육구연(陸九淵), 설선(薛瑄)과 왕수인(王守仁)의 문호를 다툴 일도 없다.17) 중요한 것은 마음을 바로잡고 기를 맑게 하여, 널리 배우고 힘써 실행하는 일이다. 오로지 '실제적인 일에서 올바름을 구한다[實事求是]'라는 이 한마디 말을 기본으로 하여 행하는 것이 좋다.18)

---

17) 鄭玄은 後漢의 經學者이고 王肅은 魏의 經學者로 王肅은 賈逵와 馬融의 學問을 選好하고 鄭玄의 學問을 싫어하였다. 朱熹는 二程의 학문을 이어받았지만, 『周易』을 이해하는 과정에서 朱熹는 「本義」에서 程子의 「傳」과 상당히 다른 인식을 전개했다. 朱熹와 陸九淵의 경우 학문의 宗旨가 다르다. 明나라 때 薛瑄은 朱熹를 尊崇하였고, 王守仁은 陸九淵의 학문을 존숭하여 학파가 갈라졌다. 추사는 이런 학문의 단순한 차이보다 성현의 도를 몸소 실천하고, 실제적인 것을 마땅히 구해 나가는데 무게중심을 두라고 강조한다.

18) 『阮堂先生全集』 卷1: 漢書河間獻王傳云, 實事求是, 此語, 乃學問最要之道. 若不實以事, 而但以空疎之術爲便, 而不求其是, 而但以先入之言爲主, 其于聖賢之道, 未有不背而馳者矣. 漢儒于經傳訓詁, 皆有師承, 備極精實. 至于性道仁義等事, 因爾時人人皆知, 無庸深論故, 不多加推明. 然偶有注釋, 未嘗不實事求是也. 自晉人講老莊虛無之學, 便成于惰學空疎之人, 而學術一變, 至佛道大行, 而禪機所悟至流于支難, 不可究詰之境, 而學術又一變. 此無他, 與實事求是一語, 盡相反而已. 兩宋儒者, 闡明道學, 于性理等事, 精而言之, 實發古人所未發. 惟陸王等派, 又蹈空虛, 引儒入釋, 更甚于引釋入儒矣. 竊謂, 學問之道, 旣以堯舜禹湯文武周公爲歸, 則當以實事求是, 其不可以虛論遁于非也. 學者, 尊漢儒精求訓詁, 此誠是也. 但聖賢之道, 譬若甲第大宅, 主者所居, 恒在堂室. 堂室, 非門逕不能入也, 訓詁者, 門逕. 一生奔走于門逕之間, 不求升堂入室, 是廝僕矣. 故爲學, 必精求訓詁者, 爲其不誤于堂室, 非謂訓詁畢乃事也. 漢人, 不甚論堂室者, 因彼時門逕不誤, 堂室自不誤也. 晋宋以後, 學者務以高遠尊孔子, 以爲聖賢之道, 不若是之淺近也. 乃厭薄門逕而弁之, 別于超妙高遠處求之. 于是乎, 攝空騰虛, 往來于堂脊之上, 窻光樓影, 測度于思議之間, 究之奧戶, 屋漏未之親見也. 又或棄故喜新, 以入甲第, 爲不若是之淺且易, 因別開門逕, 而爭入之, 此言室中幾楹, 彼辨堂上幾棟, 校論不休, 而不知其所説, 已誤入西隣之乙第矣. 甲第主者, 哦然笑曰, 我家屋不爾爾也. 夫聖賢之道, 在于躬行, 不尙空論, 實者當求, 虛者無據, 若索之杳冥之中, 放乎空闊之際, 是非莫辨, 本意全失矣. 故爲學之道, 不

추사의 「실사구시설(實事求是說)」에는 교육의 핵심적인 방향과 내용, 방법이 고스란히 담겨 있다. 그런 탓인지, 간결하고 치밀한 한 편의 학문론, 혹은 공부론, 교육철학 논문을 보는 듯하다. 「실사구시설」은 크게 학문의 이념과 목표, 목적, 방법 등 공부의 전 체계에 대해 구체적 사례를 들어 제시하고 있다.

맨 먼저, 추사는 『한서(漢書)』의 말을 빌어, '실제적인 일에서 올바름을 구한다[實事求是]!'라는 '교육의 이념(educational idea)'을 제시하고, 학문의 방향을 가리키고 있다. 유학의 전통에서 볼 때, 학문은 공자의 일관지도인 '충서(忠恕)'의 실천이고, 맹자는 이를 "놓친 마음을 바로 잡는 일"19)이라고 하였다. 그런데 추사는 '실제적인 일[實事]'을 담보로 올바른 이치, 또는 진리를 생산하려고 한다. 이때 실제적인 일은 정확하게 성현의 도를 구현하는 작업이다. 단순히 경전(經傳)을 문자적으로 공부하는 것이 아니라, 그에 담긴 성현의 도리를 익히고 실천하는 일상의 실용이다.

'실제적인 일[實事]'에서 '실제[實]'는 실제적인 우주의 이치나 인간의 마음을 의미하고, '일[事]'은 그런 실제적인 것에 의해 일을 할 때 성립한다. 또한 '올바름을 구한다[求是]'는 말에서 '올바름'은 가치 판단의 기준이나 표준이 되는 성현의 도이다. 따라서 '실사구시(實事求是)'는 실제적인 우주의 이치나 인간의 심성(心性)에 따라 인간에게 벌어지는 모든 일을 처리하며 올바른 가치 판단으로 진리의 세계를 추구하는 교육이다.

추사는 이런 과정의 긍정적인 사례와 부정적인 사례를 역사에서 찾아 적시하고 있다. 긍정적인 사례는 한나라 때 '훈고학(訓詁學)의 실사구시(實事求是)'이다. 경전(經典)의 전수나 글자의 풀이 과정에서 실제적으로 스승으로부터 이어받아 체계적이고 정밀하면서도, 주석(註釋)의 과정에서 사실을 검정하는 학문 태도를 높이 평가하였다. 다시 말하면, 훈고학(訓詁學)은

---

必分漢宋之界, 不必較鄭王程朱之短長, 不必爭朱陸薛王之門戶. 但平心靜氣, 博學篤行, 專主實事求是一語行之可矣.

19) 『孟子』「告子」上: 學問之道, 無他 求其放心而已矣.

문자(文字)의 고훈(古訓)을 실증적으로 탐구함으로써 경전의 진의(眞義)를 파악하고, 그로부터 올바른 가치 판단의 기초를 마련한다. 그리하여 문자와 경전에 담긴 본의(本義)를 해명함으로써 모든 사람들이 '존재(存在)의 도(道)'와 '윤리(倫理)의 도(道)'를 쉽게 실현하도록 하였다.[20] 이것이 바로 추사가 말하는 실사구시(實事求是)의 한 모습이다.

이어서 송대(宋代)의 도학(道學)이 '옛 사람이 드러내지 못한 부분을 밝혀내었다'라고 칭송하였다. 송나라 때의 도학(道學)은 훈고학(訓詁學)에 기초하면서도 그것을 넘어선 의리학(義理學)이다. 따라서 인간의 삶에서 성현의 도를 구현하는 윤리적 질서를 바로 세운 도덕학으로서의 위상을 갖는다. 추사는 이를 적극적으로 긍정했다. 그리고 고증(考證)을 통해 일상의 도리를 바로 세우려는 목적의식을 갖고 있었으며, 윤리의 도를 밝힐 수 있는 의리를, 고증을 통하여 근거 있게 밝힘으로써 형식과 내용을 부합하도록 노력하였다.[21] 이는 '실천궁행(實踐躬行)'으로 귀결되고 '실사구시(實事求是)'로 드러났다. 반면, 진대(晋代)의 노장(老莊)이나 불교(佛敎)의 경우, '실사구시'와는 배치되는 방향으로 흘러 공부의 분위기가 엉뚱하게 되었음을 안타까워했다. 송대(宋代)의 육왕학(陸王學) 계열은 유교와 불교를 뒤섞어 공허하게 만들었다고 비판하였다.

여기서 우리는 중대한 사실을 지적할 수 있다. 추사는 한대(漢代)의 '훈고학(訓詁學)'과 송대(宋代)의 '도학(道學)'을 긍정적으로 인식한다. 그것은 당시 시대정신을 반영한 '실사구시(實事求是)'의 학문이기 때문이다. 따라서 추사는 훈고와 도학의 가치를 배격하지 않고, 그것은 유학의 흐름에서 볼 때, 당대의 실사구시를 실현한 공부의 체계로 이해하고 있다. 이는 추사가 조선 후기라는 시대 상황에서, 시대정신에 부합하는 유학의 본령을 찾으려는 하나의 기준이라고 판단된다. 특히, 노장과 불교의 허무(虛無)와 선

---

20) 이선경, 앞의 논문, 18쪽 참조.
21) 위와 같은 논문, 19쪽 참조.

(禪)을 '실사구시'와 반대된다고 지적함으로써 유학과의 경계를 분명히 하고 있다. 뿐만 아니라 육왕학(陸王學)의 경우도 심학(心學)의 차원에서 불교적 냄새가 짙다고 보고, '실사구시'와는 거리가 멀다고 생각했다. 추사는 정통 유학자로서 유학의 진정한 목적이 무엇인가를 고민하는 수준에서 '실사구시(實事求是)'의 문제를 화두로 삼았다.

그러기에 추사는 요·순(堯·舜)에서 주공(周公)22)에 이르는, 성인(聖人)의 도(道)가 전수되어 온 유학적 '도통(道統)의 실사구시(實事求是)'로 돌아가기를 염원했고, 공부의 목적을 철저하게 '성인의 도'에 두었다. 왜냐하면 그것만이 '실사구시'를 확증할 수 있는 유일한 기준이었기 때문이다. 유학적 도통에서 도의 핵심은 이른바, '진실로 그 마음을 잡고' 백성에게 그 마음을 베푸는 최상의 덕성을 지닌 '시중 군자(時中 君子)'의 길이다.23)

이러한 공부의 방법으로 추사는 점진적이고 순차적인 교육을 제시한다. 유학에서 공부는 늘 엽등(獵等)을 거부한다. 아래로부터 단계를 밟아 위로 올라가는 '점진적 교육 양식'을 추구한다.

> 배움에는 반드시 차례가 있다. 쇄소(灑掃)와 응대(應對), 그리고 진퇴(進退)로부터 나아가는 것이 모두 차례이다. 가까운 데서부터 먼 곳으로, 엉성한 데서부터 자세한 곳으로 미치는 것은 교육의 방법이다. 천리

---

22) 原文에는 周公으로 되어 있으나, 公을 孔子의 誤記로 보기도 한다. 이때 聖賢의 道는 周公에서 孔子에게까지 이어진다. 결국 孔子가 儒學을 集大成하였으므로 儒學이 追求하는 '聖賢의 道'라는 側面에서, 周公으로 보건 孔子로 보건 內容上 害惡은 없다. 여기서는 그냥 周公으로 표기한다.

23) 이는 『書經』「大禹謨」와 『中庸』「序」에 구체적으로 등장하는 "16字心法"의 具現과 관련된다. 16字心法인 '人心惟危, 道心惟微, 惟精惟一, 允執厥中'은 '인심은 위급하고 도심은 미미하니 오직 정성스럽게 하나로 해야 진실로 그 마음을 잡을 수 있다'라는 말에서 연원한다. 이는 자신의 內面[心]을 省察해 볼 때, 人心과 道心을 뚜렷이 구별하여, 道心으로 中心을 잡고 誠實히 행하여야, 모든 사물에 가장 합당하게 대처할 수 있다는 의미이다. 추사의 경우 實事求是는 바로 道心의 實現으로 판단된다.

를 가려는 자는 한 걸음 한 걸음씩 땅을 실제로 밟아 차례로 앞으로 나
아가야 한다. 그런데 마구 건너 뛰어 도착하려고 한다면, 되겠는가? 이
는 스스로를 속이고 오류를 저지르는 일일뿐이다.24)

유학교육에서 공부법은 반드시 순서와 차례를 거친다. 그것은 쉽고 가까
운 것에서 어렵고 먼 곳으로 나아가는 매우 상식적인 방법에서 확인된다.
'천리 길도 한 걸음부터'라는 옛 속담은 이런 공부 방법을 잘 증명해 주고
있다. 나이에 따라 학교에 들어가거나 교육내용에 따라 방법도 달라진다.
소학(小學)의 '쇄소(灑掃)-응대(應對)-진퇴(進退)'의 절차와 대학(大學)의
'격물(格物)-치지(致知)-성의(誠意)-정심(正心)-수신(修身)-제가(齊家)
-치국(治國)-평천하(平天下)'의 과정 또한 그러한 단계론의 체계화를 보
여준다.

추사는 한나라 때 '훈고(訓詁)'의 방식에 대해, 방에 들어갈 때 반드시
거쳐 지나가야 하는 '문간'에 비유하였다. 다시 말하면, 훈고를 하지 않고
는 성현의 삶이 어떠한지, 그 실사(實事)를 파악할 수 없다는 의미이다. 예
컨대, 동양철학(東洋哲學)을 하려면, 한문(漢文)을 해독할 수 있어야 하고,
영문(英文) 독해를 하려면 단어(單語)를 알아야 하는 것과 동일한 논리이
다. 또한 추사는 성현의 도를 가까이에 있지 않고 아주 높고 먼 곳에 있다
고 생각하는 학자들을 신랄하게 비판하였다.

유학은 일상(日常)의 학문이다. 그것은 필연적으로 일용(日用)의 생활교
육을 낳는다. 율곡(栗谷)은 '일상사의 합리성을 도모하는 작업'을 교육의
요체로 인식했고,25) 공자(孔子)는 죽음의 내세보다는 '삶의 현실'에 관심을

---

24) 『性理大全』卷45: 學必有序, 故自灑掃應對進退而往, 皆序也. 由近以及遠, 自
粗以至精, 學之方也. 如過千里者, 雖步步踏實, 亦須循次而進, 今欲闊步一蹴而
至, 有是理哉. 自欺自誤而已.

25) 『擊蒙要訣』「序」: 所謂學問者, 亦非異常別件物事也. 只是爲父當慈, 爲子當孝,
爲臣當忠, 爲夫婦當別, 爲兄弟當友, 爲少者當敬長, 爲朋友當有信, 皆於日用動
靜之間, 隨事各得其當而已. 非馳心玄妙, 希覬奇效者也.

두었다.[26] 추사 또한 이러한 범주를 크게 벗어나지 않는다. 중요한 것은 실천과 그 기준이다. 다시 말하면, '실제적인 일'인 성현의 도, 그 올바름의 세계를 '몸소 실천'하는 교육이다.

추사가 실사(實事)를 추구하는 정점은 한나라의 '훈고학(訓詁學)'과 송나라의 '도학(道學)'에서 설선(薛瑄)과 왕수인(王守仁)의 문호를 다툴 필요가 없다는 데서 확인된다. 즉 실사구시(實事求是)의 근거는 '유학(儒學)'의 본질인데, 유학의 내용 가운데 어느 것이 '실사구시'에 해당되느냐를 따지는 일보다 더 중요한 근본은 '마음을 바로잡고 기를 맑게 하여, 널리 배우고 힘써 행하는 일'에 있다는 것이다. 마음을 바로 잡고 기를 맑게 하는 공부는 유학의 전통적인 교육철학사상이다.

마음을 바로 잡고 기를 맑게 하는 '평심정기(平心精氣)'의 방법은 동양의 전통적인 공부법이다. 이는 이성적 판단을 하기 이전에 이해관계에 얽힌 사사로운 감정과 편견이 들지 않도록 마음 상태를 고르게 하는 것, 감정의 기복을 고르게 조절하여 마음이 잔잔한 상태를 유지하는 작업이다. 이러한 평심정기(平心精氣)에 대해서 『관자(管子)』에 잘 기술되어 있다.

> 마음의 모습은 저절로 충실하고 저절로 차며 저절로 낳고 저절로 이룬다. 그 본심을 잃는 것은 반드시 근심·즐거움·기쁨·노여움·욕심·이기심 때문이다. 근심·즐거움·기쁨·노여움·욕심·이기심을 없애려면 마음을 평정하게 해야 한다. 마음은 안정되어 평안해야 제 역할을 한다. 번거롭지 않고 어지럽지 않으며 화해하여야만 마음이 저절로 이루어진다.[27]

마음은 스스로 채우고 생성하는 자성(自性)을 지닌 존재이다. 그러기에 마음은 늘 평정을 통해 안정을 확보한다. 추사의 평심(平心)은 바로 마음의

---

26) 『論語』「先進」: 未知生, 焉知死.
27) 『管子』「內業」: 凡心之刑, 自充自盈, 自生自成. 其所以失之, 必以憂樂喜怒欲利. 能去憂樂喜怒欲利, 心乃反濟. 彼心之情, 利安以寧, 勿煩勿亂, 和乃自成.

안정을 유도하는 공부의 기초 확립을 말한다. 그것은 유학에서 정심(正心)
으로 드러난다. 이른바 『대학』의 '격물(格物)－치지(致知)－성의(誠意)－
정심(正心)의 수기(修己)' 과정과 통한다.28) 격물은 모든 대상에 대한 인간
의 관심과 탐구이고, 격물을 통한 세계 인식이 치지이다. 그리고 성의는 스
스로 속이지 않고 스스로 만족하는 일로 의지의 순화이고, 정심은 마음을
곧게 하여 한 결 같이 하며 잡념을 지니지 않는 일이다. 그런 작업을 통해
만물을 이루는 바탕을 마련한다.29)

　　정기(精氣)는 마음의 본 바탕을 이루는 기를 맑게 하는 근원처이다. 그
러기에 인간이라는 본질을 구성하는 핵심 요소이다.

　　　　정기가 보존되어 저절로 생기가 있게 되고 바깥으로 드러나 빛난다.
　　마음에 감추어 두고 원천으로 삼으면 꽉 차고 화평해져서 정기의 연원
　　이 된다. 이 연원이 마르지 않으니 육신이 강건해진다. …… 자기 깨달
　　음[敬]으로 그 채운 것을 펼칠 때, 이것을 내면의 마음으로 깨달았다고
　　하는 것이다. 그러한 마음에서 돌이켜 반성하지 않는다면, 생명력은 어
　　그러지고 만다.30)

　　정기는 마음에 감추어져 있는 샘과 같은 것으로 인간에게 생명력을 주
는 힘이다. 그러기에 인간은 마음의 평정을 계기로 기운을 맑게 유지하며,
자기 삶과 행위를 이끌어간다. 즉 평심 정기는 인간의 활동력을 담보하는
본질적 장치이다. 이러한 마음 상태에서 반성적으로 사고하여 선입견을 배
제해야 올바른 시비(是非) 판단이 가능하다.31) 반성적으로 사고하고 성찰
하며, 객관적으로 시비를 분별하여 정제된 지식을 축적하기 위해서는, 널

---

28) 신창호, 『수기, 유가 교육철학의 핵심』, 서울: 원미사, 2005 참조.
29) 『周易』「繫辭」上: 精氣爲物 …….
30) 『管子』「內業」: 精存自生, 其外安榮, 內藏以爲泉原, 浩然和平, 以爲氣淵. 淵之
　　不涸, 四體乃固. …… 敬發其充, 是謂內得. 然而不反, 此生之忒.
31) 이선경, 앞의 논문, 16~17쪽.

리 배우고 힘써 행해야 한다. 이 작업이 유학을 가장 조직적으로 천명하고
있는『중용』의 공부법이자 교육철학사상으로 드러난다.[32]

『중용』은 일상의 균형과 조화를 정점으로 한다. 그것을 실천하는 교육
은 매우 쉬운 것 같으면서도 엄밀한 과정을 거친다. 유학의 초기 집대성인
공자는 그런 태도를 단호히 보여 주었다. 공자는 '진정으로 열의를 갖고
있지 않거나 노력하지 않고, 사물을 캐 물어 들어가지 않는 자에게는 일러
주지 않았다.'[33]고 한다. 그리고 배우기를 널리 하고, 뜻을 독실히 하며, 절
실하게 묻고, 가까운 것부터 생각하면,[34] 건전한 일상의 길로 갈 수 있다
고 보았다.

> 널리 배우고, 자세히 물으며, 신중히 생각하고, 밝게 분별하며, 힘써
> 행하여야 한다. 차라리 이 모든 것을 하지 않으면 몰라도, 일단 무언가
> 를 배운다면 능숙할 때까지, 묻는다면 알 때까지, 생각한다면 얻을 때까
> 지, 분별한다면 분명해질 때까지, 행한다면 독실해질 때까지 놓지 말아
> 야 한다. 남이 한 번에 능숙하거든 나는 백 번을 하며, 남이 열 번에 능
> 숙하거든 나는 천 번을 해야 한다.[35]

『중용』의 공부 방법은 '널리 배움'으로부터 시작한다. 배움은 교육의 가
장 기본적인 단계이다. 그러므로 '중용'의 실천은 교육을 통해 이루어질 수
밖에 없다. 사실, 배우고, 묻고, 생각하고, 분별하고, 실천하는 일은 '진실함
[誠]'의 중용을 체득하는 과정이다. 즉 '배움-물음-사고-분별-실천'의
유기체 교육의 단계를 인식하는 작업이다.

---

32) 앞에서 16字心法이『中庸』의 序文에 登場하는 것도 이를 反證한다.
33)『論語』「述而」: 不憤不啓, 不悱不發, 擧一隅不以三隅反, 則不復也.
34)『論語』「子張」: 博學而篤志, 切問而近思, 仁在其中矣.
35)『中庸』20章 : 博學之, 審問之, 愼思之, 明辯之, 篤行之. 有弗學, 學之, 弗能, 弗
    措也. 有弗問, 問之, 弗知, 弗措也. 有弗思, 思之, 弗得, 弗措也. 有弗辨, 辨之, 弗
    明, 弗措也. 有弗行, 行之, 弗篤, 弗措也. 人一能之, 己百之, 人十能之, 己千之.

'널리 배움[博學]'은 광범위한 지식을 습득하는 일로, 많이 듣고[多聞] 많이 보고[多見] 많이 읽는[多讀] 등 다방면의 활동을 포괄하며, 세상 만물의 이치와 수기치인(修己治人)의 방법 등 다양한 내용을 포함한다. '자세히 물음[審問]'은 사물에 대해 분석 비교하고 의심나는 것들에 대해 묻는 일이다.36)

주자에 의하면, 인간의 사고에는 두 가지가 있다. 하나는 '무형(無形)의 의리(義理)'를 생각하는 일이고, 다른 하나는 '이목(耳目)의 작용(作用)'을 통솔하는 작업이다. 그러기에 '신중히 생각함[慎思]'은 인간으로서 사리(事理)를 명백히 하는 일과 행동 가운데 작용을 조절하는 일이다. 이러한 배움과 물음, 사고는 주로 도덕 법칙과 그 존재 근거를 인식하는 일에 해당한다. 그런데 '밝게 분변함[明辯]'은 그러한 '도덕적 의리(義理)의 운용'과 '시비(是非)의 판명(判明)'을 말한다. 즉 도덕적 가치판단이다. 이때 배움과 물음, 사고와 분별은 인간의 선(善)을 구체적으로 밝히는 교육의 과정이다. 중요한 것은 '힘써 행함[篤行]'이라는 공부의 최종 과정의 실천이다. '힘써 행함'은 바로 인간의 착함을 밝혀 마음에 성실하게 하고, 몸에 체득하게 하는 실제적 과정이다.37) 이 실제가 '일상의 실용'이자 '실사구시'이다.

이와 같이 추사는 『중용』의 박학(博學)과 독행(篤行)으로 '실사구시(實事求是)'를 정돈하고 있다. 그것은 추사의 표현대로, '마음을 바로잡고 기를 맑게 하여', 도심(道心)으로 무장하고, 널리 배우고 힘써 실행하여, 오로지 '실제적인 일에서 올바름을 구한다'는 '실사구시(實事求是)'의 핵심으로 요약된다. 이런 점에서 추사의 '실사구시' 교육철학은 올바른 마음의 영역에서 실제적 지식과 실천 행위에 이르기까지, 이론과 실천이 유기적으로 결합되어 있다. 따라서 실제 삶의 영역에서 논의되는 '일용의 실제학'으로 '실용학(實用學)'이라 명명할 수 있다.

---

36) 신창호, 「中庸 敎育思想의 現代的 照明」, 고려대 박사논문, 2001, 83쪽.
37) 黃明喜·于述胜, 『中國敎育哲學史』 第2卷, 濟南: 山東敎育出版社, 1999, 177~180 참고.

## 4. 닫는 글

「인재설(人才說)」과 「실사구시설(實事求是說)」에서 살펴 본 것처럼, 추사는 유학의 본령을 실제적으로 인식하고 실천하려는 근본 유학자이다. 무엇보다도 원시유학의 핵심을 이루는 공자와 맹자의 학문 세계를 언급하지 않고, 요순(堯舜)에서 주공(周公)에 이르는 '성인의 도'를 실사구시(實事求是)로 언급함으로써, 공자가 집대성한 유학 이전의 실제적인 모습에 눈을 돌렸다.38)

「인재설」에서는 인간의 자질을 평등하게 인식하고, 인간과 더불어 살아가는 삶의 양태를 지향하며, 삶의 점진적 노력을 중시했다. 「실사구시설」에서는 몸소 실천하는 성현의 도를 교육의 중심축으로 설정하고, 공허한 이론을 배격하였다. 동시에 인간의 마음과 기를 밝고 맑게 하여, 널리 배우고 힘써 실행하는 일을 강조하였다. 유학의 본령을 찾으려는 추사의 교육론에서 실제 학문의 정신을 볼 수 있다. 이때 실제 학문은 단순히 현실을 중시하는 공부만이 아니다. 그것을 넘어 실제적인 일, '실사구시(實事求是)'라는 진리의 구현 체계를 의미한다. 다시 말하면, 공자 이전의 '요순'에서 '주공'이 보여준, 공자가 흠모했던 소박하고 순수한 유학의 정수를 찾아 현실에 구현하려는 의지로 생각된다. 그것을 한 마디로 강조하면, 유학의 본질인 '16자 심법[인심유위(人心惟危) 도심유미(道心惟微) 유저유일(惟精惟一) 윤집궐중(允執厥中)]'의 실제와 진리를 찾아가려는 삶의 고뇌이다.

요컨대, 추사는 '실제적인 일에서 올바름을 구한다'는 '실사구시(實事求

---

38) 이런 점에서 秋史는 동시대의 茶山 丁若鏞과 구별된다. 이을호의 표현을 빌리면, 丁若鏞은 洙泗學, 즉 原始儒學인 孔孟學을 復元하려고 試圖했다. 그러나 秋史는 儒學의 根源인 堯舜에서 周公까지 道統論에 입각한 實際 儒學을 確認하고 本源的 올바름의 세계, 實際的 일의 세계를 추구했다. 이을호, 「茶山 實學의 洙泗學的 構造」, 아세아문제연구소 편, 『實學思想의 探究』, 서울: 현암사, 1974, 278~287쪽 참조.

是)'의 공부를 마음과 행위의 실천으로 엮어내었다. 즉 '평심정기(平心精氣)'와 '박학독행(博學篤行)'으로 교육의 양식을 요약하였다. 그것은 마음을 바로잡고 기를 맑게 하는 일이다. 내면의 올바른 기준인 도심(道心)을 갖추고 세상의 올바른 윤리 도덕과 사물의 도리를 널리 배우고, 일상에서 힘써 실행하는 작업이다. 따라서 추사의 실사구시(實事求是) 교육철학사상은 마음의 영역에서 지식과 행위에 이르기까지 이론과 실천이 유기적으로 결합된 '실학'으로 이해할 수 있다.

이러한 '실사구시(實事求是)'의 교육철학사상은 다음과 같은 측면에서 현대교육을 반성적으로 성찰하게 한다.

첫째, '사실에 근거하여 진리를 구한다'라는 측면에서 교육의 표준을 제시한다. 교육은 사실에 근거하여 인간의 삶을 조정하는 작업이다. 즉 사실을 토대로 인간을 가꾸어간다. 추사의 교육철학은 사실과 진리를 통합하고 일치시키려는 노력이다. 사실과 진리의 괴리가 심화된 현대교육 상황에서 이러한 실사구시 정신은 교육적으로 요청된다.

둘째, '스승으로부터의 전수(傳受)와 주석(註釋)의 문제를 소중히 하고 올바른 해석을 갈구한다'라는 부분에서 교육의 내용과 방법을 고민하게 한다. 교육은 교사와 학생을 핵심 축으로 하고 교육내용을 전수하고 해석하는 상호작용의 과정이다. 따라서 교사가 전수하는 공부의 내용을 신뢰해야 하고, 그것을 시대정신에 맞게 해석하는 작업이 중요하다. 추사의 실사구시 교육정신은 교사와 학생, 교육 내용의 문제를 어떻게 다룰 것인가에 대한 하나의 지침을 제시하고 있다.

셋째, '경전의 가르침을 일상에서 발생하는 실제 일에 적용하기를 염원한다'라는 점에서 교육의 응용과 실천의 맥락을 되돌아보게 한다. '성현의 도'로 표현되는 삶의 진리는 경전에 담겨 있다. 물론 현대교육에서는 사서삼경(四書三經)을 중심으로 하는 유학의 경전을 진리의 표준으로 삼을 수는 없다. 자연과학을 비롯한 다양한 현대의 학문성과가 진리의 빛으로 다가온다. 그렇다면 동서양 고전(古典)으로 간주되는 저서를 통해 경전의 의미를 재구성할 수 있다. 중요한 것은 추사의 주장대로 그것이 어떤 학문체계이건 '실사구시'적 진리의 근거가 된다면, 일상에서 실현할 수 있도록 교육할 필요가 있다는 점이다.

넷째, '평심정기(平心精氣) 박학독행(博學篤行)'이라는 삶의 운동을 교육의 전체계로 제시한다는 점에서, 교육의 의미를 재발견할 수 있다. '평심정기'와 '박학독행'은 마음에서 몸으로, 배움의 전 단계를 몸소 실천한다는 유기적 삶의 자세이다. 그것은 흔히 '전인교육(全人敎育)'이라 불리는 교육의 의미를 포괄적으로 보여준다.

총괄적으로 볼 때, 추사의 교육철학사상은 '실사구시(實事求是)'를 근본적으로 지향하고 있다. 이는 현대적 의미에서 '사실주의' 또는 '과학주의'와 상통하며, 진리를 현실 속에서 몸소 실천하는 실천교육으로 거듭날 수 있다.

# 8장 경전 주석과 교육의 토대

― 호산 박문호의『논어집주상설』―

## 1. 여는 글

호산 박문호(壺山 朴文鎬, 1846~1918)는 조선시대의 끝자락에서 애국계몽기와 일제강점기 초반을 걸쳐 살다간 성리학자이다. 동시대의 간재 전우(艮齋 田愚, 1841~1922)나 면암 최익현(勉菴 崔益鉉, 1833~1906)에 비해 널리 알려진 인물은 아니지만, 엄청난 분량임에도 불구하고 체계적인 저술을 남기며, 호학(湖學)의 전통을 이어받은 기호학파(畿湖學派)의 유학자라는 점에서 주목할 만하다.

호산의 학문은 1955년 이상은의 「박문호의 인물성고」가 발표되면서 학계에 알려지기 시작했다.[1] 하지만 그의 활동 시대가 최근세여서 그런지, 퇴계(退溪)나 남명(南冥), 율곡(栗谷) 다산(茶山), 혜강(惠崗) 등, 상대적으로 많은 연구가 진행되었던 인물에 비해 조선유학 연구자들에게 주목을 받지 못하였다. 1980년대 지교헌에 의해 그의 생애와 사상이 알려지기 시작한 이후,[2] 약간씩 관심을 끌었다. 1990년대를 거치면서 경학사상(經學思想)을 비롯하여 인물성론(人物性論), 윤리사상(倫理思想), 교육사상(教育思想), 주역론(周易論) 등 다양한 분야에 걸쳐 조금씩 고찰되었으며, 『논어집주상설(論語集註詳說)』을 위시하여 그의 사상 면모를 엿볼 수 있는 사서삼경(四書三經), 즉 칠서(七書)에 대한 주석 연구도 진행되었다.[3]

---

1) 李相殷, 「朴文鎬의 人物性考」, 高麗大學校 文科大, 『文理論文集』 第1輯, 1955.
2) 지교헌, 「壺山 朴文鎬의 生涯와 思想 Ⅰ」, 충북대 호서문화연구소, 『호서문화연구』 제2집, 1982.
3) 그간 壺山의 '七書註詳說'은 完譯되지 않았다. 韓國硏究財團의 土臺硏究事業으

　그의 연보에 의하면, 호산은 7세 때 부친으로부터 『천자문(千字文)』을 배우기 시작하여, 친인척 등 여러 사람에게 수학하였다. 특히, 당시 세자시 강원진선(世子侍講院進善), 사헌부집의(司憲府執議) 등을 역임한 어당 이 상수(峿堂 李象秀, 1820~1882) 문하에 들어가면서 학문적 깨달음이 컸다 고 한다. 호산의 학문적 전환점은 30대 초반으로 보인다. 32세 때, 스승인 어당에게 남당 한원진(南塘 韓元震, 1682~1751)을 사숙하겠다는 뜻을 밝 혔는데, 남당은 율곡 이이(栗谷 李珥, 1536~1584), 우암 송시열(尤庵 宋時 烈, 1607~1689)의 학통을 계승하였고, '인물성이론(人物性異論)'을 주장하 는 호학(湖學)의 종사(宗師)였다. 이런 학문적 영향은 호산이 「인물성분수 도설(人物性分殊圖說)」을 체계화하는데 기여하였고, 그의 학문적 특성이 핵심적으로 드러나 있는 『논어집주상설』에서도 율곡과 우암의 견해를 매 우 중용(重用)하는 등, 호학(湖學)을 철저하게 계승하였다.4)

　호산은 당대 지식인들이 적극적으로 사회 문제에 관심을 가진 것과는 달리, 뚜렷한 사회 활동을 통한 학자 또는 정치가로서의 족적을 남기지는 않았다. 그것은 그 자신이 포의지사(布衣之士)임을 밝혔고, 정치적 순의(殉 義)나 기의(起義)보다는 학문적 수도(守道)가 그의 역사적 책무성임을 자각 하게 만들었기 때문이다. 수도(守道)는 다름 아닌 도학자(道學者)로서 유학 의 경전을 지켜가고 올바르게 해명하는 작업이다. 호산은 그것을 자신의 임무라고 자부하였다.5) 그렇다고 호산이 현실에 무관심한 것은 결코 아니 었다. 그는 애국지사였던 면암과 서신을 교환하였고, 매천 황현(梅泉 黃玹,

---

　　로 2019년 8월 100년 만에 최초로 『論語集註詳說』(전10권)과 『大學章句詳說』
　　(전3권)이 풍부한 주석과 함께 방대한 분량으로 연구·번역되었다. 신창호 외, 『論
　　語集註詳說』, 『大學章句詳說』, 서울: 박영스토리, 2019.
　4) 『壺山全書』 3, 「年譜」; 지교헌, 위의 논문; 임진호, 「『論語』註釋研究－壺山 朴
　　文鎬의 『論語集註詳說』을 中心으로」, 중앙대 석사논문, 1994 참조; 壺山은 『論
　　語集註』를 주석하면서 栗谷의 견해를 15차례, 尤庵의 견해를 21차례 인용하였다.
　5) 권정안, 「壺山 朴文鎬의 經學思想」, 김용걸 외 지음, 『韓國思想家의 새로운 발견
　　－甁窩 李衡祥·壺山 朴文鎬 研究－』, 한국정신문화연구원, 1993, 166~168쪽.

1855~1910)이 순절하였을 때는 설위(設位) 행곡(行哭)하고 만사(輓詞)를
지어 애도하는 한편 그의 문집을 교정하고 묘갈명을 지었다.6) 이런 점에
서 볼 때, 호산은 자신을 드러내기보다는 조용하게 유학적 '수기(修己)'에
힘쓴 학자였다. 한말 개화기를 전후로 평생을 학문에 진력하였고, 후진 양
성에 전념7)하면서 자신의 유학을 펼친 선비였다.8)

여기서는 호산 박문호의 『논어집주상설』을 통해, 유학의 핵심 경전인
『논어』가 조선에서 어떤 양상으로 수용되었는지 간략하게 짚어보고, 풍부
한 주석이 어떤 교육철학적 사유를 전해주는지 살펴본다. 주요하게 검토할
내용은 다음과 같다.

첫째, 호산의 경전 주석 체계가 훈(訓)과 석(釋), 론(論)의 3단계로 구성되
어 있음을 고찰보고, 그것이 조선 유학교육에서 차지하는 의미를 짚어본다.

둘째, 호산이 『논어집주상설』「학이」를 주석하면서 어떤 교육철학적 특
징을 보이는지 구명한다. 그것은 주자집주(朱子集註)에 근거하여 미비한
부분에 대해 다양하게 보충하는 형태로 드러난다.

셋째, 호산의 『논어집주상설』은 궁극적으로 유학의 본질 구명을 위한
학문적 노력이며, 그것은 구한말 조선 유학의 집대성으로 볼 수 있다. 이런
차원에서 호산의 유학은 중국 주자학의 범주를 강화하는 동시에 그것을
확대하는 교육철학사상의 양상을 띤다.

---

6) 지교헌·지준호, 「壺山 朴文鎬의 윤리사상과 시국관」, 동양고전학회, 『동양고전연
구』 제33집, 2009, 348쪽.
7) 壺山은 稼學亭, 楓林精舍 등과 같은 私塾을 짓고 240여 명에 달하는 젊은이들을
가르쳤다고 한다. 이들 중에는 일본제국주의 통치에 저항하다 순절한 金濟煥
(1867~1916)과 같은 인물도 있다. 지교헌·지준호, 위의 논문, 348쪽 참조.
8) 한관일, 「壺山 朴文鎬의 敎育思想」, 한국교육사학회, 『한국교육사학』 제20집,
1998.

## 2. 주석을 통한 초학자 교육

호산은 학문적 완숙기인 54~59세에 걸쳐 유학의 기본 경전인 사서삼경
(四書三經), 이른바 칠서(七書)의 주석을 완성한다. 그것은 그가 말년에 이
룩한 필생의 업적이었다.『논어집주상설』『맹자집주상설』처럼 '상설(詳說)'
이라는 주석의 제목이 말해주듯이, 호산은 심혈을 기울여 칠서의 의미맥락
을 자세하게 밝혔다. 특히, 호산은『논어집주』를 주석한 동기를 다음과 같
이 밝힌다.

> 예전에 주자가 여러 경전을 주석하고 또『논어상설(論語詳說)』을 지
> 었으니 곧『논어훈몽구의(論語訓蒙口義)』이다. 그 의미는 다른 경(經)
> 의 뜻을 미루어 통할 수 있고, 그 주석의 글을 다루는 것은 특히 상세하
> 고 분명한데, 애석하게도 그 책이 후세에 전해지지 않았다. 세상에 주자
> 의 주석을 읽는 사람들이 종종 그 취지를 잃는 것은, 자기의 뜻으로 주
> 석을 위배하고 제멋대로 억지 판단을 하면 자신은 자신이고 주석은 주
> 석일 뿐이라는 병통을 모면하지 못한다는 것을 모르기 때문이다. 또 주
> 석을 사다리로 삼아서 경(經)에 도달해야하는데 그렇게 하지 않으면 경
> (經)은 경이고 주석은 주석일 뿐이라는 잘못에 이르게 된다는 것을 모
> 르기 때문이다. 초학자들이 몽매함을 개발할 수 없는 까닭은 이것 때문
> 이다. 나는 젊어서부터 이 점을 알아서 집안의 자식과 조카 및 다른 곳
> 에서 공부하러 온 사람들에게 가르쳐주었으니, 저절로 하나의 규정을
> 이루게 되어 일은 줄어졌는데 공로는 더함이 있게 되었다. 그러나 이제
> 이미 노쇠하고 정신이 날로 쇠퇴하여 하루 저녁에 바람 앞의 등불처럼
> 숨이 끊어질 것이니, 여러 자손들이 몽매함을 개발하는 방법이 장차 의
> 거할 곳이 없게 될 것이다. 이것을 걱정하여 마침내 글을 써서 집안 공부
> 방에 훈몽(訓蒙)하는 바탕을 갖추고,『칠서주상설(七書註詳說)』이라고
> 이름 붙여서 가만히 주자의『논어훈몽구의』에 붙여본다. 만약 함부로 하
> 여 분수에 넘친 죄가 있다면 스스로 도피할 여지가 없을 것이다.9)

9)『壺山全書』4,『論語集註詳說』「七書註詳說」"序": 昔朱子之註諸經, 又嘗爲『論

인용문에서 보는 것처럼, 호산은 애당초 『논어집주』의 주석을 '어리석은 사람'의 교육, 즉 '초학자의 교육'을 위한 교재(教材)로 저술하였다. 특히, 집안의 자식이나 조카들을 교육하는 과정에서 주석의 방식을 도입하였다. 이는 유학자의 책무이자 올바른 유학교육에 대한 열정을 담고 있다. 그리하여 『논어』의 원문, 즉 경문 자체에 주석이 아니라, 주자의 '집주(集註)'나 '장구(章句)'에 맞추어 분석하였다. 특히, 한 구절도 빠뜨리지 않고 성리학의 본뜻을 명확하게 구명하기 위해 학자로서의 의무를 충실히 이행한 점은 포의지사이자 수도자(守道者)로서의 면모를 방증하기에 충분하다.

호산의 '상설(詳說)'은 주자의 이론에 기초하고 있기 때문에 주자의 성리학적 경전 이해를 철저하게 계승한다. 즉 주자의 주석을 통해 경전을 이해하는 방식인데, 주자의 '집주(集註)'를 통해 경전을 해석하거나 주석(註釋)을 사닥다리로 삼아 경전을 이해하고 통달하는 입장이다. 이는 주자의 사서삼경(四書三經) 집주(集註)에 대한 주석이라는 점에서 주자의 학문 체계를 뛰어넘지 못하는 한계를 지니기도 한다. 하지만 호산이 이어받은 조선의 기호학(畿湖學)을 반영하면서 주자의 주석에 대한 검토와 비판, 유학교육을 위한 방식들이 드러난다는 점에서 중국과는 또 다른 유학 연구의 면모를 보여주고 있다. 즉 주자의 주석을 단순하게 교조적으로 추종하거나 맹목적 차원에서 받아들인 것은 아니다. 부족한 부분에 대해서는 조선의 선학들이 남긴 주석이나 견해를 세밀하게 탐구하여 반영하고 자신의 견해를 첨가하였다.[10)]

孟詳說』, 卽『訓蒙口義』也. 而其義可推通於他經意, 其視註文尤詳且明, 惜其書不傳於後世. 世之讀朱子註者, 往往失其旨, 蓋不知以意逆註, 而恣爲臆斷, 則不免有己自己·註自註之病. 又不知階註以達經, 而致有經自經·註自註之失. 初學者之不能發蒙, 蓋坐是耳. 余自少時竊有見於此, 授家中子姪與夫他方來遊者, 自有一副成規, 事省而功有加焉. 顧今旣衰, 神思日退, 使一夕風燭奄及, 則諸孫發蒙之方, 將無所籍手之地. 用是爲懼, 遂筆之於書, 以備家塾訓蒙之資, 命之曰『七書註詳說』, 竊以附於朱子之『口義』. 若其僭妄之罪, 不暇自逃矣.

10)『壺山全書』4,『論語集註詳說』「七書註詳說」"序": 其凡例, 則『永樂大全』之切

호산은 주자의 주석에 대해, 문자 하나하나에 대해 세밀하게 구명하고 문맥의 의미를 재 정돈하면서 사상적 맥락을 철저하게 이해하였다. 그러는 가운데 주자의 주석이 유학의 본질을 제대로 살리고 있다고 재차 확인하면서 자신의 주석 체계를 질서화 한다. 그것은 호산의 독특한 사고라기보다는 주자의 주석이 세 가지 단계를 거치고 있다는 일종의 주석 시스템의 발견이다.

호산이 보기에, 주자는 경전을 주석할 때, 3단계의 기본 시스템을 설정한다고 파악했다.11) 앞에서 『논어집주상설』이 초학자의 교재로 저술되었다고 언급했듯이, 호산의 『논어집주』 주석은 교육적 차원에서 경전 공부의 기본을 보여준다. 호산은 가르침과 경전 주석의 관계와 의미 맥락을 다음과 같이 강조한다. "가르침에 일정한 법칙이 있다. 반드시 먼저 문세(文勢)를 파악하고 난 다음에 문의(文意)를 구해야 한다. 아울러 주석(註釋)을 읽어 글을 꿰뚫어야 한다. 나는 항상 문인들에게 다음과 같이 말한다.

> 사서(史書)의 인(人)·지(地)·관(官)·사(事)·언(言)·론(論) 등 여섯 가지와 경전(經傳)의 주석(註釋)에서 훈(訓)·석(釋)·론(論) 등 세 가지는 어리석음을 깨우치는 요체이다. 자구(字句)의 행간을 파악하기 위해서는 반드시 먼저 어조사의 용법을 깨달아야 한다.12)

---

要者, 各依本註而攙入; 自歷代諸家以至我東先賢說之有所羽翼發明者, 亦隨而采取; 間又以瞀說補之, 皆所以便於讀者之考閱也. 其取舍, 則『學』·『庸』之「讀法」, 『詩』·『書』之「圖」與「易說綱領」, 雖載於『大全』, 實非朱子註時事, 故今姑不取; 『語』·『孟』之「讀法」, 『詩』之「綱領」與「序辨」, 『書』之「序說」, 是朱子之手筆, 而『大全』之闕文, 故今謹取載; 蔡氏之「書序辨」, 亦依朱子意爲之者, 故幷收之, 而皆無容己私於其間矣.(그 범례는 『永樂大全』 가운데 중요한 小註를 각각 '本來의 朱子集註'에 의거하여 끼워 넣고, 中國의 歷代 여러 학자들에서부터 우리나라 先賢에 이르기까지 그 내용 풀이를 도와서 밝혀내는 것이 있는 설명도 역시 따라서 채취하였으며, 그 사이에 또 나의 변변찮은 설명으로 보충하였으니, 이렇게 한 것은 모두 독자들이 詳考하기에 편리하도록 한 것이다.)
11) 권정안, 앞의 논문, 180~182쪽.

호산의 공부 방법에서 중요한 것은 사서(史書) 독해에서의 인(人)·지(地)·관(官)·사(事)·언(言)·론(論)의 여섯 가지와 경전 주석에서 '훈·석·론'이다. 특히, 경전 주석에서 첫 번째 단계는 훈(訓)이고, 두 번째 단계는 석(釋)이며, 세 번째 단계는 론(論)이다. 이는 몽매함을 깨우치는 핵심이다. 호산이 주자의 집주를 대본으로 저술활동에 몰입했으므로 우리는 이 지점을 치밀하게 고려해야 한다.

'훈(訓)'은 문자나 사물의 명칭에 대한 구체적 풀이이고, '석(釋)'은 문장의 의미와 내용을 올바르게 이해하는 작업이다. '론(論)'은 문장이 지니고 있는 여러 차원의 의미나 미비한 뜻을 보완하는 해석의 양식이다. 쉽게 말하면 '훈'은 문자(文字) 자체에 대한 이해이고, '석'은 직역(直譯)에 해당하며, '론'은 의역(意譯)으로 볼 수도 있다. 이런 작업은 유학연구에서 기초를 중시하는 점진적 차원의 방법론이기도 하다. 특히, 성현의 말씀이 담긴 경전을 이해하기 위해서는 전통적인 훈고(訓詁)[13]의 방법과 의미맥락을 중시해야 하는 동시에, 도학(道學)을 열어가는 의리학(義理學)이 유기적으로 연결되어야 하기 때문에, '훈ー석ー론'의 단계는 매우 중요한 체계이다. 이는 초학자를 가르치면서 진지하게 고려한 호산의 교육철학사상으로 이해된다.

경전을 정확하게 해명하려면, 가장 먼저 글자의 '훈'에 대해 이해해야 한다. 왜냐하면 문자에 대한 정확한 이해 없이 문장의 이해는 불가능하기 때문이다. 문자학은 글자의 모양, 소리, 뜻의 세 부분으로 구성되어 있다. 이른바 '자체(字體)', '자음(字音)', '자의(字意)'의 세 부분인데, 이는 '형

---

12) 『壺山全書』 3, 「年譜」 上, "己丑年條".

13) 훈고(訓詁)는 글의 의미를 해석하고 이해하기 위한 기본 작업으로, 그 내용은 다양하다. 글자의 音에 대한 파악, 글자의 形에 관한 분석, 大意의 풀이, 句讀와 標點의 명확성, 語法의 분석, 修辭에 관한 구명, 典章制度와 史實典故에 관한 설명, 校勘과 正誤, 篇章과 文章 構造에 대한 분석, 解題나 章에 대한 설명, 原文에 대한 논평 등 연구자에 따라 그 범위가 아주 넓다. 그렇다고 하더라도 훈고의 궁극 목적은 글의 뜻을 명확하게 이해하기 위한 해석학적 작업으로 귀결된다. 富金壁, 『訓詁學說略』, 湖北人民出版社, 2003 참조.

(形)·음(音)·의(意)'라고도 한다. 호산은 다음과 같이 지적한다.

> 문자를 배우는 데 세 가지가 있는데, 자체와 자음, 자의가 그것이다.
> 자체는 한 글자를 절반으로 나누어 보거나 부수나 점, 획 등을 따져보
> 는 작업이고, 자음은 평성, 상성, 거성, 입성을 분별하는 것이며, 자의는
> 훈고를 의미한다. 이 세 가지가 갖추어져야 경전을 풀이할 수 있다. 그
> 러므로 주자도 경서를 주석할 때 반드시 여기에 근거했다.[14]

이것이 주자로부터 비롯된 유학의 '경전주석학(經典註釋學)'리 갖는 기
본 시스템이다. 주석은 먼저 훈을 바탕으로 경전에 대한 직역이 이루어진
다. 석은 훈을 통해 문자가 결합한 문장의 맥락을 찾아 간다. 이때 중요한
것은 '사기(辭氣)'와 '문세(文勢)'이다. 즉 말의 기운과 글의 기세이다. 말
기운은 어록체(語錄體)나 대화체로 된 경전을 해석할 때 중시되고, 글 기운
은 문장체로 된 경전 해석에서 중시된다. 이 둘은 모두 글 전체의 흐름에
서 문장의 내용을 풀이하는 데 절대적으로 기여한다는 점에서 일치한다.

그렇다고 칠서(七書)의 주자 주석이 모든 장절에서 '훈-석-론'을 일관
되게 진행한 것은 아니다. 어떤 구절이나 장에는 훈과 석이 전혀 없는 경
우도 있다. 때로는 훈만 있고 석이 없거나 석이 없고 훈만 있는 경우도 있
다. 그렇더라도 훈과 석은 대부분의 구절에서 나타난다. 문제는 론이다. 론
은 모든 구절에 있는 것이 아니다. 그러나 경전의 내용을 사상적으로 담보
하는 측면에서는 론이 매우 중요하다. 왜냐하면 문자(文字)나 자구(字句)의
뜻을 바르게 이해하고, 문장의 의미를 구체적으로 해명하는 훈과 석도 중
요하지만, 그것을 바탕으로 경문의 전체적인 의미와 다양한 측면을 현실적
관점에서 파악하고 주장하는 '론'이 실제로 성리학의 핵심이기 때문이다.
이는 '성명의리지학(性命義理之學)'으로서 성리학이 도학(道學)인 동시에
형이상학적 철학으로 승화하는 데 결정적 역할을 했다.

---

14) 『楓山記聞錄』 卷 1.

호산의 유학 연구가 유학교육으로 이어지면서 가치가 있다고 판단되는 것이 바로 이런 점이다. 호산은 주자의 주석에서 '론(論)'의 체계를 매우 중시한다. '훈석(訓釋)'과는 달리 본문의 경전에 대한 이해와 그것을 통한 보완을 감행했다. 그러면서 자신의 교육철학사상을 조금씩 드러낸다.

여기에서 다루고 있는 『논어집주상설』은 호산이 55세 때인 1900년에 완성한 저작이다. 책머리에 「독논어맹자법상설(讀論語孟子法詳說)」과 「논어집주서설상설(論語集註序說詳說)」을 배치하고, 『노논어(魯論語)』20편의 순서에 따라 총 20권을 만들었다. 그것은 주자의 『논어집주』의 원형을 회복하기 위한 성리학적 충실과 확충의 모습을 보여준다.

호산은 상설(詳說)을 통해 서설(序說)이나 독법(讀法)을 매우 중시했다. 왜냐하면 경전을 읽으며 공부를 하는 데 전체적인 목차나 범례 등을 소홀히 하는 것은 공치사를 자랑하는 무리들이 황무지를 달려가는 것과 같은 짓이라고 보고, 경전을 공부하는 학인들이 할 일이 아니라고 보았기 때문이다.[15]

여기에서 호산이 경전 주석을 할 때 어떤 차원을 고려해야 하는지 엿볼

---

15) 『壺山全書』4, 『論語集註詳說』「論語集註序說詳說」: 「序說」之不可不讀也如此, 而今世之初學或不窺「序說」, 此與不知其人而誦其詩·讀其書者, 何異哉? 蓋讀經傳而不窺其總目·凡例等說, 此乃功令家鹵莽之習, 若經學之家則不然. 凡經朱子手者, 雖片言隻字, 不可放過. 至於小註, 卽『永樂大全』也, 其中所取諸儒之說, 文頗繁長, 讀者未易領會. 今節取其羽翼『集註』意者而附之云.(「서설」을 읽지 않을 수 없음이 이와 같은데도 요즘의 초학자들은 혹 「서설」을 보지 않으니, 이것은 저자를 모르고서 그의 시(詩)를 외거나 그의 책을 읽는 것과 무엇이 다르겠는가? 경전을 읽으면서 그 총목(總目)과 범례 등의 글을 보지 않는 것은 바로 과거시험을 위해 공부하는 사람들의 경솔한 습관이니, 경학(經學)을 연구하는 사람이라면 그렇게 하지 않는다. 무릇 주자의 손을 거친 것이라면 비록 몇 마디의 말과 몇 글자라고 하더라도 놓쳐서는 안 된다. 소주(小註)의 경우는 곧 『영락대전』에 있는 것인데, 그 가운데 여러 학자들의 주장을 취한 것이 글이 자못 번잡하고 길어서 독자들이 이해하기에 쉽지 않다. 이제 『논어집주』의 의미를 이해하는 데에 도움을 주는 것을 골라 취해서 붙인다.)

수 있다. 호산이 텍스트로 삼은 주자의 『논어집주』는 원래 송대(宋代)의 유학자 11인의 학설을 모아 지은 『논어정의(論語精義)』를 근거로 자신의 견해를 절충한 저작이다. 그 후 학문의 집대성이라고 볼 수 있는 『영락대전(永樂大全)』에서는 경서(經書)에서 주자의 집주를 대주(大註)로 하고 여러 유학자들의 학설을 소주(小註)로 만든 형식을 띠고 있다. 호산도 상설을 지으면서, 『영락대전』의 양식을 모방한다. 즉 경문을 별도의 행으로 만들고, 대주 사이에 소주를 병기한다.

그런데 특이한 점은 대전의 소주가 복잡하고 오히려 난해한 부분이 있기 때문에 주자의 집주를 이해하는 데 도움이 되는 부분을 취사선택하여 보완하고 있다. 더욱 중요한 점은 조선의 선현들이 제시한 견해와 자신의 의견을 덧붙여 학문을 심화하고 있다. 이는 율곡 이이, 우암 송시열, 남계 박세채(南溪 朴世采, 1631~1695), 농암 김창협(農巖 金昌協, 1651~1708), 남당 한원진(南塘 韓元震, 1682~1751), 외암 이간(巍菴 李柬, 1677~1727), 병계 윤봉구(屛溪 尹鳳九, 1681~1767) 등의 견해를 추가하고, 호산 자신의 사유(思惟)를 덧붙이면서 자신의 학문과 교육철학 경향을 드러낸 것이다. 이런 연구와 교육의 병행은 조선 유학의 특징을 여지없이 보여준다. 그것은 다름 아닌, 중국 주자학에 대한 주석은 물론 조선 유학교육의 맥[湖學]을 심화한 형태로 드러났다.

## 3. 보충을 통한 재 구명

『논어집주상설』에서 호산이 가장 중시하는 것은 '명선복성(明善復性)'에 관한 부분들이다. 주자는 「학이」의 첫머리에서 다음과 같이 배움의 문제, 또는 유학교육의 의미를 해석하면서 선을 밝혀 본성을 회복하는 단초를 제시하며 주자학의 문을 연다.

사람의 본성은 모두 선하다. 하지만 깨달음에는 선후가 있다. 나중에
깨달은 자는 반드시 먼저 깨달은 사람의 행동을 본받아야 한다. 그래야
선을 밝혀 본래 모습을 회복할 수 있다.[16)]

호산은 이를 근거로 교육[學]과 인성 회복의 문제를 교육철학사상으로
상세하게 상정한다.

'배운다[學]'는 말의 의미는 가장 알기 쉽다. 이 때문에 경서 주석에
서는 '배운다'는 말을 훈고한 적이 없는데, 여기에서 특별히 훈고했다.
또 훈고하는 방법으로 말하면 '배운다는 말은 본받는다는 뜻이다.'라는
설명으로 이미 충분하다. 그런데 또 '사람의 본성[人性]' 이하 여러 구
절로 거듭 말한 것은 무엇 때문인가? '선함을 밝혀 본성을 회복한다[明
善復性]'는 말은 주자의 학문하는 본령(本領)이기 때문에 여러 책의 주
석에서 반드시 맨 앞에 밝혔다. 예컨대 『대학(大學)』에서는 '밝은 덕[明
德]'에 따라서 말했고, 『중용(中庸)』에서는 '밝음으로 말미암아 성실해
짐[明誠]'에 따라서 말했으며, 『맹자(孟子)』에서는 '본성을 회복함[反
性]'에 따라서 더욱 밝혔고, 「소학제사(小學題辭)」에서도 맨 앞에서 언
급하였으며, 이 책의 맨 앞에서도 '배움[學]'이라는 글자를 따라서 밝혔
다. 이 하나의 글자[學]는 이 책을 포괄할 뿐만 아니라 실로 여러 책을
다 포괄하기에 충분하다. 여러 책에서 아무리 말을 많이 할지라도 어찌
'배움'이라는 말에서 벗어남이 있겠는가? 그러므로 '배움'이라는 말은
이 책의 강령이고 또한 여러 책의 강령이다. '배움'의 방법은 무엇인가?
이 책에서는 인(仁)이라고 하고, 『대학』·『중용』에서는 성(誠)이라고 하
며, 『맹자』에서는 의(義)라고 하는 것이 여기에 해당한다. 그 귀결을 요
약하면, 모두 선함을 분명하게 알아 본성을 회복하여 짐승에 가깝게 되
는 것을 벗어나는 것일 뿐이다.[17)]

---

16) 『論語集註』「學而」: 人性皆善, 而覺有先後, 後覺者, 必效先覺之所爲, 乃可以明
善而復其初也.; 以下 『論語集註詳說』「學而」의 出典은 『論語詳說』로 표기하고,
『壺山全書』 4, 서울: 亞細亞文化史, 1987에 依據하여 쪽수와 면수를 밝힘.
17) 『壺山全書』 4, 『論語集註詳說』「學而」: '學'字之義, 最易知. 是以經書註未嘗

　　공자의 대화록 『논어』라는 경(經)은 주자의 『논어집주』의 주석을 통해
질적으로 승화된다. 그것이 다름 아닌 '명선복기초(明善復其初)'이다. 학문
은 사리(事理)의 관점에서 보면, "아직 이르지 못한 것에 대해 이르기 위해
노력하는 작업"이다. 이런 차원에서 유학은 교육을 통해 성인에 이르는 것
을 배우는 작업이며, 성인(聖人)을 지향한다. 그 교육철학사상의 핵심이 바
로 '명선복기초'이다.

　　『논어집주상설』에서 호산은 주로 성인(聖人) 자체보다는 배우는 과정의
인간으로서 군자(君子)를 중시한다. 특히, 주자집주가 지니는 장점을 성인
이 스스로 처하는 길, 그 원융(圓融)의 세계에 대해 의미를 구체화한 것으
로 이해한다. 호산은 그런 내용을 후대의 어리석은 사람을 위해 더욱 자세
하고 분명하게 구명하고, 다양한 측면에서 제시하면서 자신의 주석학과 교
육적 특징을 표출한다.[18] 여기에서는 「학이」에 나타난 것 중에서 몇몇 부

---

訓'學'字, 而於此特訓之. 且以訓法言之, '學之爲言, 效也.'六字已足矣, 而又申
之以'人性'以下二十九字, 何也? 蓋明善復性四字, 是朱子爲學之本領, 故諸書之
註, 必首明之. 如『大學』因'明德'而言之, 『中庸』則因明誠而言之, 『孟子』則因反
性而益明之, 「小學題辭」亦首及之, 此書之首, 因一'學'字而明之. 蓋此一字, 非
獨蔽此一書而已, 實足以盡蔽諸書. 諸書雖千言萬語, 豈有外於學一字哉? 故學
之一字, 是此書之綱領, 而亦諸書之綱領也. 學之道, 何也? 在此書則曰仁, 在
『大學』・『中庸』則曰誠, 在『孟子』則曰義是也. 要其歸, 則皆所以明善復性, 而免
於近禽獸而已.

18) 권정안에 의하면, 호산의 '七書詳說'이 지닌 註釋學의 특징은 주석으로 경전을
보완하는 양식, 즉 以註補經이다. 그것은 "①시대의 차이에 따른 보충, ②제자의
언행의 미비점 보충, ③본문과 상대적 내용 제시로 보충, ④본문의 내용을 발전시
킨 보충, ⑤본문의 글자를 변용한 보충" 등으로 분석하였다. 이충구는 이를 기초
로 경전을 직접 풀이한 訓釋의 경향에 대해 고찰하면서, 訓의 경우에는 "판본에
따라 다르게 나타난 異字의 지적, 인명의 밝힘, 제왕의 이름을 諱諱한 것을 밝힌
것, 대명사나 조사를 밝힌 것, 經文에 대한 註의 보충, 註의 문자 풀이, 출처를 밝
힘" 등을 들었고, 釋의 경우에는 "句가 끊어지는 곳, 술어 등의 지배처를 밝힘, 문
장의 생략된 부분 보충, 언해 비판과 검토, 대전의 문장 생략, 생략된 부분을 밝힘,
經文과 註의 대응, 인물 평가의 抑揚을 밝힘" 등으로 규명하였다. 권정안, 「壺山
朴文鎬의 經學思想」, 김용걸 외 지음, 『韓國思想家의 새로운 발견－甁窩 李衡

분을 소개한다.

첫째, 말한 사람이 누구인지 인명(人名)을 구체적으로 밝혔다.

『논어』의 첫 번째 장인 "공자가 말하였다. 배우고 때로 익히면 기쁘지 아니한가 …… 벗이 …… 사람들이 알아주지 않더라도 성내지 아니하면 군자가 아니겠는가(子曰, 學而時習之, 不亦說乎. …… 有朋, …… 人不知 而不慍 不亦君子乎)"에서 주자는 정자의 학설을 끌어들여 다음과 같이 주석을 한다.

"정자가 말하였다. 습(習)은 거듭 익힘이다. …… 정자가 말하였다. 착함으로 사람들에게 미친다. …… 정자가 말하였다. 비록 즐거움이 다른 사람에게 미치더라도(程子曰, 習, 重習也. …… 程子曰, 以善及人.… 程子曰, 雖 樂於及人."

여기에서 정자(程子)는 복수의 인물이다. 주지하다시피 정자는 북송 리학(理學)인 거장인 명도 정호(明道 程顥, 1032~1085)와 이천 정이(伊川 程頤, 1033~1107) 형제를 동시에 일컫는 말로 이정(二程)이라고도 한다. 문집도 『이정문집(二程文集)』『하남정씨유서(河南程氏遺書)』 등 형과 아우의 글이 혼합된 형태로 전해오고 있다. 이들 두 형제는 주자의 학문에 지대한 영향을 미쳐, 주자 성리학을 집대성하는 데 결정적 기여를 했다. 그런데 학문의 엄밀성을 따지자면 두 사람 중 누구 어떤 말을 했는지 명확해야 학문의 연원을 치밀하게 담보할 수 있다. 호산은 이런 학문적 정치(精緻) 작업을 시도했고, 그것을 교육의 자료로 활용하였다.

주자의 주석에서는 그냥 "정자가 말하였다[程子曰]"로만 되어 있다. 물론 주자는 그 언표가 누구의 것인지 인지하고 있었을 것이다. 그러나 후대로 내려오면서 이것이 누구의 학설인지 분명하지 않게 되었고, 유학자들도

祥·壺山 朴文鎬 硏究一」, 한국정신문화연구원, 1993, 182~184쪽; 「이충구, 「朴 文鎬의 '七書詳說' 註釋考」, 한중철학회, 『한중철학』 제4집, 1998, 참조.; 以下 『論語集註』 및 『論語集註詳說』의 原文은 쉽게 비교하며 이해하기 위해 脚註에 표시하지 않고 本文에 노출한다.

치밀하지 고증하지 않으니, 정통 유학의 맥락을 상실할 우려도 있었으리라. 호산의 고민도 여기에 있었다고 판단된다. 그러기에 호산은 형과 아우를 분명하게 구분하여 "숙자(叔子)"라고 주석한다.19) 『송사(宋史)』 「도학열전(道學列傳)」에 의하면, 형인 정명도는 자(字)가 "백순(伯淳)"이었고 아우인 정이천은 자가 "정숙(正叔)"이다. 호산이 이를 참고로 했는지, 아니면 통상적으로 형을 "백자(伯子)" 아우를 "숙자(叔子)"로 지칭했는지는 알 수 없지만 분명한 사실은 정자에 대해 형이 아니라 아우임을 분명하게 밝혔다. 이러한 호산의 학문적 작업은 주자학의 근원이 어디에 닿아 있는지 알게 하는 주요한 도통의 근거이다. 우리가 논문에서 주를 달아 근거를 밝히는 것처럼 호산은 이미 자신의 학문적 근거와 사상적 맥락을 스스로 밝히고 있는 셈이다.20)

또 다른 사례를 보면, "유자가 말하였다. 그 사람됨이 효도하고 공손하면서 위 사람에게 덤벼드는 자는 드물다(有子曰, 其爲人也, 孝弟, 而好犯上者, 鮮矣.)"의 경문 주석에서 "유자는 공자 제자로 이름은 약이다(有子, 孔子弟子, 名若.)"로 주석을 했다. 이에 대해 호산은 "『공자가어』에서 말하였다. 유자는 노나라 사람으로 자는 자유이다. 사기중니제자열전에 말하였다. 유자는 공자에 비해 나이가 열세 살이 적다(家語曰, 魯人, 字, 子有. 史記仲尼弟子傳曰, 少孔子十三歲.)"라고 하여21) 유자가 공자보다 13세 아래임을 적시했다. 또한 "자하가 말하였다. 어진 사람 존경하기를 여색을 좋아하는 마음과 바꾸듯이 한다(子夏曰, 賢賢易色.)"의 경문에 대해 주자는 "자하는

---

19) 『論語詳說』 「學而」, 218쪽 3면.

20) 물론 壺山이 『論語集註』에 나오는 모든 "程子曰"에 대해 程子가 누구인지를 전거를 통해 구명한 것은 아니다. 예를 들면 『論語』 「微子」의 "齊景公, 待孔子曰, 若季氏則吾不能, ……"의 주석에서 "程子曰, 季氏, 强臣, 君待之之禮極隆, ……"에서는 "程子" 다음에 "當考"라고 하여 자신이 밝히지는 못했지만 "마땅히 고찰해야 할 내용"으로 적시하고 後學들이 밝혀 줄 것을 요청한다. 『論語詳說』 403쪽 3면.

21) 『論語詳說』, 219쪽 5면.

공자 제자로 성은 복이고 이름은 상이다(子夏, 孔子弟子, 姓卜, 名商.)"으로
주석을 했는데, 호산은 "『공자가어』에 말하였다.; 자하는 위나라 사람이다.
『사기』「중니제자열전」에 말하였다. 공자보다 나이가 마흔 네 살이 적다
(家語曰, 衛人. 史記仲尼弟子傳曰, 少孔子四十四歲.)"라고 하여,[22] 자하가
위나라 사람이라는 것과 공자보다 나이가 44세 적다는 점을 보충하였다.
이하 대부분의 인명에 대해 이와 같이 구체적으로 전거를 밝히며 충실한
연구 자세를 보이고 있다.

　둘째, 조사나 대명사의 역할, 출전 등을 적시하여 의미 맥락을 분명히
소통하게 하였다. 다음 사례에서 그것을 확인할 수 있다.

　"공자가 말하였다. 정사를 신중히 하면서 백성이 믿게 하고, 비용을 절
약하고 백성을 사랑하며, 농한기에 백성을 부려야 한다.(子曰, 道千乘之國,
敬事而信, 節用而愛人, 使民以時.)"에 대한 주자의 주석은 문자적 의미를
고려하는데 치중하고 있다. "도(道)는 다스리는 일이다. 천승(千乘)은 제후
의 나라로 그 땅에서 병거 천승을 낼만한 규모이다. 경(敬)은 마음을 한 곳
으로 집중하여 잡념이 없는 상태를 이른다. 경사이신(敬事而信)은 일을 신
중히 하고 백성에게 믿음이 서게 하는 것이다. 시(時)는 농한기를 이른다.
나라를 다스리는 요체가 이 다섯 가지에 달려 있다고 말한 것은 근본에 힘
쓰라는 뜻이다.(道, 治也. 千乘, 諸侯之國, 其地可出兵車千乘者也. 敬者, 主
一無適之謂. 敬事而信者, 敬其事而信於民也. 時謂農隙之時, 言治國之要在
此五者, 亦務本之意也.)"

　그러나 호산은 이보다 훨씬 자세한 주석을 통해 글의 내용을 명확하게
만든다. 호산의 태도는 어떤 측면에서는 확신에 차 있을 정도이다. "도는
다스리는 일이다(道, 治也.)"라는 주자의 주석 앞에, 경문에 나오는 조사
"이(而)"와 "이(以)"에 대한 자신의 견해를 제시한다. "글 가운데 이(而)자
를 드러낸 것은 위와 아래의 의미를 두 가지로 구분하기 위함이고, 이(以)

---

22) 『論語詳說』, 222쪽 12면.

자를 드러낸 것은 위와 아래를 한 가지 뜻으로 통일하기 위함이다.(凡文句
中間, 著而字者, 上下爲二義, 著以字者, 上下一義.)"23)

　이는 "정사를 신중히 하면서(敬) 백성이 믿게 하고(信), 비용을 절약하고
(節) 백성을 사랑하며(愛), 농한기에 백성을 부리는 데 있다.(敬事而信, 節
用而愛人, 使民以時.)"에 대한 내용의 명확화이다. 호산은 공자의 언표가
경사이신(敬事而信)의 "이(而)"와 사민이시(使民以時)의 "이(以)"라는 서로
다른 글자를 통해 의미를 분화하고 통합하는 기능을 지닌다고 보았다. "이
(而)"는 앞과 뒤의 의미를 두 가지로 나누고, 이(以)는 앞과 뒤의 의미를 통
합시킨다. 공자의 언표는 나라를 다스리는 길이 "정사를 신중히 하면서(敬)
백성이 믿게 하고(信), 비용을 절약하고(節) 백성을 사랑하며(愛), 농한기에
백성을 부리는 데 있다."라는 논리이다. 호산은 경(敬)과 신(信), 절(節)과
애(愛)를 정치적으로 분명하게 나누면서도 백성을 부리는 단계에서는 적절
한 시기[時]로 통일한다. 그것은 주자의 주석 "나라를 다스리는 요체가 이
다섯 가지에 달려 있다(治國之要在此五者)."의 풀이에서 대명사 "이 다섯
가지(此五者)"를 "경(敬)·신(信)·절(節)·애(愛)·시(時)"로 요약 제시하는 데
서 드러난다.24)

　또한 "유자가 말하였다. 예의 쓰임은 조화를 귀하게 여긴다. 선왕의 정
사도 이것을 아름답게 여겨 큰일이나 작은 일 모두가 이에 따랐다.(有子曰,
禮之用, 和爲貴, 先王之道, 斯爲美, 小大由之.)"에서도 신안 진씨의 말을 인
용하여 대명사 "이것(斯)"이 무엇인지를 분명하게 밝힌다. 주자의 주석에
서는 "이것"이 무엇인지 구체적으로 지시되지 않는다. 호산은 "신안 진씨
가 말하였다. 이것(斯)은 예의 조화를 가리킨다.(新安陳氏曰, 斯指禮之
和.)"25)는 근거를 구체적으로 제시한다. 그렇지 않다면 "이것"은 "예의 쓰
임"인지, "조화의 귀함"인지 혼돈을 겪을 수 있다. "이것"은 이 모두가 녹

---

23) 『論語詳說』, 221쪽 9면.
24) 『論語詳說』, 221쪽 10면.
25) 『論語詳說』, 225쪽 18면.

아 있는, 예의 쓰임과 조화를 귀하게 여기는 것, 바로 "예의 쓰면서 조화를 이루는 일"이다.

나아가 호산은 출전을 명확히 하여 경전 상호간에 긴밀한 연관이 있음을 밝혔다. 앞에서 언급한 "공자가 말하였다.; 정사를 신중히 하면서 백성이 믿게 하고, 비용을 절약하고 백성을 사랑하며, 농한기에 백성을 부려야 한다(子曰, 道千乘之國, 敬事而信, 節用而愛人, 使民以時.)"의 주자 주석에 "백성을 사랑하려면 쓰기를 절제하는 일부터 시작해야 한다. 그러나 백성을 부리기를 때에 맞게 하지 않으면 농사에 힘쓰는 자가 자기 능력을 다할 수 없다(愛民必先於節用, 然使之不以其時, 則力本者, 不獲自盡.)"라는 구절이 나온다. 호산은 이 구절 가운데 "능력을 다할 수 없다(不獲自盡.)"의 출처가 『서경(書經)』임을 밝히고(出書咸有一德, 言本得自盡其力也),26) 그 의미의 진정성을 확인하고 있다.27) 근본은 스스로 자신의 힘을 다하여야 얻을 수 있다는 기본 진리! 정치가 여기에 있다는 유학교육의 기초를 다시 일깨워 준다.

또한 "자공이 여쭈었다. 가난하면서도 아첨함이 없고 부유하면서도 교만함이 없으면 어떻습니까? 공자가 말하였다. 그것도 괜찮으나 가난하면서도 도를 즐거워하고 하고 부유하면서도 예를 좋아하는 것만 못하다(子貢曰, 貧而無諂, 富而無驕, 何如. 子曰, 可也, 未若貧而樂, 富而好禮者也.)"의 주석에서 주자는 "즐길 정도라면 마음이 넓어지고 몸이 윤택해져서 자기가 가난한 것도 잊을 것이다. 예를 좋아하면 편안히 선에 처하고 즐거이 이치를 따라 스스로 부유한 줄을 알지 못한다(樂則心廣體胖, 而忘其貧. 好禮則安

---

26) 『論語詳說』, 222쪽 11면.
27) 『書經』「咸有一德」의 내용은 이윤의 교훈을 기록한 것으로, 군주나 신하 백성 모두가 올바른 도리를 깨닫고 자신의 근본을 다할 수 있는 자세를 언급한다. 『서경』에서는 "평범한 사내와 여자, 즉 백성이 그들의 능력을 모두 발휘하지 못하게 하면 안 됩니다. 만일 그렇게 하면 임금이 그 공을 완성했다고 볼 수 없습니다.(匹夫匹婦, 不獲自盡, 民主罔與成厥功)"라고 하여, 인간이 스스로 나라나 임금을 위하여 덕이나 재능을 최대한 발휘할 수 있는 것을 희구한다.

處善, 樂循理, 亦不自知其富矣.)"라고 주석하였다. 여기에서 호산은 "마음이 넓어지고 몸이 윤택해진다"라는 "심광체반(心廣體胖)" 네 글자가 『대학』에 나온다(四字出大學)는 사실을 밝혔다.[28] "심광체반"은 선을 행한다면 덕이 몸과 마음에 드러나는 양식을 요약한 언표이다.[29] 즉 선의 적극적 방향을 표현한 것이다.

아울러 "편안히 선에 처하고 즐거이 이치를 따른다"라는 "안처선 악순리(安處善 樂循理)" 여섯 글자가 『한서(漢書)』「동중서전(董仲舒傳)」에 등장하는 문구임을 적시했다(六字出漢書董仲舒傳, 言安於處善, 樂於循理也).[30]

이는 유학에서 가장 중시 여기는 예악(禮樂)의 문제를 다룬 것이다. 예는 일상 삶에서 구분하는 기능을 하며 악은 화합하는 기능을 한다. 유교는 예와 악을 통해 구분과 화합, 즉 분합(分合)의 이중주를 연주하므로, 호산의 문제의식은 유교의 중심을 지적한 것으로 인식할 수 있다.

셋째, 경문(經文)의 주(註)를 보충하고 주(註)의 문자를 풀이하였다. 이는 경전을 어떻게 읽을 것인지 그 읽는 법과 사상의 맥락을 파악하는데 일조한다. 유학 경전 교육의 새 지평을 열었다.

호산은 『논어』을 읽기 전에 「학이」의 맨 앞, 즉 "자왈, 학이시습지, 불역열호(子曰, 學而時習之, 不亦說乎.)" 바로 다음에 있는 권(圈; ○)에 대해 설명한다. 주자가 집주를 편찬할 당시에는 권(圈; ○)에 대한 인식이 보편적이었는지, 주자집주에서는 이에 관한 설명이 구체적이지 않다. 그러나 호산은 집주 앞에 붙여 글을 읽을 때 참고할 수 있도록, 권(○)에 대해 친절하게 설명을 곁들이며 배려한다.

---

28) 『論語詳說』, 227쪽 22면.
29) 『大學』 傳6章에서는 "부유함은 집을 윤택하게 하고, 덕은 몸을 윤택하게 한다. 덕이 있으면 마음이 넓어지고 몸도 평안하다. 그러므로 군자는 반드시 그 뜻을 성실하게 한다(富潤屋, 德潤身, 心廣體胖. 故 君子, 必誠其意)."라고 했는데, 이는 바로 공자가 언급한 가난하면서도 도를 즐기고 부유하면서도 예를 좋아하는 사람다운 사람의 모습을 형용한 것이다.
30) 『論語詳說』, 227쪽 22면.

"매 장마다 그 머리에 반드시 ○를 붙이는데, 장의 머리가 어디인지 혼란되지 않게 구별하기 위함이다. 매 편의 머리 장에 ○를 붙이지 않은 것은 구별이 필요 없기 때문이다.(每章之首, 必加圈者, 恐其與上章相混, 而別之也. 每篇首章不圈者, 無事乎別也.)"31)

다시 설명하면 "자왈, 학이시습지(子曰, 學而時習之)"의 맨 앞에 ○를 표시하지 않은 이유를 일러준다. 그것은 매 편의 2장 이하는 모두 1장(首章)과 구별하기 위해 ○를 표시했으나, 1장에 ○를 붙이지 않은 것은 맨 앞에 오는 장이기 때문에 장의 머리가 어디인지 혼동할 우려가 없기 때문이다.

이는 책 읽는 방법에 대한 친절한 안내인 동시에, 장의 혼돈을 막고, 한문 언어의 구조상 의미 맥락을 정확하게 확인하기 위한 방편이다. 이는 후학을 위한 학문적 배려이자 유학교육의 철학사상을 드러낸 것으로, 내용을 올바로 이해하기 위한 일종의 지남(指南)이다.

주자의 주석에 대한 문자 풀이는 "효제장(孝悌章)"에서 극명하게 드러난다.

"유자가 말하였다. 그 사람됨이 효성스럽고 공경하면서 윗사람에 덤벼들기를 좋아하는 사람은 드물다. 윗사람에게 덤벼들기를 좋아하지 않으면서 질서를 어지럽히기를 좋아하는 자는 있지 않다. 군자는 근본에 힘쓰는데, 근본이 서야 도가 생겨난다. 효제는 인을 행하는 근본이다(有子曰, 其爲人也, 孝弟而好犯上者, 鮮矣. 不好犯上, 而好作亂者, 未之有也. 君子務本, 本立而道生, 孝弟也者, 其爲仁之本與.)"

이 경문에 대해 주자는 상대적으로 길게 주석을 부여한다. 주자는 "이 말의 의미가 사람이 효성스럽고 공경하면 그 마음이 화순해져서 윗사람에게 덤벼드는 일이 적게 된다(此言人能孝弟, 則其心和順.)"는 것으로 이해했다. 호산은 이런 발언에 적극 옹호하며 주자의 해석에 힘을 싣는다. 즉 경문의 "효제이호범상자(孝弟而好犯上者)"에서 "이(而)"를 "즉(則)"으로 이해하면, 뜻이 더욱 분명해진다고 해명한다(以則字, 換本文之而字, 意益分

明.)[32] 아울러 주자의 주석인 "효제는 인의 일부분이므로 그것이 인을 행하는 근본이 된다고 말하면 옳지만, 그것이 바로 인의 근본이라고 한다면 옳지 않다(孝悌是仁之一事, 謂之行仁之本則可, 謂是仁之本則不可.)"에 대해, "위시(謂是)"의 "시(是)"를 "곧, 바로"라는 의미의 "즉(卽)"으로 이해하면 쉽게 풀린다고 주석을 달았다(猶卽也).[33] 이러한 호산의 주석을 통한 유학교육의 태도는 구절의 의미를 오독할 가능성을 최소화하는 동시에 유학의 본질을 올바르게 이어가려는 교육철학의 발로이다.

## 4. 닫는 글

이상에서 살펴본 것처럼 호산의 『논어집주상설』은 유학의 본질 구명을 위한 학문적 노력이다. 동시에 주석을 겸한 유학교육의 지평 확장이다. 서론에서 언급했듯이, 호산은 조선말에서 한말 개화기, 일제강점기 초반에 활동한 성리학자이다. 서구문명이 밀려오고 유학이 퇴색되어가던 시대에, 조선조를 통틀어서도 저술되지 않았던 사서삼경의 체계적인 주석서, 『칠서집주상설(七書集註詳說)』이 등장했다는 사실이 조선 경학(經學)의 역사에서 학문적 기적이기도 하다.

호산의 학문은 기본적으로 주자를 비롯하여 조선 성리학을 철저하게 계승하고 있다. 특히 주자의 주석 방식인 '훈(訓)－석(釋)－론(論)'의 시스템을 발견하고 그것을 더욱 공고히 하는 양식으로 자신의 교육철학사상을 만들었다. 문자를 자세하게 구명하고 문맥의 의미를 재 정돈하는 동시에 유학사상의 맥락을 적확하게 지적해 내었다. 이런 학문 자세는 주자로부터 배운 경전주석학(經典註釋學)을 체계화하면서도 자신의 교육철학적 성향

---

32) 『論語詳說』, 219쪽 5면.
33) 『論語詳說』, 220쪽 7면.

을 표출하고, 성리학을 심화한다. 그것은 호산을 통해 발견할 수 있는 조선 말기[구한말] 유학교육의 한 특징이다.

앞에서 분석·정돈한 『논어』「학이」에서, 호산은 "명선복성(明善復性)" - "명선복초(明善復初)"를 매우 중시한다. 그것은 유학을 통해 성인에 이르는 과정을 배우고, 성인을 지향하고 있음을 확실하게 주지하기 위한 심각한 교육적 고려이다. 특히, 호산은 최고인격자로서의 성인(聖人)보다는 배우는 과정에 있는 건전한 인간으로서 군자(君子)를 중시한다. 『논어』「학이」에 국한해 볼 때, 그 방편적 시도로 감행한 그의 주석은 다음과 같은 특징을 지니고 있다.

첫째, 대화록[논어]에 등장하는 대화의 주체들, 즉 말한 사람이 누구인지 모호하거나 혼동하기 쉬운 사람에 대해 전거를 통해 인명(人名)을 구체적으로 밝혔다.

둘째, 말을 이어주는 조사나 대명사의 역할, 문자나 구절의 출전 등을 적시하여 의미 맥락을 분명하게 적시(摘示)하였다.

셋째, 경문(經文)의 주(註)를 여러 경전이나 선학들의 의견을 통해 보충하고 주(註)의 문자를 풀이하며 자신의 견해를 덧붙였다.

총괄하면, 호산은 훈(訓) - 석(釋) - 론(論)의 주석시스템을 기본으로 자신의 학문을 승화하며 조선 유학교육의 지평을 확장하는데 기여하였다. 그것은 사서삼경의 경문은 물론 주자집주의 장구를 하나도 빠짐없이 열거하고, 중국과 조선에서 이루어진 주요 주석의 인용과 더불어 자신의 의견까지도 추가하는 묵지적(默識的)인 창발적(創發的) 교육철학의 수립이었다. 특히, 기독교와 과학, 근대 민주주의 사상 등 서구 사조가 도입되던 조선말의 상황에서, 유학의 위상이 흔들리던 시기에 이루어진 조용한 유학교육의 반란이다. 그래도 조선 유학의 전통이 살아있던 시대, 학문적 생명력을 일깨운 작업이었다. 요컨대, 조선 유학의 주석을 집대성하고 유학교육 철학 사상을 정립하려는 노력의 전형으로 판단된다.

# 9장 개화기 유학교육 사상의 변화

## ─ 백암 박은식의 「학규신론」 ─

## 1. 여는 글

한국 역사에서 구한말·개화기는 사상의 격변기였다. 1876년 조일수호조규[일명 병자수호조약, 또는 강화도조약]이후, 1910년 일제 강점 시대로 접어들기까지, 약 30여년의 기간은 한국 사회의 패러다임 전환을 위한 몸부림이었다. 그중에서도 교육은 유학을 중심으로 하는 전통교육과 기독교·자연과학의 성과를 앞세운 서구교육 사이에서, 갈등과 배척, 반성과 접목, 소극적·적극적 수용 등 다양한 형태의 대응 양식을 모색하는 양태로 드러난다.

특히, 대한제국을 선포하기 직전인 1895년, 조선은 고종의 "교육입국조서(敎育立國詔書)"를 통해 공식적으로 시대정신에 부합하려는 교육개혁을 시도한다. 덕양(德養)·체양(體養)·지양(智養)의 삼양(三養)을 기치로 전통교육과 서구교육의 접목을 시도한 것이다. 이전부터 진행되어 왔고 이후에 가속화한 서구의 과학과 종교 등 각종 문물의 도입, 근대 공교육 제도의 유입과 확장은 개화기 교육의 바탕이 되었다. 아울러 선교사의 교육 활동과 민족 선각자 및 해외 유학생들의 새로운 시각은 교육 사조에 주요한 변수로 작용했다.

이런 시대적 특징을 지닌 개화기 교육은 상당히 많은 연구가 진척되어 있는 편이다. 시대의 흐름과 사조, 교육 제도의 개혁과 설립, 교육 운동가나 교육 단체, 구체적인 정책에 이르기까지 다양한 측면에서 연구가 진행되어 왔다. 교육의 역사를 통해 민족의 자긍심을 고취하였던 이만규의 경우,『조선교육사』(하) "3부 조선시대 말 27년간의 교육"에서 개화기 교육의 흐름을 개괄적으로 다루고 있다. 이후 한기언을 비롯한 "한국교육사" 서술자들은 정도의 차이는 있으나 이와 유사한 관점에서 개화기 교육을 정리하였다. 또한 이 시대의 교육을 종합적으로 조명한 연구로 손인수의 『한국개화교육연구』가 있고, 학교 형성을 집중적으로 다룬 것으로 후루카와 아키라의『구한말 근대학교의 형성』이 있으며, 기독교계 학교의 민족교육을 연구한 대표적인 성과로 한규원의『한국 기독교학교의 민족교육 연구』가 있다. 이외에도 근대교육에 관한 연구가 지속적으로 이루어지고 있다.

그러나 개화기 교육의 연구 결과 대부분, 근대적 학교의 설립과 교육과정, 교육운동 및 활동을 다루며, 그 사실의 구명과 시대의 흐름을 진단하는 데 집중한다. 그러다 보니, 교육의 사상적 측면을 구체적으로 지적하지 못하는 한계를 노정한다. 특히, 전통교육의 기초가 되었던 유학의 교육구조를 외면하는 시각이 지배적이다. 유학을 중심으로 하는 전통 교육의 지속성은 배제한 채, 근대적 학교 제도의 성립이나 다양한 분야의 교육활동, 교육을 통한 민족구국운동의 차원을 중심으로 기술한다. 다시 말하면, 근대 학교의 설립을 주축으로 조선 말기 정부와 대한제국에서 세운 각종 학교, 기독교 선교사들의 미션학교, 새로운 문화로 무장한 민족 선각자들의 활동, 일제통감부의 강점 작업과 민족적 저항 등을 집중적으로 조명한다. 이러한 연구는 나름대로 한국교육사를 정리하는 데 기여했다.

그런 사실의 규명과 종합적 정리에도 불구하고, 여기에서는 당시 교육의 상황과 본질에 대한 진지한 성찰을 지향한다. 왜냐하면, 다음과 같은 인식 때문이다.

"19세기 후반, 이른 바 서구적 근대교육을 시작할 무렵, 조선 왕조의 유학적 교육제도는 전국 방방곡곡에 살아 숨 쉬고 있었다. 최고의 학부로서 고등교육기관인 성균관(成均館)이 서울에 있었고, 그보다 약간 수준이 낮

은 사학(四學)과 향교(鄕校), 사립대학 격인 서원(書院), 각 지방의 부락 곳
곳에 서당(書堂)이 있었다. 이들 교육기관이 거대한 서구 근대 교육의 밀물
에 부딪히며 큰 힘을 발휘하지 못했다고 할지라도, 엄연히 조선 민중의 의
식을 지배하고 있었다. 이 모두는 유학을 교육사상의 기반으로 한다.”

그러나 기존의 연구들은 당시의 주요 사상일수 있는 유학을 외면하고
있고, 신학문의 소개나 근대적 신학교의 설립과 확대가 근대교육의 주류인
듯한 인상을 심어준다. 여기에서 다룰 백암 박은식(白巖 朴殷植, 1859~
1925)의 존재가 그것을 잘 대변한다. 개화기의 애국 계몽 운동가 내지 활
동가들 대부분은 연설이나 논설 등을 통해 자신의 견해를 피력하였다. 그
런 활동 속에서도 교육에 대한 사유가 드러나겠지만, 단편적이고 선언적이
며 당위적으로 지향을 의미하는 수준에 그칠 수 있다. 그러나 백암은 구체
적인 저술을 통해, 당시에 어떤 교육이 필요한 지, 자신의 사상을 분명하게
드러내었다. 이는 개화기 교육사상의 흐름과 의미를 규정하는 데 중대한
시사점을 준다. 뿐만 아니라, 이만규의『조선교육사』이후, 대부분의 “한국
교육사” 저술은 개화기를 “근대적 신교육 실시기”로 규정하고 있어, 교육
사상의 흐름을 가늠할 수 없게 만든다. 특히, 기독교계통의 학교와 민족 선
각자의 사학 설립, 관공립학교의 설립 등 제도적 고찰을 하고 있어, 어떤
사상적 맥락이 자리하고 있었는지 파악하기에 곤란하다.

교육운동과 활동에는 분명히 이론과 사상이 요구된다. 이런 점에서 교
육사상의 흐름을 구체적으로 규명하는 작업은 매우 중요하다. 당시 백암은
유학자이자 민족 지도자로서 전통과 현대를 동시에 고민하는 교육철학을
제시한다. 그 핵심이「흥학설(興學說)」,「학교신론(學規新論)」,「무망흥학
(務望興學)」등을 비롯한 여러 편의 교육 관련 논저에 담겨 있다.

조선 유학의 전통에서 볼 때, 개화기 때 나름대로의 명망을 쌓고 있던
유학자 박은식의 교육사상은 어떤 변주를 고민했을까? 기존의 교육학계는
“개화기=서구 근대교육”이라는 등식으로 오해하기 쉬운 부분이 없지 않다.

그것은 서구 열강의 동아시아 진출과 밀접하게 연관되지만, 동아시아 국가 내부적으로는 서구 문명의 영향과 수용 못지않게 그에 대한 반발과 배척, 전통의 수호를 부르짖었던 것도 사실이다. 오히려 서구문명의 수용보다는 경계와 배척을 통한 갈등 상황과 전통의 지속을 옹호하는 측면이 훨씬 강했다고 판단된다.

이에 개화기 교육 사조 및 사상 가운데, 전통 유학교육에 터하여 시대를 대처하려고 노력했던 일면을, 백암의 교육사상을 통해 고찰해 본다. 특히, 개화기 교육에서 자강(自强)과 구국(救國), 그리고 독립(獨立)을 외치던 교육을, 전통 유학교육의 붕괴와 서구 근대교육의 등장으로 인식하려는 기존의 견해1)에 대해 비판적으로 살펴보고, 전통 유학교육의 본질과 내용, 방법적 측면의 유효성을 여전히 중시하며, 시대정신에 맞추어 구가하려던 백암의 교육적 태도를 탐색한다.

## 2. 교육사상의 흐름

### 1) 기독교와 교육활동

기독교 사상의 유입은 기독교계통의 근대학교가 설립되면서 본격화 된

---

1) 이런 이유 때문인지, "한국교육사"에서 개화기를 다룰 때, 개화기(애국·계몽기) 전체의 역사 흐름에서 백암 박은식의 위상과 사상을 구체적으로 언급하는 경우는 매우 드물다. 다만, 그의 교육활동을 단독으로 구국의 차원이나 민족교육, 양명학의 입장에서 연구한 사례는 몇 편 있다.; 육수화, 「백암 박은식의 교육사상과 교육구국운동」, 계명대 교육대학원 석사논문, 1996; 김광표, 「박은식과 신채호의 민족교육론 비교연구」, 한국교원대 교육대학원 석사논문, 2004; 우혜경, 「박은식의 교육사상－양명학의 지행합일적 정신교육을 중심으로」, 공주대학교 교육대학원 석사논문, 1992; 오태환, 「백암 박은식의 양명학적 교육사상에 대한 검토」, 한국교원대학교 교육대학원 석사논문, 2006 등 참조.

다. 주지하다시피 가톨릭(Catholic)은 이미 오래 전부터 전래되어 순교와 박
해를 거듭하며 논란이 되어 왔다. 개신교의 경우, 1832년 독일 선교사 구츨
라프가 동인도회사의 통역관으로 상선을 타고 황해도 및 충청도 해안 지
방에 와서 한문 성경을 나누어 준 것이 최초의 전래라고 한다. 이후 1866
년 중국에서 활동하던 런던선교회의 토마스 목사가 들어왔다가 평양에서
순교를 당하였다. 유학 이데올로기에 경직된 조선에서는 공개적으로 선교
를 하기 힘들었다. 때문에, 개신교는 1884년에 이르러서야 미국 북장로교
소속 의료 선교사였던 알렌이 들어오면서, 의료 활동을 통하여 간접적으로
전도활동을 시작했다. 정식 선교사 자격으로 입국한 사람들은 미국 북장로
교의 언더우드, 미국 북감리교의 아펜젤러와 스크랜튼 등이었다. 이들은 선
교사업은 물론 교육사업과 의료사업을 전개하기 위한 터전을 마련해 갔다.[2]

　기독교는 어떤 국가나 지역을 대상으로 하건, 선교의 방편으로 학교를
설립하고 교육사업을 실시한다. 그것은 그들의 중요한 사명이다.[3] 왜냐하
면 더 많은 기독교 신자를 집중적으로 얻을 수 있고 나이가 어린 사람일수
록 그것을 쉽게 받아들일 수 있기 때문이다. 더구나 한국처럼 서구적 근대
화가 진전되지 못한 나라에서는 근대식 학교를 설립하여 어린 학생들을
지적으로 깨우쳐 주는 일을 절실한 문제로 인식하였다.[4]

　앞에서 언급했듯이, 기독교 계통 학교는 기독교 사상의 보급을 근본이
념으로 한다. 그러나 교육과정에서 서양 근대교육의 이념과 내용을 그대로

---

2) 한국 최초의 근대적 기독교 학교는 1885년 아펜젤러가 설립한 배재학당이라고 한
　다. 郭安全,『韓國敎會史』, 서울: 대한기독교서회, 1973; 閔庚培,『韓國基督敎會
　史』, 서울: 기독교서회, 1972 참조.
3) 병원과 교육 사업은 현저하게 눈에 띄지 않는 간접적인 선교 사업이다. 이는 공개
　적인 설교와 종교 의식을 통한 직접적인 전도 활동과 구별된다. 그러나 병원 설립
　을 통한 의료 사업과 학교 설립을 통한 교육 사업은 인도주의라는 미명하에 이루
　어지는 기독교의 직접 전도를 위한 준비 공작이기도 하다. 손인수,『韓國開化敎
　育硏究』, 서울: 일지사, 1980, 68쪽 참조.
4) 韓奎元,『韓國 基督敎學校의 民族敎育 硏究』, 서울: 국학자료원, 2003, 26쪽.

수용한다.5) 미션스쿨은 기독교 정신인 만민평등사상에 입각하여 신분의 고하를 막론하고 일반 대중의 자제들을 교육시켰다. 그것은 교육의 기회균등을 실현하는 작업이었고, 전통적으로 폐쇄적이었던 여성에 대해 문호를 개방하여 남녀평등의 사상을 고취하였다. 뿐만 아니라, 노동의 신성함과 직업의 귀천을 불식시켜 자주자활(自主自活)의 생활 이념을 계몽하였다. 이는 근대 민주주의의 교육 이념을 구현하려는 노력과도 일치한다.

교과내용에서도 국어(國語)·한문(漢文), 역사(歷史)·지리(地理), 윤리(倫理), 체조(體操)·교련(敎鍊), 성경(聖經)·음악(音樂). 실업교육(實業敎育) 등 근대식 교육내용을 채용하여, 유학 경전(儒學 經典) 중심의 전통교육과는 완전히 다른 교육을 지향하게 된다. 특히, 이들의 교육 활동은 기독교라는 종교적 입장을 넘어, 한국인에게 스스로 자아를 깨닫게 하고, 한국민으로서 역사적 긍지를 가지도록 교육하였다는 점에서 긍정적인 공헌을 하였다. 요컨대, 전통 유학 교육과 차원을 달리하는 근대 공교육[신교육]을 도입·보급하고, 교육의 기회 균등 실현에 앞장섰으며, 예체능 및 과학·실업 과목을 정규 교육과정으로 채택하여 정서 함양과 건강 도모, 과학적 사고와 노동에 대한 새로운 인식을 심어 주었고, 한국인들의 민족의식을 함양하는 데 기여하였다.

## 2) 민족 선각자의 교육운동

주지하다시피, 1894년 갑오농민전쟁 이후, 청일 양국의 각축에서 일본이 승리하였다. 이를 계기로 일본은 조선 침략을 본격화 한다. 조선 정부는 점차 자주성을 상실하고, 국권이 위태롭게 되면서, 각지에서 국권회복과 자주성을 위한 민족운동이 일어나기 시작하였다. 특히 1905년 을사늑약(乙巳勒約)에서 1910년 일제 강점에 이르기까지 국권회복의 구국 이념을 교육

---

5) 金用馹, 『韓國敎育思想史』, 서울: 삼광출판사, 1978, 117쪽.

목표로 하는 학교가 많이 설립되었다. 즉 교육에 의한 민족의 각성과 실력의 배양만이 민족을 보존하고 나라를 구할 수 있는 유일한 방법으로 생각되어, 전 국민의 자각을 촉구하는 교육구국 운동이 전국 각지에서 일어났다.6)

이러한 민족 선각자들에 의한 사학(私學)의 설립은 기독교의 직접적 영향을 받은 학교라고 보기는 어렵다. 그러나 당시 기독교계 학교 설립이 붐을 이룬 것에 대한 반향, 그리고 개화(開化)라는 시대 특징을 반영한 것은 분명하다. 당시 민족 선각자들이 선진 외국 기술을 받아들여 부강한 나라를 만들어야 한다는 신념과 문명화(文明化)의 길을 추구하고 있다는 사실이 그것을 반증한다.

민족 선각자들에 의한 교육의 강조는 그것이 국가자강(國家自强)을 위한 최선의 방식이라는 사고에 기인한다. 교육과 산업을 일으켜 힘을 갖는 것만이 애국의 길임을 선포하고, 계몽 활동에 힘쓴 결과, 다양한 형식의 사학 설립 운동이 일어나게 된 것이다. 이는 당시 긴박하게 전개되던 사회정세 및 강한 정치적 요구와 결부된다. 특히 1905년 을사늑약 이후, 사학은 교육구국운동의 양상으로 드러난다. 이는 정치활동이 자유롭지 못한 상황에서 학회(學會; 국민교육회, 대한자강회, 서북학회 등)를 통해 사학을 설립하고, 교육을 자주독립운동의 방법으로 전개한 것에서 확인된다.

이처럼 민족 선각자들의 사립학교 설립은 기본적으로 일제에 대한 대응책으로 나타났다. 그것은 서구 제국의 문물을 받아들이려는 개화사상과 민족주의 정신과 맞물려 개화기의 독특한 시대정신을 빚어낸다. 역으로 보면, 조선 문명에 대한 반성과 민족 수호의 의지가 계몽과 애국의 형식으로 노출된 것이다. 교육을 통한 이런 활동은 결국 개화운동인 동시에 독립운동이라는 이중적 성격을 띠게 되었다.7) 이는 한편으로는 서구 문명과 사상의 섭취 운동이고, 다른 한편으로는 민족의 보존과 발전이라는 난점을

---

6) 金用馹, 앞의 책, 119~120쪽 참조.
7) 손인수, 앞의 책, 192~193쪽 참조.

잉태하고 있다. 즉 서구적 근대화와 민족보전이라는 민족주의가 이중인화 (二重印畵)된 상황이다. 여기에서 민족 선각자들은 때로는 서구적 근대화 (개화 혹은 계몽)를 강조하기도 하고, 민족주의적 자강(애국, 구국)에 초점을 맞추어 활동하기도 하며, 이 둘의 통일을 강조하는 것 같으면서도 사상의 합성을 이루기도 한다. 달리 말하면 그것은 서구의 근대 사조[기독교와 과학]와 조선의 전통 사고[유학]가 상호 성찰하는 계기였다.

## 3) 신학교 체제와 유학교육

1894년의 갑오개혁은 조선 역사에서 새로운 전환점을 마련한 계기이다. 1894년 7월 27일 군국기무처가 설립되기 직전, 일제는 "내정개혁방안강령" 을 제시하였는데, 다음과 같은 교육제도 개혁에 관한 조항도 포함하고 있었다.

> 시세를 참작한 학제를 신설하여 각 지방에 소학교를 설립하고 자제를 교육시킨다. 소학교 설립 준비를 기다려 이어 중학 및 대학을 설립한다. 한생 중 준수한 자를 선발하여 외국에 유학 시킨다.[8]

또한 군국기무처의 개혁안에는 "과거제 폐지, 해외 유학생의 파견, 소학교교과서 편찬" 등 전통 사회의 교육을 지양하고 근대적 사회를 지향하는 내용이 등장했다. 이어 교육행정을 담당하는 학무아문(學務衙門)을 설치하여 개혁에 박차를 가하였다. 즉 소학교를 창설하고 반상의 구별 없이 우수한 자를 입학시켜서, 유학의 경서(經書) 등을 공부시키고 인재를 육성하도록 하며, 그 다음에 대학이나 전문학교를 설치하는 안이었다. 이는 재정난 등을 이유로 구체적으로 실행되지 못하고 흐지부지 되었다.

본격적인 교육 개혁은 1895년 1월 7일 홍범14조의 선포와 2월 26일의

---

8) 후루카와 아키라, 앞의 책, 7~12쪽 참조, 재인용.

"교육입국조서" 발표를 통해 구체화 된다. 그러므로 개화기 조선·대한제국
의 공식적인 교육을 이해하기 위해서는 "교육입국조서"를 관건으로 삼아
야 한다. 이는 전통 교육의 틀을 근본적으로 성찰하고 새로운 시대정신을
고민한 조선의 교육헌장으로 이해된다.9) 고종은 나름대로 주체적 개혁을
시도하면서 이듬해 "대한제국"이라는 나라를 새롭게 열어 나간다. 특히
"교육입국(敎育立國)"의 기치를 내걸고 국가의 운명을 고민했다. "교육입
국조서"의 핵심을 발췌하면 다음과 같다.

> [핵심 1]: 백성을 가르치지 않으면 나라를 부강하게 만드는 것이 매우
> 어렵다. 세계의 형세를 두루 살펴보건대, 부강하고 독립적
> 인 모든 나라는 그 백성의 지식수준이 높다. 이렇게 지식수
> 준이 높은 것은 교육의 힘으로 된 것이다. 그러므로 교육은
> 실제로 국가를 보존하는 근본이다.

> [핵심 2]: 교육에는 길이 있다. 먼저 비실용적인 것과 실용적인 것을
> 분별하여야 한다. 책읽기나 글쓰기에서 옛 사람의 찌꺼기
> 나 주워 모으고, 시세의 흐름과 국면을 파악하지 못하는 자
> 는 그 문장이 훌륭할지라도 아무런 쓸모도 없는 한 서생(書
> 生)에 지나지 않는다.

---

9) 일본인들은 "敎育立國詔書"를 일본의 "敎育勅語"와 유사하고 공통점이 있다고
본다. "교육칙어"는 서양문명을 추구하는 면이 강하여 國民敎育을 망각한다는 비
판에 응답하여 부진을 면치 못했던 德育을 만회시키고자 선포되었다. 그러나 그
방침은 국민의 언동을 제약할 수 있는 것이어야만 하였기에 유학의 덕목을 이용하
였다. 두 가지는 일상의 규범으로 자리 잡은 유학의 핵심을 취했다는 점에서 유사
하고, 국민의 내면까지 지배하는 전제군주의 지배체제 강화를 지향한다는 점에서
공통적이다. 후루카와 아키라, 같은 책, 123~14쪽; 나는 이런 관점을 신뢰하지 않
는다. 그것은 조선과 일본이 당면한 시대와 사회 정황을 무시하고, 軍國主義的 視
覺이나 植民史觀에서 나올 수 있는 발언일 뿐이다. 나는 "교육입국조서"가 조선
교육의 활로와 미래를 성찰하려는 진지한 고민이 들어 있다고 판단한다.

[핵심 3]: 다음과 같은 교육의 강령을 제시한다. 여기에서 비실용적인
것은 물리치고 실용적인 것을 취하라.

첫째, 덕을 기르는 일이다[德養]. 이는 오륜(五倫)의 행실을 닦아 인
간관계를 문란케 하지 말고 세상의 질서를 유지하며, 사회의
행복을 증진시키는 것이다.

둘째, 몸을 기르는 일이다[體養]. 이는 몸의 움직임을 떳떳이 하여 부
지런히 힘쓰는 것을 주로 한다. 즉 게으른 행동을 하거나 편안
한 것만을 추구하지 말고, 괴롭고 어려운 것을 피하지 말며, 신
체를 튼튼하게 하여 건강하게 병 없는 즐거움을 누리도록 하는
것이다.

셋째, 지혜를 기르는 일이다[智養]. 이는 사물의 이치를 깨쳐 나의 지
식을 완전하게 하는 일이다. 즉 타고난 재능을 다하고 궁리하
여 좋은 것과 싫은 것, 옳은 것과 그른 것, 긴 것과 짧은 것을
따져 거기에만 머물지 않으며, 내 것과 남의 것의 구역을 세우
지 말고 자세히 연구하여 널리 통하기를 힘써야 한다. 그러고
는 한 몸의 이익만을 위해 일을 도모하지 말고 모든 사람들을
위한 공중의 이익을 도모해야 한다.

[핵심 4]: 정부에 명하여 학교를 널리 세우고 인재를 양성하며 그대들
백성의 학식을 증진함으로써 국가 중흥을 이룩하려고 한다.
그러니 백성은 충성하고 애국하는 심성으로 그대의 '덕(德)'
과 '체(體)'와 '지(智)'를 기를 지어다. …… 국가의 부강은
백성의 교육에 있다. 백성이 수준 높은 경지에 도달하지 못
하면, 어찌 짐이 나라를 제대로 다스렸다 할 수 있으랴! 정
부가 어찌 감히 그 책임을 다하였다 할 수 있으며, 또 백성
은 어찌 감히 교육의 길에 마음을 다하고 협력하였다 할 수
있으랴!

이처럼 "교육입국조서"는 국가중흥의 염원을 담고 있는 개화 조선의 교

육지침이다.[10] 조서의 내용을 구체적으로 분석해 보자.

[핵심 1]에 보았듯이, 가장 원론적인 선언으로 "교육은 국가를 보존하는 근본"이라는 인식이다. 흔히 교육을 "국가백년지대계(國家百年之大計)"라고 한다. 고종은 난관에 부딪친 조선을 다시 부강한 국가로 끌어올리려는 기본 계획에서 "교육입국(敎育立國)"이라는 원칙을 천명하였다. 그것은 당시 세계정세를 볼 때, 강대국으로 불리는 국가들은 모두 국민들의 지식수준이 높다는 것을 깨닫고, 그것이 교육으로 말미암아 성취된다는 것을 파악한 데서 비롯되었다. 어쩌면 시대정신의 흐름에 적극적으로 대처하려는 정신으로 판단된다.

[핵심 2]에서는 교육의 길을 지시한다. 그것은 실용이냐 실용이 아니냐의 문제로 집중된다. 고종의 판단은 실용성이다. 허위의식에 빠진 교육으로는 격동하는 현실 사회를 극복하기 힘들다는 깨달음이다. 이는 서구 과학의 실제적이고 현실적인 힘을 이해하고 강조한 것인 동시에 조선 사회의 정신적 기반인 유학적 사유의 한계도 반영했을 것이다. 조선 후기 유학의 경향성인 이른바 '실제적'이고 '실용적' 학문을 연상시킨다.

[핵심 3]은 교육의 강령을 제시한다. 여기에서 조선의 교육개혁과 그 기본 방침을 확인할 수 있다. 교육의 강령은 세 가지이다. "덕성의 함양," "신체의 건강함," "지혜의 함양." 이는 현대적 의미에서 "따스한 마음[Heart]," "건전한 육체 건강[Health]," "냉철한 이성[Head]"의 삼육(三育; 3H)[11]에 비유할 수도 있다. 교육 강령은 형식상 당시 조선에서 지속되었던 유학 경전 중심의 전통 교육을 지양하고 새롭게 전개되는 신교육의 물결을 타려고 한 것이 사실이다. 그러나 내용을 세밀히 살펴보면, 조선 전통의 유학교육을 포기한 것이 아니라 전통 정신의 창조적 계승을 함장하고 있다. 왜냐하면 덕양(德養)의 중심에 유학의 핵심 윤리인 오륜(五倫)을 두고 있고, 체양

---

10) 신창호·서은숙, 『한국사상과 교육윤리』, 서울: 서현사, 2002, 351~358쪽 참조.
11) 이는 흔히 '지·덕·체'의 조화로 상징되는 페스탈로치의 '삼육(三育; Head·Heart·Hand)'과는 차이가 있다.

(體養) 또한 단순한 신체 단련을 넘어 몸동작을 떳떳이 하여 부지런히 힘 쓰는 유학의 수신(修身)을 핵심으로 하며, 지양(智養)의 내용도 사물의 이 치를 깨쳐 지식의 완성을 꾀하는 유학의 격물치지(格物致知)를 주요하게 다루고 있기 때문이다. 그렇다면 "교육입국조서"에서 교육 강령 자체는 유 학교육의 탈피만을 중점에 두고 있지 않다! 중요한 것은 세계정세에 비추 어 보아 강력한 국가를 건설하기 위한 전제 조건을 고민하는 점이다. 즉 유학의 본질에 삼투(滲透)하면서 시대정신에 부합하는 새로운 교육을 모색 하는 기로에 있다. 그러므로 [핵심 4]에서 학교 설립을 강조하고, 국민을 교육하여 지식수준을 끌어올리고 국가 부강의 초석으로 삼아야 한다고 강 조하였다.

"교육입국조서"는 내용상 전통적인 유학교육과 새로운 근대교육의 통일 을 꾀한다. 다시 말하면, 경서(經書) 중심의 유학교육으로부터 신학문 중심 의 근대교육의 전환을 고심한다. 그러나 여전히 교육의 핵심은 전통 유학 을 바탕으로 훌륭한 인격을 지닌 인간 양성을 강조한다.[12] 전통교육은 '덕 양(德養)'의 기준이고, '체양(體養)'과 '지양(智養)'은 신교육의 교육과정을 도입하여 실용을 중시하는 방향으로 진행해 나가려는 지침인 듯하다. 즉 근본에 해당하는 인간의 윤리 덕목은 전통적 유학에 기초하되, 응용과 활 용에 해당하는 실용적 교육내용과 과정은 근대식 학교의 방식으로 고민한 것이다.

이후, 대한제국의 수립과 더불어 근대적 "교육법규"가 제정·공포되었고, 이에 따라 한국의 근대교육은 1905년 을사늑약이 체결되기까지 약 10여 년간 소학교, 한성사범학교, 외국어 학교, 중등학교, 성균관 개편, 의학교, 상공학교, 농업학교 등, 형식적으로나마 근대적 교육제도를 수립하였다.

이처럼, 기독교계 학교, 민족 선각자들의 사립학교, 관공립 학교의 설립 을 통해, 우후죽순격으로 돋아나온 교육기관은 어떤 사상에 입각하여 자기

---

12) 박재문, 『한국교육사』, 서울: 학지사, 2001, 557쪽.

발전을 했는가? 엄밀히 말하면, 개화기는 사상적 측면에서 혼전 양상을 보인다. 유학의 막강한 영향에 서서히 균열이 가기 시작하고, 유학과는 차원을 달리하는 동학(東學)과 서학(西學: 기독교)이 서서히 움트고 밀려온다. 뿐만 아니라, 기존의 여러 사상도 제각기 새로운 시대를 감지하고 개혁을 꾀하던 시기이다.

이 중에서도 교육에 큰 영향력을 발휘한 사상은 기독교와 유학이다. 기독교는 서구 근대 공교육의 바람과 함께, 외형적으로는 개화기 교육의 개혁을 주도하는 듯하다. 반면 유학은 전통 교육의 위상을 지니고 있으면서도, 밀려오는 서학의 물결에 대응하며 교육의 보수 세력으로 생명력을 이어가는 것처럼 느껴진다. 이는 새로운 교육 세력의 등장과 전통 세력 사이의 갈등 양상으로 비칠 수 있다. 그런 점에서 백암의 사상적 위치는 독특하다.


## 3. 유학교육의 시무책

### 1) 교육의 기본 바탕

백암의 교육사상은 1904년 그의 나이 46세에 지은 「학규신론(學規新論)」에 집중되어 있다. 그것은 그의 국내 애국계몽활동에서 가장 큰 비중을 차지하는 교육활동[13]의 산물이다. 「학규신론」은 모두 13개의 항목으로 나누어 기술한 저술로 '교육총론'을 잘 보여준다. 더구나 1880년대 이후, 격동의 세월동안 그가 겪은 사회적·학문적 활동의 공식적 견해라는 점에서 의미심장하다. 중요한 사실은 그 내용의 핵심이 유학을 중심으로 전개되고 있다는 점이다.[14]

---

13) 김광표, 앞의 논문, 18쪽.
14) 현재 학계에서는 백암을 朱子學에서 탈피한 開化獨立派로 보는 시각이 지배적이

먼저, 「학규신론」에서 논의하고 있는 13가지 핵심 주제를 보면 다음과 같다.

① 배움은 활동적이어야 한다[論學要活法]
② 배움에서 뜻을 겸손하게 해야 한다[論學要遜志]
③ 배움은 애쓰는 데서 이루어진다[論學由發憤]
④ 유학은 국가 부강에 유익하다[論游學之益]
⑤ 보통교육과 전문교육은 배움의 시작과 끝이다[論普通及專門]
⑥ 한글로 민중들을 가르치자[論國文之敎]
⑦ 학교를 설립하는 일에 힘쓰자[論說塾之務]
⑧ 서적을 출간하여 보급하자[論印書之宜]
⑨ 교육에서 권장하고 징계하는 규칙을 만들자[論勸懲之規]
⑩ 인재등용을 위한 공정한 시험제도를 실시하자[論試驗之法]
⑪ 중책을 맡은 정치 관료는 여유가 있을 때마다 배워야 한다[論仕優而學]
⑫ 국가의 운명은 학문과 직결된다[論國運關文學].
⑬ 최고의 가르침이 무엇인지 깨닫고 유지해야 한다[論維持宗敎]

---

다. 백암은 1896년을 전후하여 당시의 국내외 정세를 관찰하고 주자학이 민족적 과제를 해결할 이론적·사상적 역할을 할 수 있는지에 대한 회의를 느꼈다고 한다. 즉 주자학은 군주와 양반 관료의 학문으로 백성에게는 복종만을 강요하고, 당시 필요한 과학기술과 新制度와 新兵術을 등한시하며, 주자의 해석을 글자 하나만 고쳐도 斯文亂賊으로 몰아치는 독단적인 것으로 보게 되었다. 그는 1896년~1898년에 걸쳐 전개된 독립협회와 만민공동회의 자주민권자강운동을 보고 40세 되던 1896년에 주자학을 탈피해야겠다고 결심하였다. 그리하여 주자학자에서 개화독립파로의 대전환을 단행하였다. 김영호, 「실학과 개화사상의 관련문제」, 한국사연구회, 『한국사연구』 8집, 1972; 신용하, 「박은식의 교육구국사상에 대하여」, 한국사연구회, 『한국학보』 I, 1975 참조; 그러나 「學規新論」을 분석해보면 알겠지만, 백암은 주자학에 대한 회의가 있었을지 모르나 유학을 탈피한 것은 결코 아니다. 당시 지식인 사회가 주자학에 전적으로 몰두하는 폐해에 대해 비판하고 유학 본래의 모습을 바탕으로 선진적인 교육양식을 점진적으로 응용하려는 자세를 취한다. 이런 점에서 "開化獨立派"라기보다는 "改新儒學 愛國啓蒙派"로 보는 것이 적절하다.

이 교육 주제의 내용을 풀어가는 데, 백암은 대부분 유학적 전거를 채용한다. "① 배움은 활동적이어야 한다[論學要活法]"에서 "사람의 활동은 천지의 기운과 함께 유행하여 쉬는 법이 없다"는 유학적 세계관을 보여주며, 교육을 정의한다. 교육은 "이와 같은 우주자연의 이치에 순응하여 밝은 마음을 개발하고, 힘을 배양하는 일이다."15) 그것은 "몸과 마음의 활동"에 의해 구현된다. 이는 유학의 소학(小學)에서 육예(六藝)의 활동적인 교육과 같다. 현대 교육에서 서구의 체조나 관찰학습 등이 바로 이런 육예의 활동학습과 동일한 구조이다. 백암이 한탄한 것은 실로 유학 자체가 아니다. 개화기 조선의 아이들 교육이 왜곡되어 있는 것에 자기반성이다. 그것은 다음과 같은 인식에서 확인된다.

> 어린이들을 가르치는 스승의 가르침이란, 오직 글을 읽고 글씨를 쓰는 것뿐이다. 입으로 글자나 구절을 읽기는 하지만 마음속에서 그 뜻을 알지 못하니 어떻게 심지(心智)를 계발할 수 있겠는가? 앉으면 반드시 벽을 향하여 마치 무엇을 꺼리고 두려워하는 것이라도 있는 듯하며, 감히 동작을 마음대로 못하니, 이렇게 하고서야 어떻게 몸을 기를 수 있단 말인가?16)

이런 교육 자세가 조선조 양반 중심의 유학교육에서 오는 폐단인 것은 분명하다. 그러나 그것을 유학의 근본에 충실한 교육으로 단정할 수는 없다. 백암이 비판하는 것처럼, "근세에 이르러 유가의 법도가 편벽되고 침체되는 병통을 면하지 못하고 있기" 때문이다. 유학에서 활동적으로 교육에 임하고 자신의 삶을 구가했던, 주공과 공자, 자로와 염유, 자공, 호안정 등은 모범적인 교육자로 옹호된다.

---

15) 이는 인성을 계발하는 교육과도 통한다. 길창근, 「백암 박은식의 교육사상에 대한 고찰」, 장안대학, 『장안논총』 제24집, 2004, 179쪽 참조.
16) 「學規新論」 "論學要活法".

문제는 시대 상황이다. 백암은 정자(程子)의 역(易)의 논리를 원용한다. "수시(隨時)로 변역(變易)하여 도(道)를 따르라." "시대의 학자들에게 고금 (古今)의 변역(變易)을 밝게 살피고, 시대에 맞는 조치를 깊이 강구하여, 유 학의 원리에 따라 마르고 새롭게 하도록 한다면, 어찌 정치가 밝아지고 여 유 있지 않겠는가?" 이는 시대에 맞는 교육 방법을 깊이 탐구하고 교육에 서 활동을 중시하라는 주문이다.[17]

이런 점에서 유학은 40대 후반에 접어든 백암에게서 교육의 지침이었음 에 분명하다. 뒤이어 나오는 다른 주제에서도 유학적 근거는 지속적으로 제시된다. 요약하여 제시해 본다.

② 배움에서 뜻을 겸손하게 해야 한다[論學要遜志]; 『서경(書經)』: 오직 뜻을 겸손히 하는 것을 배우고 시의(時宜)에 민첩하게 적응 하는 일에 힘써야만 공을 이룰 수 있다. / 『논어(論語)』: 세 사람 이 길을 가면 반드시 내 스승이 있다. / 『주역(周易)』: 선으로 돌 아오는 길에 미혹하면 흉하다.

③ 배움은 애쓰는 데서 이루어진다[論學由發憤]; 『논어(論語)』: 알려 고 애쓰지 않으면 가르쳐 열어주지 않고 뜻을 표현하려고 애쓰지 않으면 깨우쳐 주지 않는다. / 『맹자(孟子)』: 마음을 괴롭히고 뜻 에 거슬린 뒤에라야 분발한다.

④ 유학은 국가 부강에 유익하다[論游學之益]; 중봉 조헌(重峰 趙 憲): 하늘이 남자를 낸 것이 어찌 우연한 일이겠는가

⑤ 보통교육과 전문교육은 배움의 시작과 끝이다[論普通及專門]; 주 (周)나라의 소학(小學)과 한(漢)나라의 유학(儒學)

⑥ 한글로 민중들을 가르치자[論國文之敎]; 사재 김정국(思齋 金正 國): 구결본 언해본 간행

⑦ 학교를 설립하는 일에 힘쓰자[論說塾之務]; 숙(塾)·상(庠): 고대의 학교

17) 오태환, 앞의 논문, 32쪽.

⑧ 서적을 출간하여 보급하자[論印書之宜]; 특별한 언급 없음
⑨ 교육에서 권장하고 징계하는 규칙을 만들자[論勸懲之規]; 『예기
   (禮記)』: 학업을 이루지 못하는 자는 등용하지 않고 다른 사람과
   동등하게 보지도 않는다. / 『논어(論語)』: 정치로써 인도하고 형
   벌로써 가지런히 한다.
⑩ 인재등용을 위한 공정한 시험제도를 실시하자[論試驗之法]; 俊
   士: 주(周)나라의 추천제도
⑪ 중책을 맡은 정치 관료는 여유가 있을 때마다 배워야 한다[論仕
   優而學]; 정자산(鄭子産) / 『논어(論語)』: 배우고 여유가 있으며
   벼슬하고, 벼슬하고 여유가 있으면 배운다. / 조선시대 독서당(讀
   書堂)
⑫ 국가의 운명은 학문과 직결된다[論國運關文學]; 격물치지(格物致知)

이렇게 제시한 12개의 주제 가운데 단 하나, "⑧ 서적을 출간하여 보급
하자[論印書之宜]"라는 대목에서만 유학과 관련한 구체적 전거가 없을 뿐,
나머지 모두는 유학의 주요 경전이나 유학적 사고를 근거로 시대에 대응
한다. 그것은 유학을 확고한 기반으로 하되, 새롭게 전개되는 시대 상황을
유학자의 눈으로 재조명하는 형국이다.

백암의 교육사상이 왜 유학에 기반 하는지는, "⑬ 최고의 가르침이 무엇
인지 깨닫고 유지해야 한다[論維持宗敎]"는 대목에서 절정을 이룬다.

우리 한국은 공자(孔子)를 스승으로 받들어서 삼강오륜(三綱五倫)이
실로 국가의 기강이 되어 있으며, 육경(六經)과 사서(四書)를 배워 멀리
도통(道統)을 이어받아 예의(禮儀)를 닦아서 밝히고, 착한 풍속(風俗)과
교화(敎化)를 심은 지 오래이다. 아아, 시대가 내려오면서 선비의 기풍
이 날로 쇠해져서 그 흐름이 아름다우면서도 실리가 없게 되어, 마침내
교화를 받지 못한 백성에게 이단(異端)에 현혹되게 하고, 그 형세가 갈
수록 만연되어 끝이 없게 되었다. 공자(孔子)의 도(道)가 겨우 명목만을
유지하게 이르렀으니, 나라의 원기(元氣)가 이것으로 말미암아 더욱 위

축되고 있다. 실로 통탄을 금치 못하겠다.[18]

기존의 백암 연구자들은 이 부분을 종교(宗敎: religion)로 이해했다. 여기에서 종교(宗敎)는, 기독교나 불교, 이슬람교와 같은 '신(God)'을 믿는 세계관이 아니라, "최고의 가르침", "교육의 종지"라는 의미이다. 물론 서구의 선진 국가들이 기독교라는 최고의 가르침인 종교를 지니고 있다는 데 상대하여 '유교(儒敎)를 상정할 수도 있다.[19] 이때 유교는 종교적 의미의 유교가 아니라, 우리나라 최고의 가치를 지닌 국가사상의 지침을 의미한다. 백암은 그것을 공자의 길인 유학에서 찾았다.[20]

그러나 백암의 교육사상을 다룬 대부분의 연구는, 백암의 교육사상 자체에 대한 집중적 조명보다는 교육구국운동이나 민족교육, 근대적 계몽 차원에서 논의하고 있다. 아울러 백암이 양명학(陽明學)의 지행합일(知行合一)의 교육사상을 주장하고 있다고 보고, 이를 부각시킨 경우도 있다. 이 또한 양명학이 유학의 한 갈래임을 인지하지 못하고 있다는 느낌이다. 이런 이해와 해석은 백암 자신이 유학자이고 그것의 장단점을 논의하고 있음에도 불구하고, 개화기 근대교육 연구자들이 유학의 역할을 놓치거나 유학을 외면하는 양상에 다름 아니다.

---

18) 「學規新論」 "論維持宗敎".
19) 백암도 "宗敎說"과 "興學說"에서 다음과 같이 주장하며 유교의 종교화를 주장하는 듯하다. "근일 서양 각국을 보면, 위로 제후로부터 아래로 백성들에게 이르기까지 종교를 숭상하고 믿는 것이 저 같이 지극하다. 그런데 우리 동양 몇 나라는 공자를 숭배하고 믿는 것이 저들에게 미치지 못하는 것이 이만 저만이 아니다." ; "구주 각국의 풍속은 종교를 유지하는 것으로 국가의 脈搏을 보존하는 방법을 삼았다. 그런데 우리 아시아에서 공자의 학문을 한다고 하는 자는 홀로 이 종교를 유지할 방법을 생각지 않는가?"
20) 백암은 1909년 9월 11일 장지영 등과 함께 大同敎를 창건한다. 대동교는 그 종지가 大同思想으로 유학에 충실한 가르침이다. 그렇다고 특정한 神, 敎理, 信徒의 3박자를 갖춘 종교는 아니다. 그런 차원에서 백암의 생각은 도덕적으로 깨끗하고 부강한 나라 건설의 기초에 유학이 자리잡기를 요청한 것 같다.

### 2) 선진 교육의 원용

앞서 열거하였듯이, 「학규신론」의 기본 근거와 정신은 유학에 있다. 그러나 「학규신론」을 쓴 백암의 취지는 19세기 후반 20세기 초반이라는 시대 상황에서 한국교육의 방향을 제시하는 데 있었다. 즉 개화기 교육철학의 한 양상을 보여주는 일이었다. 그것은 당시 교육의 한계와 시대정신에 부합하는 새로운 대책으로 나타난다. 이때, 한계는 교육의 중심이었던 유학 교육의 형태이고, 대책은 서구 강대국들이 지니고 있던 교육 양식의 채용(援用)과 유학 정신에 기초한 시무책(時務策)이다.

각 주제별로 원용과 시무책의 사례를 요약하여 검토해 본다.

백암은 "① 배움은 활동적이어야 한다[論學要活法]"에서 유아교육의 선구자인 프뢰벨의 교육방법론을 거론한다. 여기에서 교육의 핵심은 어린이 지도에 있다고 주장한다. 어린이를 지도하는 가장 좋은 방법은 그 천성을 따르게 하는 작업이다. 때문에 프뢰벨은 "어린이가 활동하기 좋아하는 것은 바로 천성이다"라고 했다. 사람은 어릴 때부터 자라나면서 몽매(蒙昧)했던 마음이 점점 밝아지고 연약했던 몸이 점점 굳세어진다. 미국에서는 어린이를 양육하는 방법으로 체조를 익히고, 보통학교에서는 우리의 전통 유학교육인 소학(小學)에서 행했던 교육을 실시한다. 그리고 사물을 관찰하여 익히는 방법도 사용한다. 아동의 천성으로서 활동성의 강조는 독서와 습자만으로 점철된 당시 교육에 대한 비판이다.[21] 독서와 습자도 매우 중요한 교육이다. 그러나 그것에만 고착될 때, 교육은 왜곡된다. 이에 대한 백암의 교육적 원용은 프뢰벨의 교육 원리였고, 시무책은 '활동성'의 강조이다.

"② 배움에서 뜻을 겸손하게 해야 한다[論學要遜志]"에서는 한국 지식인들의 편견과 고집을 비판한다. 겸손은 자기만을 내세우지 않는 용기이

---

21) 오태환, 앞의 논문, 34쪽.

다. 백암은 말한다. "한국의 인사들은 발자취가 대문 앞의 뜰에서 벗어나지 않고 눈길이 바다 밖에 미치지 못하면서, 6대주가 서로 교통하고 역강이 패권을 다투는 이 시대에 편견만을 고집하고 지키면서 스스로 현명하고 옳다고 생각한다."

이런 상황에서 겸손한 자세로 누구에게 나아가 배우겠는가! 사실 지식인들은 일찍부터 여러 나라를 두루 배우고 그 장점을 본받아 '자강(自强)'과 '자립(自立)'의 기초로 세웠어야 했다. 일본을 보라. 서양 문물이 자기 나라보다 뛰어났다는 것을 깨닫고, 배우고 익히고 모방하여 융성한 나라가 되지 않았는가!

"③ 배움은 애쓰는 데서 이루어진다[論學由發憤]"에서는 프랑스는 루이 15세 때의 사례를 들고 있다. 당시 프랑스는 온 나라 사람들이 학정에 시달리고 전란으로 상처를 입어 극심한 도탄 속에 허덕였다. 그러나 부지런히 물자를 생산하고 대외 무역에 종사하여 나라를 안정시키는 데 노력했다. 이것도 분발의 양식이다. 그러나 무엇보다도 학문[교육]에 치중하여 밤낮으로 글을 읽고 선정(善政)을 연구하여 마침내 부강한 나라를 이루었다. 그것은 이른바, "교육으로 지식을 개발하고 생산으로 세력을 증진"하는 작업이었다.[22] 한국의 상황은 프랑스가 곤경에 처했을 때와 유사하다. 따라서 이런 현실을 수치로 여기고 '자강(自强)'을 도모해야 한다.

"④ 유학은 국가 부강에 유익하다[論游學之益]"에서는 다양한 사물의 경험은 물론, 외국 유학 유용성을 강조한다. 모든 것을 이론적으로, 문자(文字)를 통해서만 추구하는 것은 몸소 그 실지를 익히는 것만 같지 못하다. 이 시대에 학문이 남보다 뛰어나기를 원한다면, 선진 국가에 유학(留學)할 필요가 있다. 여러 선진국에서 실질적인 학문을 익히고, 자기 나라로 돌아와 제각기 재능에 따라 직책을 부여하여 국가를 경영한다면, 부강한 나라가 될 것이 분명하다.

---

22) 우혜경, 앞의 논문, 30쪽.

"⑤ 보통교육과 전문교육은 배움의 시작과 끝이다[論普通及專門]"에서는 백암의 신학문에 대한 교육적 관심이 함축되어 있다. 백암은 한문(漢文)을 중심으로 지속되어 온 전통 유학교육을 비판하면서 서구의 다양한 학문의 중요성에 눈을 돌린다.[23] 서양 사람들의 학문에 천문(天文), 지지(地誌), 물리(物理), 화학(化學), 정치(政治), 법률(法律), 사학(史學), 산술(算術), 광학(光學), 전기(電氣), 성음(聲音), 병(兵), 농(農), 공(工), 상(商), 의학(醫學), 광물(鑛物), 기학(氣學), 철학(哲學) 등의 학과가 있다. 이런 관심은 백암이 서구 근대학문과 기술의 습취와 개발을 강조한 증거이다.[24] 이러한 학문은 그들을 부강한 나라로 이끄는 데 중요한 교육이었다. 따라서 천문에서 철학에 이르는 다양한 과목을 기초로 가르치는 보통교육으로 배움의 길을 열고, 그 중 하나만을 전공하도록 하는 전문교육으로 끝을 맺을 필요가 있다.[25]

"⑥ 한글로 민중들을 가르치자[論國文之敎]"는 백암의 보통교육 정신이 담겨 있는 대목이다. 모든 국민이 학문에 통달하려면 국문[한글]으로 가르치는 것보다 편리한 것은 없다. 한문(漢文)은 저마다 할 수 있는 것이 아니지만, 한글은 남녀를 막론하고 누구나 배울 수 있다. 그래야만이 국가가 부강할 수 있는 기틀이 잡힌다. 이는 전통 유학교육이 한문(漢文)과 양반 중심의 특수 계층에 치우쳐 있는 데에 대한 성찰로도 볼 수 있다. 나아가 모든 국민이 교육 받을 수 있다는 점에서 의무교육의 실시를 고려한 것으로 이해할 수 있다.[26]

"⑦ 학교를 설립하는 일에 힘쓰자[論說塾之務]"에서는 전국 주요 지역에 학교를 설치할 것을 주장한다. 학교는 나라의 기맥을 유지하는 터전이다. 정치와 교육이 여기에 바탕을 두고, 인재가 여기에서 나온다. 뿐만 아

---

23) 오태환, 앞의 논문, 41쪽.
24) 손인수, 앞의 책, 224쪽.
25) 길창근, 앞의 논문, 186쪽.
26) 손인수, 앞의 책, 351쪽.

니라 착한 풍속이 여기에 달려 있다. 그러나 한국은 학교가 한 도(道)에 3, 4군데 밖에 없다. 이제 학교를 많이 세워 인민의 힘을 기르고, 나아가 중학교 대학교까지 설치할 수 있도록 한다.

"⑧ 서적을 출간하여 보급하자[論印書之宜]"는 주장은 교재의 발간을 통해, 교육을 강화하려는 의도가 엿보인다. 서적은 사람에게 혜택을 주고 이익을 준다. 오늘날 동서양의 학문이 서로 우열을 비교하고 여러 나라의 정치가 날로 새로워지고 있다. 산업이 진흥일로에 있고 시국이 동향이 수시로 달라지며 격심하게 변하고 있다. 이런 정황은 서적 간행을 통해 알릴 수 있다. 따라서 서적은 국민의 지식수준을 높이는 결정적 계기로 작용한다.

"⑨ 교육에서 권장하고 징계하는 규칙을 만들자[論勸懲之規]"에서는 교육의 권장과 징계의 유용성을 주장한다. 백암은 자녀 교육을 잘못하는 자를 사회와 국가의 죄인으로 규정한다. 어떤 차원에서는 의무교육, 또는 강제교육을 논하는 것처럼 들리기도 한다. 그러므로 자식들이 제멋대로 하는 대로 내버려 두어 학업을 폐하게 하는 자에 대해서는 반드시 학교에 벌금을 바치게 하려는 징계성 규정을 제시한다. 이는 국가 간의 경쟁이 치열했던 당시 상황에서 부국강병과 국가회복을 시대적 과제로 삼은 국가적 요구로 볼 수 있다.[27]

"⑩ 인재등용을 위한 공정한 시험제도를 실시하자[論試驗之法]"에서는 일본은 메이지유신 이후에 인재등용을 사례로 꼽는다. 조선 전통의 과거제도는 갑오개혁 때 사라진다. 그러나 조선 정부의 인재 등용은 여전히 구태의연하였다. 세력에 기대어 부정한 방법이 통용되었다. 그러나 메이지유신 이후의 일본은 그런 폐단이 일소되었다. 공정한 시험제도 덕분이었다. 그러므로 우리도 학문을 이룬 인사가 청운 뜻을 이룰 수 있도록 훌륭한 시험제도를 도입할 필요가 있다. 즉 올바른 시험 제도가 있어야 훌륭한 인재가 등용될 수 있을 것이라는 희망이 있고 교육 또한 진전될 것이다.

---

27) 육수화, 앞의 논문, 17쪽.

"⑪ 중책을 맡은 정치 관료는 여유가 있을 때마다 배워야 한다[論仕優而學]"에서는 정치 관료의 자기교육을 논의한다. 사실 모든 관리가 반드시 그 방면에 조예가 깊다고는 할 수 없다. 따라서 시간이 날 때마다, 특별한 필요가 있을 때마다 학문을 증진시켜 업무의 원활을 꾀해야 한다. 현대적인 의미에서는 직업 계속교육의 차원인 동시에 직무 연수로 볼 수 있다. 그것은 변화하는 시대에 대처하는 성인 교육의 양식을 보여준다.

"⑫ 국가의 운명은 학문과 직결된다[論國運關文學]"에서는 인도, 페르시아, 아라비아, 스페인, 포르투갈 등이 학문, 즉 교육이 제대로 성숙하지 않아 후진성을 면치 못함을 다루고 있다. 반면 프랑스나 그리스, 영국, 독일, 미국 등 선진 강대국들은 "나라의 가장 큰 일은 교육에 있다"고 보고 학문에 힘썼다. 그 결과 부강한 나라로 우뚝 서 있다. 그것은 학문이 발달하지 못하면 국력이 쇠퇴하고 학문이 발달되면 그만큼 강성해질 수가 있음을 보여준다.

"⑬ 최고의 가르침이 무엇인지 깨닫고 유지해야 한다[論維持宗敎]"에서는 댸학(大學)을 교육 행정 부서에서 분리하여 최고의 위치에 있게 하고, 유학교육의 장으로 삼을 것을 요청하였다. 최고의 가르침은 국가를 유지하는 근간으로, 국가의 최고 스승으로부터 가르침을 받아야 한다. 그런 최고의 가르침이 지속될 때 국가는 부강해지기 때문이다.

〈표〉「학규신론」의 구조

| 제목 | 내용 | 유학적 전거 | (서구) 교육의 응용 |
|---|---|---|---|
| 論學要活法 | 교육의 정의<br>－ 活動과 時務 － | 小學(六藝) | 프뢰벨의 아동교육론 |
| 論學要遜志 | 교육의 자세와 태도<br>－ 겸손과 배움 － | 書經, 論語, 周易 | 전 세계로부터 배움,<br>일본의 융성 |
| 論學由發憤 | 교육의 방법과 효과<br>－ 극복과 부강 － | 論語, 孟子 | 프랑스의 학문<br>연구와 부강 |
| 論游學之益 | 교육의 방법과 효과<br>－ 유학과 직책 － | 趙憲(선비정신) | 선진 문물 유학 |

| 論普通及專門 | 교육의 내용<br>- 기초와 응용 - | 周代의 小學과 漢代 經學 | 서양의 실용적 학문 |
|---|---|---|---|
| 論國文之教 | 교육의 내용<br>- 기회균등 - | 金正國(유학 언해본 간행) | 모든 인민에 대한<br>보통교육 |
| 論設塾之務 | 교육의 마당<br>- 학교 설립 - | 塾, 庠(중국 고대의 학교) | 학교 설립의 전국화 |
| 論印書之宜 | 교육의 방법 및 내용<br>- 교재 편찬 - | — | 학문 보급의 수단 |
| 論勸懲之規 | 교육의 방법<br>- 학칙의 제정 - | 禮記, 論語 | 학업의 엄격화 |
| 論試驗之法 | 교육의 효과<br>- 인재 선발 - | 俊士(周代의 추천제) | 일본의 인사제도,<br>공정성 |
| 論仕優而學 | 교육의 내용과 방법<br>- 교육과 직책의<br>상보성,<br>평생교육 - | 論語, 讀書堂 | 학문의 응용성과<br>실효성 |
| 論國運關文學 | 교육의 내용과 효과<br>- 교육입국 - | 格物致知 | 교육 구국 |
| 論維持宗教 | 교육의 원칙<br>- 유학 - | 四書, 六經(공자의 도) | 최고의 가르침의 지속 |

## 4. 닫는 글

이상과 같이 개화기 교육사상의 흐름에서 유학교육의 역할이 어떠한지, 백암의 교육사상을 중심으로 살펴보았다. 기독교계 학교와 민족 선각자들의 사학 설립의 와중에서도, 백암은 유학자로서 시대정신을 고민한 교육철학사상가였다. 유학의 기본 정신을 바탕으로 시대를 극복할 교육의 실천과 시무책 제시에 노력하였다. 그것은 개화기 교육사상에서 다음과 같은 인식의 전환을 요구한다.

첫째, 개화기 교육사상의 특색을 서구교육의 도입기로만 볼 것이 아니라, 유학교육의 본질과 내용, 방법적 측면에 대한 연구의 전통이 지속되고 있었다는 점에서 새로운 교육철학이나 사상사적 시각을 고민해야 한다. 개화기 교육을 제도사만이 아닌, 사상사적 재검토를 요청한다.

둘째, 서구교육사상의 유입을 중심으로 연구한 기존의 교육학계 풍토에 새로운 연구 관점이 요청된다. 그것은 개화기 교육연구의 방향을 다양화하는 작업이다.

셋째, 개화기 교육철학사상의 검토는 개화기 이후, 일제 강점기시기의 교육으로 이어지기보다는 대한민국 임시정부의 수립을 통해 지속되는 대한민국 교육사상사의 초기 형식과 이론으로 다루어져야 한다.

# 요약과 전망

제1장은 백호 윤휴(白湖 尹鑴)의 『대학』 이해에 관한 연구이다.

윤휴는 17세기 조선에서 당시의 주자학을 계승하면서도 독창적 해석을 시도한 학자이다. 유학의 본지(本旨)에 충실하여 당시 심성론(心性論) 중심의 유학을 비판적으로 인식하고 실천이 담보된 유학교육철학을 지향하였다. 윤휴는 『대학장구(大學章句)』가 아니라 『고본대학(古本大學)』을 텍스트로 선택하고, 대학을 '배움이 크다'로 인식하며, 유학교육의 지평을 넓혔다.

이때 배움은 본성을 밝히는 일인 명덕(明德)을 기초로 한다. 명명덕(明明德)은 기품과 물욕에 의해 치우치고 가린 것을 없애 본래 밝았던 심성을 밝히는 일이고, 신민(新民)은 잘못된 습관을 고치는 동시에 선한 곳으로 나아가도록 유도하는 일이며, 지어지선(止於至善)은 명명덕과 신민을 실천하는 사람으로서 성기성물(成己成物)에 이르는 자세이다.

이러한 윤휴의 『대학』 이해는 '격물치지(格物致知)'론에서 보다 분명한 특성을 드러낸다. 윤휴는 격물(格物)을 '느껴서 통함'이라는 감통(感通)으로 독해했다. 감통의 과정에 성경(誠敬)과 사변(思辨)이 개입하면서 유교가 지닌 실천적 경향은 더욱 분명해진다. 치지(致知)의 경우에는 자신의 선한 마음을 온전하게 넓혀 충실하게 한다는 의미로 이해했다. 이는 사물의 이치에 대한 객관적 인식을 넘어 그것을 실천하는 마음과 상통한다. 이런 격물치지는 박학(博學)－심문(審問)－신사(愼思)－명변(明辨)을 통해 달성된다. 그것은 격물이 명덕·신민의 일에 마음을 써서 이를 실천하려는 일이고, 치지는 나의 본래 선한 마음을 다 발휘하여 선악에 대한 분별을 확실히 하는 작업임을 확인하는 것이었다. 이러한 윤휴의 『대학』이해는 중국 주자학의 조선적 수용으로 인식되며, 시대정신에 충실한 유학의 지도자 교육의 철학사상을 보여준다.

제2장은 서계 박세당(西溪 朴世堂)의 『사변록(思辨錄)』에 나타난 『중용(中庸)』을 이해하고, 그의 유학 평가에 대해 새로운 해석을 시도해 보았다. 기존의 학계에서는 서계의 학문 성격을 반주자학, 탈정주학, 탈성리학, 실학 등으로 구명하는 경우가 많다.

서계의 『중용』이해는 분명히 주자의 『중용장구』에 대해 상당히 비판적이다. 하지만 그것은 반주자학, 탈정주학, 탈성리학, 실학이라기보다는 '경(經)'을 이해하고 독해하는 서계의 학문적 독특성 때문이다. 특히, 육경(六經)을 중심으로 실천적 유학을 펼치려는 교육철학적 방법의 창의적 돌출로 볼 수 있다.

서계는 '중용'이 지닌 뜻의 일관성 유지를 위해, 정자와 주자가 『중용』을 해석하면서 드러내는 사유의 불일치를 지적한다. 그리고는 나름대로 유학의 본래 사유에 부합하는 근원적 의미를 찾으려고 노력하였다. 그것은 사물과 행위에서 그 명칭과 본분, 역할과 기능을 일치하려는 교육철학적 열정으로 드러났다. 아울러 서계에게서 '중용'은 본성을 따르는데 힘쓰는 작업으로 인식되고, 내 마음의 밝은 것을 따라 실천하는 사람의 길로 정돈된다. 이는 객관적으로 사람과 사물의 원리를 설명하는 주자의 사유와는 다른 측면이다. 인간 주체로서의 삶에 역동성을 부여하면서, 실천의 기초로서 유학교육의 강력한 실제성과 현실성을 지닌다. 따라서 '중용'의 실천 양식은 실제적인 효(孝)를 무게중심에 두고 전개되고, 사람이 그것을 어떻게 실천하느냐에 따라 천도(天道)에도 이룰 수 있다는 인간 주체의 발현으로 나타난다.

요약하면, 서계는 '중용'을 관념적이고 이론적이며 형이상학적 차원으로 인식하기보다는 실제적이고 실천적이며 형이하학적 차원의 교육으로 규명하였다. 이는 인간을 중심으로 세계를 이해하고 사람의 길을 고심한 사유의 실천이다. 유학교육의 본질을 탐구한 학문 정신의 전개이다.

제3장은 농암 김창협(農巖 金昌協)의 학문과 유학교육 수용의 과정을 지각(知覺) 이론을 중심으로 살펴본 것이다.

김창협은 율곡학파 계열의 학자이지만 퇴계 이황의 학설에 호감을 갖고 이를 긍정하여 자신의 학파와 절충하는 독특한 사상을 전개하였다. 율곡이이의 사단칠정론(四端七情論)에 대해 반대한 것은 아니지만 비판적 입장을 취하면서, 리발(理發)을 중심으로 하는 퇴계 이황의 이론을 수용하였다. 그것은 호락논쟁으로 이어지면서 김창협의 학문적 성숙을 유도하였고, 마침내 지각설이라는 이론 체계로 드러났다.

그의 지각 이론은 다음과 같은 유학교육의 철학으로 이해된다. 첫째, 성(性)은 성즉리(性卽理)의 입장에서 파악해야 하고, 지(智) 또는 리(理)를 중심으로 해석해야 한다. 둘째, 지(智)는 분별의 리(理)로 해석하는 것이 옳고, '밝게 비춘다'라는 구절의 해석에서 기미와 색상은 자연스럽게 드러난다. 셋째, 지(智)는 사물의 시비득실(是非得失)의 차별을 구별하고 판단하는 기준이 된다.

인간은 사물을 접하게 마련이고, 심(心)의 지각은 이를 감각 기관을 통하여 받는다. 지각을 통해 받아들인 것은 인의예지신(仁義禮智信)의 성(性)에 의해 정해지고, 인간은 자신의 행동을 결정한다. 지는 인간의 내부에서 구체적인 정(情)의 작용인 측은지심, 수오지심, 사양지심, 시비지심의 모습으로 나타난다. 이러한 농암의 유학 인식은 인간을 주체이고 능동적 역할을 하는 존재로 부각시키는 교육철학사상의 근거가 된다.

제4장은 초정 박제가(楚亭 朴齊家)는 조선 후기 유학에서 실용성을 강조

한 북학파로 거론된다. 특히, 이용후생(利用厚生)을 중시하며 다양한 사회 개혁 방안을 제시했다.

초정은 구체적인 교육 관련 저서를 집필하지는 않았다. 따라서 그의 교육론을 체계적으로 확인하거나 정리하기에는 한계가 있다. 그러나 초정의 사유 속에는 매우 현실적이고 실용적인 유학교육의 기준과 본질이 녹아 있다. 초정은 인간됨의 기준을 '삶의 근본을 인식한 일하는 존재'와 '정덕(正德)·이용(利用)·후생(厚生)을 추구하는 존재'에 두었다.

과거제 비판을 통해 인재선발과 교육의 본질을 실제적 학문 차원에서 제기하고, 도덕성과 문학, 기술을 갖춘 인간 양성을 주장하였다. 이는 도덕적 인간, 지식을 갖춘 인간, 기술을 지닌 인간으로 실용성과 전문성을 겸비한 테크네(technē) 교육을 강조한 것이다.

이런 인간지향과 교육정신은 21세기 지식 사회가 추구하는 교육과 맞닿아 있다. 지식사회를 대표하는 '교육받은 사람'은 전문적 직업 훈련을 받았거나 고도의 전문지식을 갖춘 전문인이다. 이런 점에서 초정은 과학기술의 도입 및 실용화를 실천할 인간을 지향하며, 유학교육의 새로운 지평과 교육철학사상을 예견한 선각자이다.

제5장은 정조(正祖) 이산(李祘)과 다산 정약용(茶山 丁若鏞)이 인식한 '효(孝)'를 교육철학사상적 차원에서 검토하였다.

정조와 다산이 고려하는 '효'의 의미는 부모와 자식 관계의 가족 윤리의 차원을 넘어서 있다. 그것은 인간 삶에서 개인적·사회적으로 형성되는 모든 행위의 근원에 자리하면서, '인간됨'을 지향하는 교육철학사상이다. 효(孝)는 도덕을 실천하는 근원적인 힘이다. 우주적 생명력으로서 인간의 삶을 지속하는 기본 바탕이다. 이에 인간은 생명력의 근거를 확인하여 행위 규범을 정할 수 있고, 자신의 위치를 인식하여 질서 의식을 획득할 수 있다. 자기의 사명을 실천하면서 세계 발전에 기여할 수 있다. 이러한 본질을

지닌 '효'는 인간의 성장 과정 전체에서 적용되고 실천되어야 하는 당위적
사명이다.

그런 만큼 모든 계층의 인간은 자신의 위치에 맞는 행위 규범으로서
'효'를 지니고 있게 마련이다. 나라를 경영하는 최고지도자로부터 일반 국
민에 이르기까지 제각각의 본분과 의무를 지닌다. '효'는 그것을 핵심으로
하는 교육철학사상의 내용이자 실천이다. 효(孝)를 교육의 근원으로 삼고,
사람 사이의 관계 맺기를 시도할 때, 효치(孝治)가 된다. 이때 효치는 교육
철학을 형성하는 동시에 교육의 양식으로 자리한다.

효치(孝治)의 핵심은 '교육(敎育)'을 기초로 도덕을 '함양(涵養)'하고 이
도덕 윤리의 구현 여부에 따라 구체적인 '충고(忠告)'가 진행된다. 이 삶의
예술이 될 만한 내용을 잘 선정하고, 가다듬어 위에서 교화(敎化)를 진행하
는 효치(孝治)는 효(孝)의 교육철학사상을 기반으로 진보한다.

제6장과 7장은 추사 김정희(秋史 金正喜)의 유학교육 철학사상을 성찰
하였다.

추사는 유학의 교육과정을 '적천리(適千里)'로 표현한다. 「적천리설(適
千里說)」에서는 유학교육의 과정을 '천리 길을 가는 사람'에 비유하여 설
파하고 있다. 먼 길을 가기 위해서는 먼저 길을 아는 사람의 안내를 받아
야 한다고 강조하고 스승의 중요성을 제시한다. 동시에 의구심이 생기는
일에 대해서는 끊임없이 물어서 스스로 찾아갈 수밖에 없다는 공부의 태
도를 지적하였다. 이는 다양한 분야에 대해 널리 배우는 동시에 의심나는
것은 물어서 자기 확신을 가졌을 때, 학문과 삶이 완성된다는 교육철학을
보여준다.

또한 「인재설(人才說)」과 「실사구시설(實事求是說)」에서는 인간관과 실
제적이고 실용적인 실천교육철학을 보여준다. 나타난 인간관과 학문관을
중심으로 교육관을 고찰하였다. 추사는 「인재설」에서 '인간의 자질은 평등

하다'라고 지적하고, 공부를 통한 '자질의 변화 가능성'을 제기하면서 개인 간의 차이를 인정하였다. 아울러 환경에 의해 인간의 자질이 달라질 수 있다고 강조하면서 교육 환경의 중요성을 역설하였다.

그러나 궁극적으로 공부는 주체적인 힘에 의해 자주적으로 진행해야 진정한 것이다. 그것이 추사가 인식한 유학교육의 철학적 기초이다. 추사는 조선 후기 실제적 학문을 강조한 유학자로서 '실사구시학파'라기보다, 정통 유학의 맥락을 이어면서 진정한 공부 방법으로서 '실사구시(實事求是)'를 주장하였다. '실제적인 일에서 옳은 것을 구하는' 참 공부를 중시하였다. 이는 마음을 바로 잡고 기(氣)를 맑게 하며, 널리 배우고 힘써 행하는 교육의 과정에서 가능하다.

지금까지 추사 연구는 시문학·예술·금석문 등에 집중되어 있었다. 대부분이 글씨[추사체]와 그림을 중심으로 하는 시화론, 예술론을 논의하는데 치우쳐 있다. 유학을 교육철학으로 강조한 대학자였음에도 불구하고, 그의 학문이나 사상에 대한 연구는 상대적으로 미미했다. 이제 실사구시(實事求是)를 중심으로 하는 그의 유학교육철학은 실제적이고 실용을 강조한 실천철학으로서 교육의 중요성을 보여주었다.

제8장은 한말 애국계몽기와 일제강점기에 활약한 호산 박문호(壺山 朴文鎬)의 『논어집주상설(論語集註詳說)』을 통해, 유학의 핵심 경전인 『논어』가 조선에서 어떤 양상으로 수용되었는지 그 주석과 교육철학을 고찰하였다.

호산의 경전 주석 체계는 훈(訓)과 석(釋), 론(論)의 3단계로 구성되어 있다. '훈'은 문자나 사물의 명칭에 대한 풀이이다. '석'은 문장의 의미와 내용을 올바르게 이해하는 작업이다. '론'은 문장이 지니고 있는 여러 차원의 의미나 미비한 뜻을 보완하는 연구의 양식이다. 이는 주자가 주석을 할 때, 중요하게 여긴 학문 방법으로 호산은 이런 주석의 시스템을 발견하여 조선 성리학의 주석과 유학교육을 전개하였다.

호산은 『논어집주상설』 「학이」를 주석하면서 경전주석학(經典註釋學)의 전형적 특징을 보여준다. 첫째, 주자집주(朱子集註)에 근거하여 미비한 부분을 다양하게 보충하는 형태로 드러났다. 둘째, 조사나 대명사의 역할, 출전 등을 적시하여 의미 맥락을 분명히 소통하게 하였다. 셋째, 경문(經文)의 주(註)를 보충하고 주(註)의 문자를 풀이하는 모습으로 연구와 교육에 몰입하였다. 여기에서 경전을 어떻게 읽을 것인지 그 읽는 법과 교육의 맥락을 파악할 수 있다.

이러한 호산의 『논어집주상설』은 궁극적으로 유학교육의 철학사상적 구명을 위한 학문적 노력이다. 그것은 조선 유학(朝鮮 儒學)의 주석을 집대성하였고, 유학교육의 지평을 확대한 것으로 볼 수 있다. 이런 차원에서 호산의 주석학은 중국 주자학의 범주를 강화하는 동시에 조선유학의 철학사상을 확대하는 양상을 띤다. 호산은 사서삼경(四書三經)의 경문(經文)과 주자집주의 장구(章句)에서 중국과 조선에서 이루어진 주요 주석을 인용하였다. 거기에다 자신의 견해까지 피력하며 경문을 주석하였다. 이는 유학교육이 해체되어가던 시기, 조선 말기 유학 경전 주석과 그것을 바탕으로 전개한 유학교육의 새로운 전개 이해할 수 있다.

제9장은 개화기 교육에서 조선 유학(儒學)이 차지하는 사상적 역할을 고찰한 것이다.

개화기 교육은 전통적인 유학교육과 기독교·자연과학의 성과를 앞세운 서구 근대교육 사이의 충돌에서 빚어진다. 서구 문명에 대한 반응은 때로는 적극적으로 반대하여 갈등을 야기하고, 때로는 절충하기도 하며, 융합하는 모습을 띠기도 한다. 이런 시대적 특징을 지닌 개화기 교육은 시대의 흐름과 사조, 교육 제도의 개혁과 설립, 교육 운동가나 교육 단체, 구체적인 정책에 이르기까지 다양한 측면에서 연구가 진행되어 왔다.

그러나 연구 결과의 대부분은 근대적 학교의 설립과 교육과정, 교육운동 및 활동을 다루며, 그 사실의 구명과 시대의 흐름을 진단하는데 집중하고 있어, 교육사상적 측면에서는 구체적으로 천착하지 않았다. 특히, 전통교육의 기초가 되었던 유학의 교육적 역할을 외면하는 시각이 지배적이다.

엄밀하게 말하면, 개화기 교육의 흐름과 의미를 규정하는 데 전통 유학교육의 위상이 중요하다. 그 학문과 교육의 중심에 백암 박은식(白巖 朴殷植)이 있다. 백암은 개화기 유학자이자 민족 지도자로서 전통과 현대를 동시에 고민하는 교육철학을 제시했다. 그의 「학규신론(學規新論)」은 개화기 교육에서 자강(自强)과 구국(救國), 그리고 독립(獨立)을 고양하기 위해, 유학교육을 바탕에 두고 서구 근대교육을 채용(援用)하는 방식을 취하였다.

이는 개화기 교육에서도 여전히 전통 유학교육의 본질과 내용, 방법적 측면의 유효성을 중시하다는 의미이다. 백암은 시대정신에 맞추어 유학교육을 혁신하려는 교육철학을 고민하였다.

# 참고문헌

『白湖全書』『思辨錄』『農巖集』『貞蕤文集』『北學議』『春宮六箴及戒諭集』『弘齋全書』『大學公議』『大學講議』『阮堂先生全集』『壺山全書』『論語集註詳說』『學規新論』『洪範衍義』『杞園集』『天命圖解』『朝鮮王朝實錄』『來庵集』『擊蒙要訣』『增補文獻備考』

『孝經』『詩經』『書經』『周易』『禮記』『論語集註』『孟子集註』『大學章句』『大學章句大全』『大學或問』『中庸章句』『中庸章句大全』『小學』『朱子全書』『朱子語類』『性理大全』『近思錄』『太極圖說』『通書』『二程全書』『荀子』『列女傳』『管子』『國語』『史記』『宋史』『說文解字』

강명희, 「白湖 尹鑴의 格物致知說에 관한 硏究」, 성균관대학교 석사논문, 2003.

高樹藩, 『正中形音義綜合大字典』, 臺北: 正中書局, 1974.

고재욱, 「김정희의 실학사상과 청대고증학」, 『태동고전연구』 10, 태동고전연구소, 1993.

곽안전, 『韓國敎會史』, 서울: 대한기독교서회, 1973.

溝口雄三·丸山松幸·池田知久(김석근·김용천·박규태 옮김), 『中國思想文化事典』, 민족문화문고, 2003.

권정안, 「壺山 朴文鎬의 經學思想」, 김용걸·남명진·지교헌·권정안·양재열, 『韓國思想家의 새로운 발견－瓶窩 李衡祥·壺山 朴文鎬 硏究－』, 한국정신문화연구원, 1993.

김용일, 『韓國敎育思想史』, 서울: 삼광출판사, 1978.

금장태, 「白湖 尹鑴의 性理說과 經學」, 서울대학교, 『인문논총』 39, 1998.

금장태, 『韓國實學思想硏究』, 서울: 집문당, 1987.

금장태, 『韓國儒敎의 再照明』, 서울: 전망사, 1982.

길창근, 「백암 박은식의 교육사상에 대한 고찰」, 장안대학, 『장안논총』 24, 2004.

김 호, 「農巖 金昌協 思想의 역사적 이해」, 인천교대기전문화연구소, 『기전문화연구』 34, 2008.

김광표, 「박은식과 신채호의 민족교육론 비교연구」, 한국교원대학교 교육대학원 석사논문, 2004.

김길환, 「김추사의 주역관과 실학사상」, 『백제연구』 5, 대전: 충남대, 1974.

김성언, 「農巖 金昌協의 삶과 시」, 한국한시학회, 『한국한시작가연구』 13, 2009.

김성태, 『敬과 注意』, 서울: 고려대출판부, 1989.

김승영, 「17세기 格物致知論에 대한 분석-김장생·정경세·윤휴를 중심으로-」, 한국동서철학회, 『동서철학연구』 36, 2005.

김용헌, 「농암 김창협의 사단칠정론」, 민족과 사상연구회 편, 『사단칠정론』, 서울: 서광사, 1992.

김용헌, 「농암 김창협의 인물성론과 낙학」, 한국사상사연구회, 『인성물성론』, 서울: 한길사, 1994.

김익수, 『韓國의 孝思想』, 서울: 서문당, 1977.

김인규, 『北學思想硏究』, 성균관대학교 박사논문, 1999.

김인규, 「추사 김정희의 학문관」, 동양고전학회 학술대회자료집, 『추사 김정희의 종합적 연구』 II, 2005.

김정희(민족문화추진회 역), 『국역 완당전집(I·II·III), 서울: 민족문화추진회, 1995.

김정희(최완수 역주), 『秋史集』, 서울: 현암사, 1976.

김충렬, 『중국철학사 1-중국철학의 원류』, 서울: 예문서원, 1994.

김충렬, 『中國哲學散稿』 II, 청주: 온누리, 1990.

김충렬, 『중용대학강의』, 서울: 예문서원, 2007.

김태년, 「낙론계의 지각론 연구」, 고려대학교 석사논문, 1993.

김필수, 「壺山 朴文鎬의 周易觀-『楓山記聞錄』을 中心으로」, 한중철학회, 『한중철학』 3, 1997.

김학주, 『孔子의 生涯와 思想』, 서울: 명문당, 1988.

김형찬, 「내성외왕을 향한 두 가지 길」, 『철학연구』 34, 2007.

김형찬, 「理氣論의 一元論化 연구」, 고려대학교 박사논문, 1996.

김형찬, 「인간과 만물의 차별성에 대한 검토」, 한국철학사상연구회, 『논쟁으로 보는 한국철학』, 서울: 예문서원, 1995.

김혜숙, 「추사 문장에 침윤된 추사의 학문」, 추사연구회, 『추사연구』 창간호, 과천: 추사연구회, 2004.

남상락, 「김정희의 철학사상과 예술론 고찰」, 『대동문화연구』 30, 서울: 성균관대, 1995.

南懷瑾, 『大學微言』, 北京: 世界知識出版社, 1998.

万本根·陳德述 主編, 『中華孝道文化』, 四川: 巴蜀書社, 2001.

閔庚培, 『韓國基督敎會史』, 서울: 기독교서회, 1972.

민족문화추진회,『국역 완당전집』(Ⅰ·Ⅱ·Ⅲ), 서울: 민족문화추진회, 1995.

박광용,『영조와 정조의 나라』, 서울: 푸른역사, 1998.

박문호,『壺山全書』(1∼8), 서울: 亞細亞文化史(影印), 1987.

박세당(민족문화추진회 역),『사변록』, 서울: 민족문화추진회, 1976.

박재문,『한국교육사』, 서울: 학지사, 2001.

박제가(안대회 옮김),『궁핍한 날의 벗』, 서울: 태학사, 2000.

박제가(안대회 옮김),『北學議』, 서울: 돌베개, 2003.

박현모,『정치가 정조』, 서울: 푸른역사, 2001.

方立天(박경환 옮김),『중국철학과 인성의 문제』, 서울: 예문서원, 1998.

富金壁,『訓詁學說略』, 湖北人民出版社, 2003.

서경요,「완당사상의 실학적 특징」,『전주대논문집』8, 전주: 전주대, 1979.

蕭 兵,『中庸的文化省察』, 武漢: 湖北人民出版社, 1997.

孫培靑,『中國敎育史』, 上海: 華東師範大學出版社, 2000.

손인수,『韓國開化敎育硏究』, 서울: 일지사, 1980.

송석준,「白湖 尹鑴의 經學思想에 나타난 陽明學的 見解―『大學』의 해석을 중
  심으로―」,『인문사회과학연구』11, 1996.

송석준,「한국 양명학의 초기 전개양상―윤휴와 박세당의『대학』해석을 중심으
  로―」, 한국동서철학회,『동서철학연구』13, 1996.

신명호,「『大學公議』를 통해 본 茶山의 君主論」, 한국학대학원,『한국학대학원논
  문집』8, 1993.

신요한,「壺山 朴文鎬의 古文論」, 충남대학교 석사논문, 2007.

신용하,「박은식의 교육구국사상에 대하여」, 한국사연구회,『한국학보』Ⅰ, 1975.

신창호 외,「농암 김창협의 학문 수용과 지각론」, 동양문화연구원,『동양문화연구』
  11, 2012.

신창호,「開化期 교육에서 儒敎는 어떤 位相을 지니는가: 白巖 朴殷植의「學規
  新論」분석을 중심으로」, 동양고전학회,『동양고전연구』26, 2007.

신창호,「백호(白湖) 윤휴(尹鑴)의『대학』해석: 삼강령(三綱領)과 격물치지(格物
  致知)의 이해를 중심으로」, 퇴계학부산연구원,『퇴계학논총』18, 2011.

신창호,「西溪 朴世堂의『思辨錄 中庸』理解와 學問的 特徵」, 동양고전학회,
  『동양고전연구』55, 2014.

신창호,「인간교육의 근원으로서 '효'에 대한 탐구」, 동양고전학회,『동양고전연
  구』20, 2004.

신창호,「정조의 효사상과 현대적 실천방안」, 경기대 민족사상연구소,『민족사상

연구』14, 2006.

신창호, 「楚亭 朴齊家의 人間指向과 敎育精神:『北學議』을 中心으로」, 동양고전
학회, 『동양고전연구』23, 2005.

신창호, 「추사 김정희의 공부론―"人才說"과 "實事求是說"을 중심으로」, 동양고
전학회 학술대회자료집, 『추사 김정희의 종합적 연구』, 2004.

신창호, 「추사 김정희의 공부론」, 동양고전학회, 『동양고전연구』21, 2004.

신창호, 「추사 김정희의 실사구시(實事求是) 교육관」, 한국교육사학회, 『한국교육
사학』27-1, 2005.

신창호, 「추사 김정희의 인간관과 교육과정론」, 고려대 교육문제연구소, 『교육문
제연구』23, 2005.

신창호, 「추사의 인간성 이해와 자질함양론」, 추사연구회, 『추사연구』2, 2005.

신창호, 「壺山 朴文鎬의 『論語』이해와 그 특징:『論語集註詳說』「學而」를 中心
으로」, 동양고전학회, 『동양고전연구』38, 2010.

신창호, 「『大學』의 주요 개념에 대한 교육학적 해석」, 동양고전학회, 『동양고전
연구』31, 2008.

신창호, 「『중용』수장(首章)의 교육학적 해석―성(性)·도(道)·교(敎)의 인간학적
관점―」, 한국교육철학회, 『교육철학』34, 2008.

신창호, 『공부, 그 삶의 여정』, 고양: 서현사, 2004.

신창호, 『修己, 유가 교육철학의 핵심』, 서울: 원미사, 2004.

신창호, 『유교 사서의 배움론』, 고양: 온고지신, 2011.

신창호·서은숙, 『한국사상과 교육윤리』, 서울: 서현사, 2002.

심미영, 「박세당의『사변록―중용』에 관한 연구」, 안동대학교 석사논문, 2007.

十三經注疏整理委員會, 『孝經注疏』, 北京: 北京大學出版社, 2000.

아베 요시오(김석근 옮김), 『퇴계와 일본 유학』, 서울: 전통과 현대, 1998.

안병걸, 「17世紀 朝鮮朝 儒學의 經傳 解釋에 관한 硏究―『中庸』解釋을 둘러싼
朱子學派와 反朱子學的 解釋 간의 葛藤을 중심으로」, 성균관대학교 박
사논문, 1991.

안병걸, 「大學古本을 통해본 白湖의 經學思想 硏究」, 민족문화추진회, 『민족문화』
11, 1985.

안병걸, 「白湖 尹鑴의 經學과 社會政治觀」, 성균관대 대동문화연구원, 『제5회 동
양학국제학술회의논문집』, 1995.

안병걸, 「西溪 朴世堂의 中庸解釋과 朱子學 批判」, 『태동고전연구』10, 1993.

안병걸, 「退溪思想體系의 마음공부」, 안동대학교, 『퇴계학』10-1, 1999.

안영길, 「농암 김창협의 지각론에 관한 소고」, 한국한문고전학회, 『한문고전연구』 8, 2004.

안외순, 「추사 김정희와 실학사상의 관계를 재고하는 하나의 斷想」, 동양고전학회 학술대회자료집, 『추사 김정희의 종합적 연구』, 2004.

안춘근, 『한국서지의 전개과정』, 서울: 범우사, 1994.

양재열, 「壺山 朴文鎬의 聖學과 性四品說에 관한 고찰」, 동양철학연구회, 『동양철학연구』 12, 1991.

양재열, 「壺山 朴文鎬의 人物性論」, 김용걸·남명진·지교헌·권정안·양재열, 『韓國思想家의 새로운 발견－甁窩 李衡祥·壺山 朴文鎬 研究－』, 한국정신문화연구원, 1993.

吳崇恕 主編, 『孝感文化研究』, 北京: 社會科學文獻出版社, 1999.

오태환, 「백암 박은식의 양명학적 교육사상에 대한 검토」, 한국교원대학교 교육대학원 석사논문, 2006.

우혜경, 「박은식의 교육사상－양명학의 지행합일적 정신교육을 중심으로」, 공주대학교 교육대학원 석사논문, 1992.

유명종, 「尹白湖와 丁茶山」, 한국철학연구회, 『철학연구』 27, 1979.

유명종, 『韓國儒學研究』, 대구: 이문출판사, 1988.

유봉학, 『꿈의 문화유산, 화성－정조대 역사·문화 재조명』, 서울: 신구문화사, 1996.

유봉학, 『정조대왕의 꿈－개혁과 갈등의 시대』, 서울: 신구문화사, 2001.

유봉학·김동욱·조성을, 『정조시대 화성 신도시의 건설』, 서울: 백산서당, 2001.

유소영, 「白湖 尹鑴의 『大學』 해석의 실천 지향적 성격 연구－格物致知說을 중심으로－」, 고려대학교 석사논문, 2010.

유영희, 「白湖 尹鑴 思想 研究」, 고려대학교 박사논문, 1993.

유홍준, 『완당평전』(1·2·3), 서울: 학고재, 2002.

육수화, 「백암 박은식의 교육사상과 교육구국운동」, 계명대학교 교육대학원 석사논문, 1996.

윤 휴(양홍렬 역), 『국역 백호전서』, 서울: 민족문화추진회, 1997.

윤 휴, 『白湖全書』(全3卷), 白湖先生文集刊行會, 경북대학교출판부, 1973.

윤사순, 「박세당의 경학관」, 윤사순·고익진 편, 『한국의 사상』, 서울: 열음사, 1990.

윤사순, 「白湖 尹鑴의 經世觀과 近代精神」, 『유학연구』 1, 1993.

윤사순, 『한국의 성리학과 실학』, 서울: 열음사, 1987.

윤사순·고익진 편, 『한국의 사상』, 서울: 열음사, 1984.

윤석환, 「西溪哲學의 反朱子學的 思想構造와 時代性」, 고려대학교 석사논문, 1989.

윤수광, 「西溪 朴世堂의 『中庸思辨錄』에 관한 硏究」, 성균관대학교 석사논문, 1996.

이경원, 「白湖 尹鑴의 事天意識과 修養論 연구」, 한국종교학회, 『종교연구』 28, 2002.

이명기, 『仁의 硏究 ─ 敎育學的 接近』, 서울: 양서원, 1987.

이문원, 「김정희」, 『한국의 교육사상가』, 서울: 문음사, 2002.

이병도, 『韓國儒學史』, 서울: 아세아문화사, 1987.

이상은, 「朴文鎬의 人物性考」, 高麗大學校 文科大, 『文理論文集』 1, 1955.

이상익, 「農巖 金昌協 學派의 退栗折衷論과 그 의의」, 율곡학회, 『율곡사상연구』 23, 2011.

이선경, 「阮堂 金正喜의 實事求是 硏究」, 한국학대학원 석사논문, 1991.

이선아, 「白湖 尹鑴의 修學 過程과 學問 世界」, 전북사학회, 『전북사학』 23, 2002.

이선아, 『윤휴의 학문세계와 정치사상』, 파주: 한국학술정보(주), 2008.

이영자, 「기호학파에 있어서 농암의 퇴율절충론」, 한국동양철학회, 『동양철학』 29, 2008.

이영호, 「『讀書記·大學』을 통해 본 白湖 尹鑴의 經學思想」, 한국한문학회, 『한국한문학연구』 25, 2000.

이우성, 「18세기 서울의 도시적 양상」, 『鄕土서울』 17, 1963.

이원재, 『과거공부를 알아야 우리교육이 보인다』, 서울: 문음사, 2001.

이을호, 「茶山 實學의 洙泗學的 構造」, 아세아문제연구소 편, 『實學思想의 探究』, 서울: 현암사, 1974.

이점수, 「壺山 朴文鎬의 明德과 至善에 대한 고찰」, 범한철학회, 『범한철학』 51, 2008.

이천승, 「농암 김창협의 심성론에 대한 연구」, 성균관대학교 박사논문, 2004.

이천승, 「농암 김창협의 인물성론」, 한국철학사연구회, 『한국철학논집』 15, 2004.

이천승, 『농암 김창협의 철학사상 연구』, 경기: 한국학술정보(주), 2006.

이충구, 「朴文鎬의 '七書詳說' 註釋考」, 한중철학회, 『한중철학』 4, 1998.

이희재, 「尹白湖의 格物致知說」 『釋山韓鍾萬華甲紀念 韓國思想史』, 원광대학교 출판국, 1991.

임진호, 「『論語』註釋硏究 ─ 壺山 朴文鎬의 『論語集註詳說』을 中心으로」, 중앙대학교 석사논문, 1994.

岑溢成(황갑연 옮김),『大學義理疏解』(대학철학), 서울: 서광사, 2000.

장기근 역주,『효경』, 서울: 평범사, 1979.

장병한,「朴世堂과 沈大允의『中庸』해석 체계 比考: 성리학적 주석체계에 대한 해체주의적 입장과 그 연계성 파악을 중심으로」,『한국실학연구』11, 2006.

장숙필,「율곡의 사단칠정론」, 민족과 사상연구회 편,『四端七情論』, 서울: 서광사, 1992.

장숙필,『栗谷 李珥의 聖學研究』, 서울: 고려대 민족문화연구소, 1992.

장우석,「楚亭 朴齊家의 敎育思想」, 동국대학교 교육대학원 석사논문, 1989.

장창수,「서계 박세당의 탈주자학적 사유에 관한 연구」, 계명대학교 석사논문, 1997.

錢　穆,『朱子新學案』, 臺北: 三民書局, 1971.

錢世明,『說忠孝』, 北京: 京華出版社, 1999.

전윤준,「朴齊家의 實學思想에 나타난 敎育觀 研究」, 계명대학교 교육대학원 석사논문, 1997.

전해종,「청대학술과 완당」,『대동문화연구』1, 서울: 성균관대, 1963.

정　종,『孔子의 敎育思想』, 서울: 집문당, 1980.

정범모,『교육과 교육학』, 서울: 배영사, 1994.

정옥자,『정조의 수상록 일득록 연구』, 서울: 일지사, 2000.

정일남,『초정 박제가 문학 연구』, 서울: 지식산업사, 2004.

정재훈,「청조 학술과 조선성리학」, 정병삼 외,『추사와 그의 시대』, 서울: 돌베개, 2002.

정조사상연구회·경기사학회, 정조대왕 서거 200주년 기념학술대회 자료집,「正祖와 華城」, 2000.

정호훈,『朝鮮後期 政治思想 研究』, 서울: 혜안, 2004.

조성산,『조선후기 낙론계 학풍의 형성과 전개』, 경기: 지식산업사, 2007.

조호현,「農巖 金昌協과 叔涵 金載海의 사상적 대립 연구 : 知覺論과 未發論을 중심으로」, 서울대학교 석사논문, 2000.

주영아,「박세당의 개방적 학문관 연구」,『동방학』20, 2011.

지교헌,「壺山 朴文鎬의 生涯와 思想」(Ⅰ), 충북대 호서문화연구소,『호서문화연구』2, 1982.

지교헌,「壺山 朴文鎬의 倫理思想」, 김용걸·남명진·지교헌·권정안·양재열,『韓國思想家의 새로운 발견－瓶窩 李衡祥·壺山 朴文鎬 研究－』, 한국정신문화연구원, 1993.

지교헌·지준호, 「壺山 朴文鎬의 윤리사상과 시국관」, 동양고전학회, 『동양고전연구』 33, 2008.

지두환, 「추사 김정희의 역학사상」, 정병삼 외, 『추사와 그의 시대』, 서울: 돌베개, 2002.

池澤 優, 『孝思想の宗教學的研究』, 東京: 東京大出版會, 2002.

진윤수, 「栗谷의 『擊蒙要訣』과 『學校模範』에 나타난 體育思想」, 한국체육학회, 『체육사학회지』 15-2, 2010.

천웨이핑(신창호 옮김), 『공자평전』, 서울: 미다스북스, 2002.

최석기, 「白湖 尹鑴의 經學觀」, 『남명학연구』 8-1, 1998.

최영성, 『한국유학통사』, 서울: 심산, 2006.

최완수 역주, 『秋史集』, 서울: 현암사, 1976.

최진덕, 「日常的 世界과 人倫的 秩序 – 日常性의 儒學的 意味」, 『정신문화연구』 20-2, 성남: 한국정신문화연구원, 1997.

최홍규, 『정조의화성 경영 연구』, 서울: 일지사, 2005.

콰인-울리안(정대현 옮김), 『인식론』, 서울: 종로서적, 1984.

하대식, 「秋史 金正喜의 實學思想에 나타난 敎育哲學的 特性」, 경성대학교 교육대학원 석사논문, 2002.

한관일, 「壺山 朴文鎬의 敎育思想」, 한국교육사학회, 『한국교육사학』 20, 1998.

한국사상연구회, 『조선유학의 학파들』, 예문서원, 1997.

한국사연구회, 『한국사연구』 8, 1972.

한국학중앙연구원 편, 『서계 박세당 연구』, 집문당, 2006.

한국해운물류학회, 『초정 박제가의 실학사상과 해운통상론』, 서울: 서신원, 2004.

한규원, 『韓國 基督敎學校의 民族敎育 硏究』, 서울: 국학자료원, 2003.

한우근, 「白湖 尹鑴 硏究」(Ⅰ·Ⅱ·Ⅲ), 『역사학보』(15(1962)·16(1963)·19(1966).

黃明喜·于述胜, 『中國敎育哲學史』(第2卷), 濟南: 山東敎育出版社, 1999.

황준연 외 역주, 『역주사단칠정논쟁』(1·2), 서울: 학고방, 2009.

황준연 외 역주, 『역주호락논쟁』(1·2), 서울: 학고방, 2009.

A. N. Whitehead, *The Aims of Education*, New York: Macmillan Company, 1929.

J. Maritian, *Education at the Crossroads*, New Haven: Yale Univ. Press, 1943.

N. Noddings, "Care and Moral Education," Ed. Wendy Kohli, *Critical Conversations in Philosophy of Education*, N.Y: Routledge, 1995.

P. F. Drucker(이재규 옮김), *The Essential Drucker on Individuals; to perform, to contribute and to achieve*(프로페셔널의 조건 ― 어떻게 자기실현을 할 것인가), 서울: 청림출판, 2001.

Patterson. C. H, *Philosophy An Introduction*, Nebraska: Cliff's Notes Inc, 1972.

Wing-Tsit Chan, *A Source Book of Chinese Philosophy*, Princeton Univ. Press, 1963.

# 찾아보기

## 신창호申昌鎬

고려대학교 교육학과 교수

**학력**
고려대학교 학사(교육학/철학) / 한국학중앙연구원 석사(철학) / 고려대학교 박사(교육사철학)

**경력**
경희대학교 교육대학원 교수 / 학부대학 부학장
고려대학교 입학사정관실 실장 / 교양교육실 실장 / 교육문제연구소 소장 / 평생교육원 원장
율곡학회 교육분과위원장 / 한국교육사학회 편집위원장 / 한국교육철학학회 회장 / 한중철학회 회장

**논저**
중용 교육사상의 현대적 조명 / 유교의 교육학 체계 / 『대학』유교의 지도자 교육철학 / 한글 사서(대학·
논어·맹자·중용) / 함양과 체찰 / 율곡 이이의 교육론 / 정약용의 고해 / 유교 사서의 배움론 / 주역절중
/ 주역 64괘와 384효의 본질 / 논어집주상설 외 100여 편

## 조선유학의 교육철학사상 변주 II - 성리학의 비판적 성찰 -

초판 1쇄 인쇄   2020년 12월 21일
초판 1쇄 발행   2020년 12월 31일

지 은 이   신창호

발 행 인   한정희
발 행 처   경인문화사
편 집 부   유지혜 김지선 박지현 한주연
마 케 팅   전병관 하재일 유인순
출판신고   제406-1973-000003호
주    소   경기도 파주시 회동길 445-1 경인빌딩 B동 4층
대표전화   031-955-9300   팩 스   031-955-9310
홈페이지   http://www.kyunginp.co.kr
이 메 일   kyungin@kyunginp.co.kr

ISBN 978-89-499-4937-6   93150
값 21,000원